Bettina Tietjen
Früher war ich auch mal jung

AF214991

PIPER

Zu diesem Buch

Tagebucheintrag 20. August 1985

Was gibt es Wichtigeres als die Liebe? Nichts. Sie ist das Allerwichtigste in diesem scheiß-begrenzten Leben und derjenige, dem sie begegnet, kann von Glück reden. Die meisten träumen ja doch nur von ihr, ohne sie wirklich zu kennen. Aber eines schwöre ich mir: NIEMALS werde ich mich auf eine Ehe einlassen, die nicht als Grundlage so eine ganz große, echte Liebe hat – nie. Wenn ich nicht zu den Auserkorenen gehöre, die so etwas erleben dürfen, dann muss ich eben alleine alt werden.

So kompromisslos sich die 25-jährige Bettina Tietjen hier gibt, der Weg zur großen Liebe war durchaus turbulent. Aber nicht nur davon handelt dieses Buch, sondern von den Irrungen und Wirrungen auf dem Weg ins Erwachsenenleben, der Sinnsuche, größeren und kleineren Dramen, abenteuerlichen Reisen und ansteckender Lebenslust.

Bettina Tietjen, geboren 1960, arbeitete nach ihrem Germanistik- und Romanistikstudium als Moderatorin, Reporterin und Autorin für *RIAS Berlin*, *Deutsche Welle*, *WDR* und diverse Printmedien. Seit 1993 ist sie beim *NDR*-Fernsehen Gastgeberin auf dem Roten Sofa der Sendung »DAS!«. Außerdem empfängt sie einmal im Monat prominente Gäste in ihrer Freitagabend-Talkshow im *NDR*, seit 2020 zusammen mit Jörg Pilawa. Seit 2008 moderiert sie die Radiosendung »Tietjen talkt« bei *NDR 2*. Ihre Bücher »Unter Tränen gelacht« und »Tietjen auf Tour« waren beide Spiegel-Bestseller.

Bettina Tietjen

FRÜHER WAR ICH AUCH MAL JUNG

Eine Zeitreise durch meine Tagebücher

Mit 60 Abbildungen

PIPER

Mehr über unsere Autorinnen, Autoren und Bücher:
www.piper.de

Von Bettina Tietjen liegen im Piper Verlag vor:
Früher war ich auch mal jung
Tietjen auf Tour
Unter Tränen gelacht

Es war mein Anliegen, meine Erinnerungen so authentisch wie möglich zu erzählen. Zum Schutz der Persönlichkeitsrechte habe ich Namen, Begebenheiten und Personen leicht verfremdet, was jedoch an dem Gesamteindruck, wie ich alles erlebt habe, nichts ändert.

Inhalte fremder Webseiten, auf die in diesem Buch hingewiesen wird, macht sich der Verlag nicht zu eigen und übernimmt dafür keine Haftung. Wir behalten uns eine Nutzung des Werks für Text und Data Mining im Sinne von § 44b UrhG vor.

Ungekürzte Taschenbuchausgabe
ISBN 978-3-492-32004-7
November 2023
© Piper Verlag GmbH, München 2022
Fotografien: © privat
Zitate: Fjodor M. Dostojewski Der Jüngling. München 1996 (17. Auflage) S. 8; Jack Kerouac, Unterwegs. Reinbek bei Hamburg 1977 (11. Auflage), S. 11; Reiner Kunze Die wunderbaren Jahre. Frankfurt am Main 1976, im Klappentext; Robert Musil Tagebücher, Bd. 1. Hg. v. Adolf Frisé. Reinbek bei Hamburg 1983, S. 717
Gestaltung Bildteil: Daniel Sluka | Design · www.daniel-sluka.de
Umschlaggestaltung: FAVORITBUERO, München
Umschlagmotiv: vorne: Sebastian Fuchs | hinten: privat
Satz: Eberl & Koesel Studio, Kempten
Gesetzt aus der Sabon LT
Litho: Lorenz & Zeller, Inning am Ammersee
Gedruckt von ScandBook in Litauen
Printed in the EU

*Ich habe soeben überlesen, was ich geschrieben
habe, und muss sagen, dass ich viel klüger bin,
als das Geschriebene vermuten ließe. Woher
kommt es nur, dass selbst das von einem klugen
Menschen Ausgesprochene immer so viel düm-
mer wirkt als das, was unausgesprochen in ihm
zurückbleibt?*

Fjodor M. Dostojewski,
Der Jüngling

*So ähnlich geht's mir auch mit dem Tagebuch.
Ich meine immer, dass es mir doch nicht gelingt,
all das, was mich bewegt und beschäftigt, so
schriftlich festzuhalten, wie es wirklich ist. Es
bleibt immer vieles ungesagt, wahrscheinlich
auch deshalb, weil die Gedanken, sobald man sie
aufgeschrieben hat, eben keine Gedanken mehr
sind, sondern Worte. Jaja, so ist das.*

Aus meinem Tagebuch am
14. November 1981

Inhalt

Ich will auf komische Gedanken kommen

»Weißt du, Kind«, sagte meine Lieblingstante einmal zu mir, »dass ich schon 80 Jahre alt bin, merke ich eigentlich nur, wenn ich mich im Spiegel sehe. In mir drin bin ich immer noch 20.« Ich habe mich damals darüber gewundert, fand die Vorstellung aber beglückend, dass das Ich offenbar weniger altert, als das Äußere es vermuten lässt. Gut, die Tante war keine ganz normale 80-Jährige. Sie war aufgeschlossen, weltoffen und diskussionsfreudig, und sie hatte viel Verständnis für uns Jüngere. Das lag wahrscheinlich daran, dass sie im Gegensatz zu meinen Eltern weit gereist war und viele Jahre im Ausland gelebt hatte.

Heute bin ich selbst über 60 und frage mich oft, was diese Zahl eigentlich bedeutet. Im Kopf fühle ich mich frisch und wach, immer neugierig auf das Leben und alles, was es zu entdecken gibt. Meistens jedenfalls. Von meiner inneren Verfassung hängt auch ab, wie ich mein Äußeres wahrnehme. Bin ich gut gelaunt, finde ich es cool, in Jeans und Sneakers mit wallender Lockenmähne herumzulaufen. Manchmal erwische ich mich aber auch dabei, wie mich ein peinliches Gefühl beschleicht, wenn ich mich auf Fotos betrachte, die mich in ungünstigem Licht aus unvorteilhafter Perspektive erwischt haben.

(Mein Mann fotografiert gut, aber dieses Talent zeigt sich deutlicher, wenn er Tiere oder Landschaften vor der Linse hat.)

Seit unsere Kinder aus dem Haus sind, musste ich häufiger an meine längst verstorbene Tante und ihre Bemerkung denken. Bleibt man wirklich in seinem Inneren immer 20? Macht uns das Leben mit all seinen Höhen und Tiefen, all dem Glück und all der Trauer, den Erfahrungen und Enttäuschungen nicht unweigerlich reifer, weiser und auch abgeklärter? Ist es vielleicht klug, sich auf unser jüngeres Ich zurückzubesinnen, weil es in seiner Unschuld und Unmittelbarkeit die Dinge auf eine Art gefühlt und auch verstanden hat, die uns mit zunehmendem Alter verloren gegangen ist?

Nun ist das mit dem Zurückblicken ja so eine Sache. Auch wenn wir glauben, Ereignisse, zwischenmenschliche Begegnungen und Gefühle Jahrzehnte später noch ganz genau zu erinnern, spielt unser Gehirn uns Streiche. Es belügt uns und lässt die Dinge im Nachhinein oft ganz anders erscheinen, als sie in Wirklichkeit waren. Es verzerrt, verharmlost oder dramatisiert. Manchmal erfindet es auch Dinge dazu, andere wiederum löscht es einfach aus, ohne dass wir es bemerken. Wie also die Wahrheit herausfinden?

Weil die Wahrheit meist unbequem ist, habe ich diese Frage lange vor mir hergeschoben, obwohl ich wusste, dass irgendwo in unserem Haus unbestechliche Zeugen meiner Jugend schlummerten, die ich nur hervorzuholen brauchte: meine Tagebücher. Von meinem 14. bis zum 30. Lebensjahr habe ich mehr oder weniger regelmäßig aufgeschrieben, was mich bewegte, wusste aber nicht mehr, wo ich diese streng geheimen Aufzeichnungen nach mehreren Umzügen verstaut (oder versteckt) hatte.

»Schatz, wo sind eigentlich meine alten Tagebücher?«,

fragte ich meinen Mann, nachdem ich alle Bücherregale in meinem Büro vergeblich nach ihnen durchsucht hatte.

»Keine Ahnung, woher soll ich das wissen? Wahrscheinlich irgendwo im Keller in den Kartons mit deinen alten Sachen. Vielleicht habe ich sie auch beim Renovieren aus Versehen weggeworfen.« Entsetzt sah ich ihn an.

»Das ist nicht dein Ernst«, rief ich und wusste nicht, ob ich weinen oder wütend werden sollte. »Ich brauche sie ganz dringend. Ich muss herausfinden, wie ich früher war. Ich will mein jüngeres Ich wiederentdecken.« Udo sah mich verständnislos an.

»Wieso das denn? Man soll die Vergangenheit ruhen lassen, das bringt einen nur auf komische Gedanken.«

»Aber ich will ja auf komische Gedanken kommen!« Aufgebracht sah ich zu, wie er seufzend die Zeitung zur Seite legte und sich aus seinem Sessel erhob.

»Du bist 61 Jahre alt, meine Süße«, sagte er und nahm mich in den Arm, »äußerlich und innerlich. Und an manchen Tagen sieht man das auch.« Das war der Moment, in dem ich einsah, dass es zwecklos sein würde, in dieser Angelegenheit auf große Unterstützung seinerseits zu hoffen. Ich begab mich also allein auf die Suche.

Über mehrere Wochen hinweg stellte ich das ganze Haus auf den Kopf, durchwühlte jedes Regal, jeden Schrank, jede Kiste. Ich förderte Unglaubliches zutage: Kindergartenbasteleien, Schulhefte, Hunderte von alten Fotos, körbeweise Briefe, sogar unsere Hochzeitseinladungen, die Geburtsanzeigen der Kinder, Girlanden, Stofftiere, Karnevalsverkleidungen – ich hatte einfach alles aufbewahrt. Nur die Tagebücher konnte ich nicht finden.

Eines Abends krochen mein Mann und ich (mittlerweile tat ich ihm leid) auf allen vieren unter ein Holzpodest in der dunkelsten Ecke unseres Kellers und entdeckten dort zwischen vielen Aktenordnern unsere Examensarbeiten, das »gute Geschirr« meiner Großeltern und unseren Kinderwagen, den seit 23 Jahren niemand mehr von der Stelle bewegt hatte. Irgendwann setzte ich mich völlig frustriert im Schneidersitz auf den Boden und fing an zu weinen.

»Es kann doch nicht sein, dass meine gesamten Jugenderinnerungen einfach so auf dem Müll gelandet sind!«, jammerte ich.

»Eine letzte Chance gibt's noch«, sagte Udo und klaubte mir die Spinnweben aus den Haaren. »Den Schreibtisch deines Großvaters. Der steht eingeklemmt hinter dem Schrank mit der Weihnachtsdekoration. Da kommt man ganz schwer ran, aber den hast du doch früher mal benutzt.« Wir kämpften uns durch bis zu dem antiken Möbelstück und stellten fest, dass die Schubladen verschlossen waren und nirgendwo ein Schlüssel steckte.

»Wir brauchen einen Draht«, sagte mein Mann und bahnte sich seinen Weg zurück Richtung Werkzeugkeller. Minuten später hatte er die Schubladen entriegelt. Selten habe ich ein intensiveres Glücksgefühl empfunden als in dem Moment, als ich sah, was da im trüben Kellerlicht zum Vorschein kam. Ein Stapel bunter, leicht zerfledderter Hefte.

»Da sind sie!«, rief ich fassungslos. »Ich muss sie da eingeschlossen haben. Wahrscheinlich wollte ich nicht, dass sie jemand findet und darin liest.«

»Na, das ist dir ja gut gelungen«, kommentierte mein Mann nüchtern. »Viel Spaß mit deinem jüngeren Ich, meine Mission ist hiermit erledigt.«

Ganz behutsam nahm ich die Tagebücher in die Hand. Neun Stück waren es, manche dicker, manche dünner, alle sorgfältig durchnummeriert, verziert mit »Atomkraft? Nein danke« und anderen Aufklebern und bekritzelt mit Sprüchen. Auf einigen der Hinweis: »STRENG PERSÖNLICH!«

Versonnen betrachtete ich meinen endlich gehobenen Schatz. Was mochte sich darin alles verbergen? Vorsichtig transportierte ich die historischen Dokumente in mein Büro und legte sie auf den Schreibtisch. Ein paar Tage umkreiste ich den angestaubten Stapel und traute mich nicht hineinzusehen. Sollte ich sie doch besser ruhen lassen, die Person, die ich mal gewesen bin? Möglicherweise würde mir mein junges Ich gar nicht sympathisch sein, vielleicht sogar peinlich?

Irgendwann wagte ich es. Wochenlang konnte ich mich gar nicht mehr lösen von der versunkenen Welt, die da plötzlich wieder auftauchte. Tag für Tag, Jahr für Jahr ließ ich meine Vergangenheit Revue passieren. Was ich in all den fein säuberlich aufgeschriebenen Zeilen entdeckte, stimmte mich nachdenklich und ließ mich innehalten.

Wie habe ich mit 14 Jahren die Welt gesehen, wie mit 20, mit 30 – und wie sehe ich sie heute? Woran habe ich geglaubt, wovon geträumt? Und was ist aus meinen Träumen geworden? Welche Zukunftspläne habe ich geschmiedet, wovor hatte ich Angst? Was hat mich aus der Bahn geworfen, was hat mir Halt gegeben, wie wichtig waren Eltern, Familie, Freundinnen und Freunde? Bin ich heute der Mensch, der ich sein wollte?

Ich habe viel erfahren über mich, ich musste lachen, weinen und war oft überrascht von diesem jungen Mädchen, der jungen Frau, die ich mal war. Gelegentlich habe ich mich für mich selbst geschämt, manchmal habe ich mich einfach nur gewundert. Und ja, am Ende bin ich tatsächlich auf »komische Gedanken« gekommen. Darauf nämlich, dass wir, wenn wir uns unserem jüngeren

Ich stellen, viel von ihm lernen können. Erwachsensein sollte nicht bedeuten, die Dinge und uns selbst nicht mehr infrage zu stellen. Wenn wir das Verdrängte, Durchlebte und Abgehakte bewusst wieder hervorholen, stellen wir am Ende vielleicht fest, dass der Blick zurück auch ein Blick nach vorn sein kann.

Es mag abgedroschen klingen, aber ich habe mir tatsächlich nach langer Zeit mal wieder intensiv die Frage nach dem Sinn gestellt und danach, ob ich heute das Leben lebe, nach dem ich mich früher gesehnt habe. Oder ob ich mich umgekehrt heute ein bisschen nach der Person zurücksehne, die ich früher einmal war. Vielleicht geht das eine nicht ohne das andere. Vielleicht musste ich mir auch diese unbequemen Fragen stellen, um herauszufinden, was Glück heute für mich bedeutet.

Eins haben wir alle gemeinsam: Wir waren mal jünger. Ich lade Sie ein zu einer Zeitreise in meine Vergangenheit – und wenn Sie Lust haben, sich darauf einzulassen, auch in Ihre eigene. Wir werden zusammen lachen, weinen und in längst vergangenen Erinnerungen schwelgen. Auf geht's – vom Hier und Jetzt ins Damals und wieder zurück. Möglicherweise wirkt das nachhaltiger als jede Anti-Aging-Creme.

Kapitel 1

»Die größte Aufgabe der Welt ist, den Frieden aufzubauen«

Zwischen Rebellion und Anpassung

10. Mai 1974
A B R Ü S T E N !
Dieses Buch sollten sie alle lesen. Alle! Diese blöden,
gekünstelten, unechten Scheißkerle! Zeigen ihre Zähne
und versprechen abzurüsten, und hinter unserem
Rücken stecken sie ein neues Atomversuchsfeld ab.
Aber ich glaube, man könnte ihnen 20 Bücher voller
tiefsinnigster, bester Friedensbemühungen schicken,
sie würden ein kleines Kind streicheln, lächeln und mit
dem Kopf nicken. Und gleichzeitig befehlen sie, eine
neue Bombenladung abzuwerfen. Aber warum eigent-
lich? Sind die denn völlig verblendet? Was wollen die
denn noch? Lauert denn hinter allem immer nur das
eine: Habgier und Herrschsucht? Gibt es eigentlich
keine Zufriedenheit mehr? Aber ich gebe nicht auf.
Ich sage keinem was, aber ich muss etwas tun, wenn es
auch unnütz ist, wenn man immer und immer wieder
mit dem Kopf gegen eine Wand rennt, bröckelt sie viel-
leicht etwas ab! Ich bin klein, ich habe Angst vor allem
Möglichen. Ich Idiot, warum mach ich mir Gedanken?
Ich tu's, ich muss, und ich tue es weiter! Und es bleibt

dabei! Die größte Aufgabe der Welt ist, den Frieden aufzubauen.

Der erste Eintrag in meinem ersten Tagebuch – ein dünnes rotes Schulheft. »Scheiß-schöne Welt« steht in Großbuchstaben auf dem Umschlag, daneben ein Peace-Zeichen. Die linierten Blätter sind eng beschrieben, Zeile für Zeile in ordentlicher Schreibschrift. Was mag mich mit 14 Jahren dazu veranlasst haben, meinem Zorn über »die da oben« auf diese Weise Ausdruck zu verleihen? Was hat mich so wütend gemacht?

Meine Pubertät in einer Reihenhaussiedlung in Wuppertal-Elberfeld war so aufregend wie ein Hallenbad mit Bademützenzwang. Mit 14 war ich weit davon entfernt, eine Rebellin zu sein. Ich war ein freundliches, fröhliches Mädchen. Die langen hellbraunen Haare trug ich brav mal zum Pferdeschwanz, mal zu lockeren Zöpfen gebunden. In der Schule gehörte ich zu den Klassenbesten, war aber keine, die gern in der ersten Reihe saß oder sich im Unterricht auffällig oft zu Wort meldete. Fleißig, aber zurückhaltend.

Einen Fernseher gab es bei uns zu Hause aus weltanschaulichen Gründen nicht, folglich auch keine *Tagesschau* oder andere Nachrichtensendungen. Meine Eltern bezogen ihre Informationen aus dem Radio und hatten mehrere Zeitungen abonniert, unter anderem *DIE ZEIT*. Politische Diskussionen fanden bei uns gelegentlich am Küchentisch statt. Sie wurden meistens durch meine zehn Jahre ältere Schwester und deren damaligen Mann angeregt. Da prallte dann das religiös-konservative Weltbild meiner Eltern auf einen Hauch von linkem Idealismus. Alle Reizthemen dieser Zeit kamen zur Sprache: Willy Brandt (schon zur Zeit des Misstrauensvotums trug ich als 12-Jährige stolz meine »Willy wählen«-Plakette auf dem Schulhof spazieren), die Ostverträge, Brandts Rücktritt, der Kalte Krieg, die Angst vor einem Atomschlag, die Anfänge der Friedensbewegung ... Ich fand das alles spannend, ohne es richtig einordnen zu können. An wem sollte ich mich orientieren? Mit 14 war ich noch nicht so weit, die Meinung der Eltern ernsthaft infrage zu stellen.

»Knallköpfe« nannte mein Vater gern alle, deren Ansichten er nicht nachvollziehen konnte. Und wenn er in Diskussionen in die Enge getrieben wurde, machte er dicht und beendete jeden Widerspruch mit dem Argument: »Ich will jetzt nichts mehr davon hören. Wartet, bis ihr in mein Alter kommt, dann werdet ihr das alles anders sehen.« Während meine große Schwester und mein Schwager in solchen Momenten die Augen verdrehten, hielt meine Mutter sich diplomatisch mit politischen Kommentaren zurück, setzte neues Teewasser auf und wechselte geschickt das Thema.

Ich erinnere mich daran, dass ich alles interessiert aufsaugte, aber auf meine Fragen keine zufriedenstellenden Antworten bekam. Anstatt mich vor der eigenen Zukunftsangst und Unsicherheit in pubertären Trotz und Aggressivität zu flüchten, dachte ich viel nach, verschlang Bücher – und beschloss offenbar in jenem Mai 1974, von nun an meine Überlegungen in einem Tagebuch festzuhalten. Von einer klaren Linie in meiner Haltung kann allerdings keine Rede sein, denn schon kurz nach meinem Weltverbesserungsanfall ist zu lesen:

5.Juni 1974
Im Moment bin ich eigentlich ganz zufrieden. Ich habe nämlich gemerkt, dass es sich sehr viel zufriedener leben lässt, wenn man sich einen Dreck um das kümmert, was in der Welt geschieht. Man regt sich ja doch nur auf!

Und ändern kann ich nichts, du auch nicht. Wer denn schon? Na ja, meine Meinung wird sich sowieso wieder ändern.

Wen meinte ich mit »du auch nicht«? Habe ich damals etwa schon mit eventuellen Lesern gerechnet? Eher habe ich wohl mein Tagebuch als Gesprächspartnerin gesehen. Ich habe den Seiten anvertraut, was ich mich Freundinnen gegenüber nicht zu sagen traute. Selbstzweifel, Unsicherheit, Gefühlsschwankungen und eben auch Kommentare zum Weltgeschehen konnten ungefiltert zur Sprache kommen, ohne dass ich befürchten musste, belächelt oder verspottet zu werden.

11. Juli 1974

Wenn ich mich so zurücklehne und in den Himmel gucke, fühle ich mich irgendwie gefangen. Ich möchte jetzt am liebsten rausgehen. Diese Scheiß-Schularbeiten machen mich noch mal verrückt!! Ich hab einfach keine Lust! Alles, was ich noch mache, sind Schularbeiten. Je länger ich in dieses Buch schreibe, desto unzufriedener werde ich. Immer dasselbe, rundherum und rundherum und so weiter, immer im Kreis.
Das Leben ist wie eine Hühnerleiter, kurz und beschissen. Aber zwischen den einzelnen Stufen liegen Blumen. Gerade, als ich das schrieb, ist eine Blume von dem Blumenstrauß auf meinem Tisch abgefallen. Sie will mich daran erinnern, dass man die Blumen nicht vergessen darf. Das tröstet mich.

Dass ich das Leben schon mit 14 gelegentlich als beschissen empfunden habe, gehört zu den Erinnerungen, die ich verdrängt hatte.

»War ich ein melancholisches Kind?«, habe ich meine

Schulfreundin Anna neulich gefragt. Denn auch wenn so ein Jugendtagebuch ein verlässlicher Zeitzeuge sein sollte, war ich anfangs nicht sicher, wie ich meine eigenen Aufzeichnungen einzuschätzen hatte.

»Melancholisch?«, fragte Anna verblüfft. »Nicht, dass ich wüsste. Du warst kritisch und nachdenklich. Soweit ich mich erinnere, haben wir aber über unsere Gefühle in dem Alter noch wenig gesprochen.«

Stattdessen verriet ich meiner imaginären Freundin, was mich am Heiligabend 1974 bewegte.

24. Dezember 1974

Heute ist Weihnachten. Wieder ein Jahr um. Was uns wohl das nächste Jahr bringt? Das Leben ist schön, ja ja … Ich bin verliebt, haha. Möchtest wohl wissen, in wen, was? Na ja, ich spinn schon a bisserl. Also, vor dem nächsten Jahr werde ich hier wohl nicht mehr reinschreiben. Dann Adjö! Und: Immer schön fröhlich bleiben! Take it easy. Oh yeah, such is life!

Wahrscheinlich war ich müde vom Feiern und vom Rumtopf, den es bei uns Heiligabend traditionell zum Nachtisch gab, und hatte vor dem Einschlafen noch kurz das Bedürfnis gehabt, mich mitzuteilen. Leider kann ich nicht mehr rekonstruieren, von welchem meiner unzähligen Schwärme hier die Rede ist. Es mag Leo aus dem Bus Nummer 13 gewesen sein, vielleicht aber auch Jochen aus dem 36er oder Fritz, der sich nur ab und zu mal nach der Schule in der Fußgängerzone sehen ließ. Offenbar hegte ich romantische Hoffnungen auf mehr, die sich aber im Jahr darauf nicht erfüllten. Stattdessen wurde ich »politisch aktiv« – im Rahmen meiner bescheidenen Möglichkeiten. Ich nahm an der ersten von insgesamt drei Demonstrationen meines Lebens teil.

5. Februar 1975
Letzten Samstag war in der Stadt 'ne Schüler-Demonst-
ration gegen Fahrpreiserhöhungen. Wir haben mitge-
macht, es war gut. Wir haben die ganze Zeit gesungen:
»Wehrt euch, leistet Widerstand, gegen Fahrpreiserhö-
hungen im Land, schließt euch fest zusammen, schließt
euch fest zusammen …« Da waren 'ne Menge Leute,
die wir kannten.

Ich weiß noch, dass ich mich enorm mutig und wider-
ständlerisch gefühlt habe und ein bisschen Angst hatte,
festgenommen zu werden. Das zweite Mal protestierte
ich Jahre später gegen Franz Josef Strauß, wahrscheinlich
im Rahmen seiner Kanzlerkandidatur. Damals ergriff
mich leichte Panik, weil die Menschenmassen plötzlich
außer Kontrolle gerieten und ich befürchtete, niederge-
trampelt zu werden. Meine dritte und letzte Demo-Teil-
nahme richtete sich irgendwann in den Achtzigern gegen
Helmut Kohl. Keine Ahnung, warum ich damals mit der
Trillerpfeife auf dem Münsteraner Marktplatz antrat, ich
glaube, ich mochte ihn und alles, wofür er stand, einfach
nicht. Mehr Demo-Erfahrung habe ich nicht vorzuwei-
sen. Alle, die sich damals wie heute todesmutig von Was-
serwerfern bespritzen lassen oder sich gar an Gleise ket-
ten, dürfen mich jetzt mitleidig belächeln. Mein Drang,
für oder gegen etwas auf die Straße zu gehen, hält sich
nach wie vor in Grenzen. Ich mag einfach das Gefühl
nicht, in einer Herde mitzulaufen und im Chor Parolen
zu rufen, ganz egal um welche gute Sache es geht.

Nach der Lektüre meiner ersten Tagebucheinträge
habe ich mich gefragt, was mich mit der halbherzigen
Revoluzzerin von damals, die sich nicht zwischen Aufbegehren und Aufgeben entscheiden konnte, verbindet.
Wenn ich morgens Zeitung lese oder abends *Tagesschau*

oder *Heute* sehe, schwanke ich zwischen Wut, Verzweiflung und Resignation. Einerseits will und muss ich als Journalistin natürlich Bescheid wissen und auch in öffentlichen Gesprächen gut informiert nachfragen können. Andererseits würde ich oft gern die schlechten Nachrichten einfach ausblenden und mich nur noch an den schönen Dingen des Lebens erfreuen. Es ist kein Zufall, dass ich heute weder *Hart aber fair* moderiere noch als Investigativ-Reporterin Skandalen auf der Spur bin. Ich habe großen Respekt vor den Kolleginnen und Kollegen, die sich dieser Herausforderung stellen, sehe meine Stärke aber mehr im heiteren, unterhaltsamen Plauderton.

Hätte aus mir in einem anderen Umfeld auch eine Greta Thunberg werden können? Wohl kaum, dazu war ich schon damals nicht radikal genug, auch wenn mich Politik nach wie vor interessierte. Ein großes Thema war die Bundestagswahl 1976. Ich als Willy-Brandt-Fan hoffte natürlich, dass sein Nachfolger Helmut Schmidt sich weiter an der Macht halten würde.

21. September 1976

Im Moment ist hier ja vielleicht was los! Von wegen Wahl und so. Mami und Vati sind wohl in schweren Gewissensnöten. Kann ich nicht verstehen, es gibt doch nur eine Alternative. Meine Gründe ganz krass ausgedrückt: lieber Kommunismus und Frieden als Wohlstandsstaat und Krieg. Nee danke, die Logik und die Panikmache von CDU/CSU stinkt mir. Na ja, kann mich ja eigentlich sowieso kaltlassen, ich kann ja doch noch nicht wählen.

An unserem Küchentisch ging es damals hoch her. Meine Eltern fühlten sich als gläubige Christen dem großen C der Christdemokraten verpflichtet, waren aber ansonsten eher der Entspannungspolitik der SPD zugeneigt. Für mich war damals Kommunismus gleichbedeutend mit Frieden und Kapitalismus mit Krieg. Offenbar war mir der Wahlkampfslogan der CDU/CSU »Freiheit statt Sozialismus« suspekt. Mein Herz schlug eindeutig links: Die Rückseite meines Tagebuchs ziert ein Aufkleber mit dem Spruch »SPD. Den Frieden wählen«.

Wie einfach mir damals die Welt erschien! Schwarz und Weiß, Gut und Böse war ganz eindeutig aufgeteilt.

Am Wahlabend notierte ich dann auch zufrieden:

3. Oktober 1976
Wahl ist vorbei, natürlich gewonnen! War ja klar. Zwar knapp, aber immerhin.

Das Volljährigkeitsalter und damit auch das Wahlrecht war 1974 zwar auf 18 Jahre herabgesetzt worden, aber zu meinem Ärger durfte ich 1976 immer noch nicht wählen, da ich erst 16 war. Demnächst dürfen 16-Jährige an den Bundestagswahlen teilnehmen, was ich richtig finde, auch wenn mir heute mein damaliger Glaube an Frieden und Gerechtigkeit naiv erscheint. Warum eigentlich?

Greta war auch erst 16, als sie beschloss, freitags die Schule zu bestreiken und damit auf die Bedrohung unserer Erde durch den Klimawandel aufmerksam zu machen. Sie war noch nicht wahlberechtigt, als sie vor den Vereinten Nationen ihre berühmte »How dare you«-Rede hielt. Diese junge Frau hat mit ihrer Hartnäckigkeit und ihrem Idealismus Millionen Gleichaltrige motiviert, sich ihr anzuschließen – und die Proteste von Fridays for Future verändern unsere Welt. Es geht um die Zukunft der nachfolgenden Generationen, und die haben keine Lust mehr, sich den Mund verbieten zu lassen. Man muss nicht volljährig sein, um die Welt zu verbessern.

Dass wir Menschen mit unserer Erde nicht verantwortungsvoll genug umgehen, hat mich als 16-Jährige anscheinend auch schon beschäftigt, denn ich zitierte aus einem meiner damaligen Lieblingsbücher *Die wunderbaren Jahre* des DDR-Dissidenten und Schriftstellers Reiner Kunze:

3. November 1976
» Die Bewohnbarkeit der Erde ist die Voraussetzung menschlichen Glücks. Ob Dichter, Politiker oder Maurer – sie taugen in dem Maße nichts, in dem sie die Erde nicht bewohnbarer machen. «

Wenn mein Mann und ich mit unseren erwachsenen Kindern heute darüber diskutieren, ob Marktwirtschaft und Kapitalismus noch zeitgemäß sind, oder ob es nicht doch höchste Zeit für eine gerechtere Umverteilung ist, zitiert er immer wieder gern den häufig fälschlicherweise Churchill zugeschriebenen Spruch: » Wer mit 20 Jahren kein Kommunist ist, hat kein Herz. Wer mit 40 noch Kommunist ist, hat keinen Verstand! «

Und auch ich ertappe mich gelegentlich dabei, wie ich sage: » Man muss im Leben nun mal Kompromisse machen «, obwohl ich doch weiß, wie sehr ich genau solche Argumente in meiner Jugend gehasst habe. Meine Kinder haben meine jugendliche Weltanschauung deshalb sehr erfreut zur Kenntnis genommen. Wenn mir nun Sätze herausrutschen, die so ähnlich auch mein Vater oder meine Mutter hätten sagen können, erinnern sie mich daran. Aber auch wenn ich nicht der Typ Mensch bin, der Revolutionen anzettelt, teile ich heute trotzdem mehr denn je die Meinung, dass wir radikal umdenken müssen, um eine Chance zu haben. Ein ewiges » Weiter so « wird irgendwann in einer Katastrophe enden.

Doch zurück ins Jahr 1976. Das Weltgeschehen beschäftigte mich auch nach der Wahl – sofern der »stressige« Alltag einer 16-Jährigen das zuließ.

5. November 1976

Nach der Schule nach Hause hetzen. Für Opi und mich Essen aufwärmen. Anschließend spülen. Dann schnell Französisch gemacht. Um halb fünf habe ich mich mit Uli in der Stadt getroffen. Dann zu Anna gefahren. Wir haben viel gegessen, geraucht (ich nicht) und geredet. Haben heiß über Jürgen Bartsch, Ulrike Meinhof und Mord im Allgemeinen diskutiert. In zwei Wochen wollen wir uns wieder treffen. Abends noch ganz leise Klavier geübt. Alles in allem ein schöner Tag.

Regelmäßig traf ich mich damals mit Freundinnen zu einer Art Debattierclub, wo alles auf den Tisch kam, das uns Sorgen bereitete oder wütend machte. Stundenlang erhitzten wir uns zum Beispiel über den Fall Jürgen Bartsch. Der Mann war ein pädophiler Serienmörder, der vier Jungen sadistisch gequält und umgebracht hat. Sein Prozess vor dem Landgericht Wuppertal erregte riesiges öffentliches Aufsehen. 1976 starb er während einer Operation, durch die er sich kastrieren lassen wollte. Es gab unendlich viel Presse und Literatur über ihn und seine Verbrechen, somit war es nicht verwunderlich, dass er uns damals so beschäftigt hat. In unseren Gesprächen ging es um »das Böse« im Allgemeinen und darum, wie sehr ein Mensch durch traumatische Kindheitserlebnisse geprägt und sein Handeln in falsche Bahnen gelenkt werden kann.

Auch die RAF war eins unserer immer wiederkehrenden Diskussionsthemen. Hin- und hergerissen zwischen Sympathie für Ulrike Meinhof und Gudrun Ensslin und ihrem anfangs friedlichen, zum Teil ja sogar religiös motivierten Idealismus und Abscheu gegenüber den späteren menschenverachtenden Taten der Terroristen, redeten wir uns die Köpfe heiß und waren ganz und gar nicht immer einer Meinung. Diese Treffen und der Austausch waren uns wichtig.

Wir identifizierten uns auch mit den politischen Liedermachern der 70er-Jahre wie Franz Josef Degenhardt, Hannes Wader und Konstantin Wecker. Meine jüngere Schwester und ich spielten begeistert ihre Lieder auf der Gitarre und sangen dazu.

»Steht in deinem Tagebuch auch, dass wir mal bei einem steifen Familientreffen ein Lied von Hannes Wader vorgetragen haben?«, fragte meine Schwester mich neulich.

»Nein«, sagte ich. »Was haben wir gesungen?«

»Heute hier, morgen dort«, sagte sie. Man sah ihr an, dass sie noch heute ihren Spaß an dieser kleinen Frechheit hatte. »Wir haben das Lied umgetextet und uns dezent über die spießige Familie lustig gemacht. Die meisten konnten darüber gar nicht lachen.«

Als mehr als 30 Jahre später Hannes Wader zu Gast in meiner Sendung war, war ich tatsächlich ein bisschen aufgeregt.

»Würden Sie zusammen mit mir »Heute hier, morgen dort« singen?«, fragte ich ihn. Und so kam es, dass der Norden ein ungleiches Duett über sich ergehen lassen musste. Bei meiner Lieblingsstelle »und so ist mir längst klar, dass nichts bleibt, dass nichts bleibt, wie es war« konnte ich kaum noch an mich halten und musste fast weinen, kriegte aber gerade noch die Kurve, als ich sah, wie Wader mich irritiert von der Seite ansah.

Die Gitarre war eine ständige Begleiterin meiner Jugend, ob in meinem Zimmer, beim Mädelstreffen oder am Lagerfeuer auf der großen Wiese am Rand der Reihenhaussiedlung. Meine Schwester und ich nahmen Unterricht an der Wuppertaler Volkshochschule, fanden aber das Zupfen klassischer Solos, das wir dort erlernten, weit weniger spannend als die Songs im Liederheft »Student für Europa«, die mit ein paar Akkorden leicht zu begleiten waren. »Suzanne« von Leonard Cohen, »Wish You Were Here« von Pink Floyd und »The Boxer« von Simon & Garfunkel konnten wir schnell in- und auswendig und fanden uns so professionell, dass wir uns während eines Urlaubs in Frankreich sogar einmal als Straßenmusikerinnen versuchten. Leider wurde kein Talentscout auf uns aufmerksam.

Inbrünstig sangen wir auch die kämpferischen Klassiker: »Vorwärts und nicht vergessen, worin unsere Stärke besteht …«, das berühmte Solidaritätslied von Bertolt Brecht, Ernst Busch und Hanns Eissler, oder die sozialistische Hymne »Avanti Popolo«.

»Wie warst du denn drauf damals?«, fragte meine Tochter belustigt, als ich ihr meine frühen Tagebuchaufzeichnungen zum ersten Mal zeigte. »Voll die kleine Revoluzzerin.«

Ich kann mich nicht erinnern, meine Kinder und ihre Freunde in diesem Alter beim Intonieren linker Balladen oder bei heftigen politischen Debatten erwischt zu haben. Das mag auch daran liegen, dass es zur Zeit ihrer Pubertät nicht viel gab, wogegen man hätte aufbegehren müssen. Beide sind in der bräsig-bequemen Ära Merkel aufgewachsen.

Wenn wir heute an unserem großen Holztisch beim Frühstück oder Abendessen zusammensitzen, diskutieren wir viel. Nach dem Abitur sind beide Kinder lange und weit umhergereist und kamen jedes Mal voller Eindrücke und Inspirationen zurück. Sie brachten die weite Welt ins Haus und damit auch die großen Fragen und Probleme wie Gerechtigkeit, Gesellschaftssysteme, Freiheit und Armut.

Ein Punkt, bei dem wir mit unserem Nachwuchs bis heute immer mal wieder aneinandergeraten, ist der Fleischkonsum. Beide Kinder sind mittlerweile Vegetarier und können nicht verstehen, warum ihre Eltern nicht längst auch auf Fleisch verzichten.

»Ihr wisst doch genau, wie sehr ihr dem Klima damit schadet«, predigt Pia bei jedem gemeinsamen Essen, auch wenn in diesem Moment nur Couscous und Gemüse auf dem Tisch stehen. »Es kann doch nicht so schwer sein, Fleisch mal wegzulassen. Indisches Curry schmeckt mit Tofu und Kichererbsen genauso gut wie mit Hähnchen. «

Obwohl ich im Gegensatz zu meinem Mann das Fleisch nicht wirklich vermisse, wenn wir uns ein paar Tage nacheinander rein vegetarisch ernähren, bin ich auch nicht so dogmatisch, gleich den Weltuntergang vor Augen zu haben, falls ich mal eine Bratwurst auf den Grill lege. Trotzdem finde ich es gut, dass immer mehr junge Menschen uns zeigen, wie man durch Konsumentscheidungen eine politische Haltung ausdrücken kann. Wenn wir Älteren den Anschluss nicht verpassen wollen, müssen wir miteinander im Gespräch bleiben – das hält wach im Kopf.

Über all diese Fragen diskutieren wir natürlich auch mit Freunden, obwohl es mich manchmal müde macht. Gelegentlich tut es gut, einmal nicht über das große Ganze, die Zukunft unseres Planeten und den Sinn des Lebens zu philosophieren, sondern sich bei Wein und Bier lustige Geschichten zu erzählen und zu später Stunde zu den alten Liedern ums Feuer zu tanzen. Auch das habe ich schon immer gerne gemacht.

Kapitel 2

»Ich habe heute richtig Muskelkater im Hals«

Vergnügungsmetropole Wuppertal

22. Mai 1976
Heute ist ganz groß was los in der Stadt. 75 Jahre
Schwebebahn. Man kriegt direkt Platzangst. Wir haben
Pommes gegessen, Bier getrunken und uns abends das
Feuerwerk angeguckt. Sind dann noch ins Lafontaine
gegangen, im Muckefuck war kein Platz mehr. Da alle
leicht angeheitert waren und wir außer Anna die einzi-
gen Mädels waren, kann man sich ja vorstellen, dass wir
ziemlich umschwärmt wurden. Anschließend sind wir
dann noch bei der Probe von Rolands Band gewesen.
Das war ganz lustig, nur leider ohne Strom. Wir haben
noch eine Cola getrunken und mussten dann rasen, um
noch um 10 vor 11 den Bus zu kriegen. Ein gelungener
Abend! Es war echt ganz Wuppertal auf den Beinen,
so was müsste mal öfter sein.

75 Jahre Schwebebahn, das war damals in Wuppertal
schon ein Event der Extraklasse. Meine Freundinnen und
ich lechzten nach Ereignissen, die uns ein Gefühl von
Freiheit und Abenteuer vermittelten. Und natürlich nach
Begegnungen mit gleichaltrigen männlichen Wesen. Ich

war auf einem Mädchengymnasium, erst zwei Jahrgänge unter mir kamen Jungen dazu. Besonders gut flirten konnte ich allerdings nicht. Ich wollte cool wirken, nicht so, als hätte ich es nötig, mit irgendjemandem zu »gehen«.

In der Tanzschule zum Beispiel, die ich mir gegenüber meinem Vater hart erkämpft hatte, weil er »so was Albernes« eigentlich für überflüssig hielt, erteilte ich dem einzigen Jungen, der mir gefiel, eine Absage für den Abschlussball.

»Nee danke«, sagte ich und bemühte mich, desinteressiert zu klingen, obwohl mir das Herz vor Aufregung bis zum Hals klopfte. »Ich finde Abendkleider und das ganze Theater drum herum total spießig.« Er guckte enttäuscht und verständnislos. Im Nachhinein ärgerte ich mich, dass ich es in diesem Moment nicht geschafft hatte, mein Prinzip, cool zu wirken, über den Haufen zu werfen. Ein kleines bisschen bereue ich diese Entscheidung bis heute. Ich habe den attraktiven Jungen danach nie wiedergesehen.

In der in meinem Tagebucheintrag erwähnten Kneipe Muckefuck trafen sich genau die Leute, zu denen man (also ich) mit 16 gerne gehören wollte. Langhaarig, Lederjacke, rauchend, am besten mit eigenem Auto und Mitglied in einer Band. Zum Glück war eine meiner besten Freundinnen zwei Jahre älter als ich und genauso cool, wie ich es mir zu sein wünschte. Daisy hatte ihre Kindheit in Kanada verbracht, weil ihre Eltern dort gearbeitet hatten, und landete nach der Rückkehr in meiner Klasse – zu meinem Glück auch noch auf dem Platz neben mir. Sie war groß, hübsch, sehr selbstbewusst und hatte einen amerikanischen Akzent. Wir alle bewunderten sie und auch den goldfarbenen, extrem schicken Cadillac, mit dem ihr Vater sie ab und zu von der Schule abholte.

Bei der ersten Wahl zur Klassensprecherin auf dem Gymnasium wurde aber erstaunlicherweise ich gewählt und nicht sie – was ich ausschließlich meinem Gipsarm zuschreibe. Ich hatte mir im Urlaub den rechten Arm gebrochen, nachdem ich aus zwei Metern Höhe vom Baum gefallen war. Passiert war das Ganze, weil ich einem Jungen hinterhergeklettert war, um ihm zu zeigen, dass ich es genauso hoch hinaufschaffte wie er. Da der Arm sechs Wochen lang nicht zu gebrauchen war, lernte ich, mit links zu schreiben, was überraschend schnell und gut gelang. Mit dieser Fähigkeit habe ich offenbar nicht nur die Lehrerinnen und Lehrer, sondern auch meine Mitschülerinnen beeindruckt.

Meine kanadische Freundin konnte sehr gut singen und war wild entschlossen, das in einer Band unter Beweis zu stellen. Schnell war sie bestens vernetzt in den Wuppertaler Musikerkreisen. Und die waren weniger provinziell, als man vermuten mag. Im Tal der Wupper gab und gibt es eine beachtenswerte Musik-, vor allem Jazzszene. Bei einer Band-Probe dabei sein zu dürfen war natürlich aufregend.

Und Tanzen (Freestyle) war wichtig!

10. November 1976
Heute bin ich unheimlich müde. Gestern war Fete im Bayreuther-Gymnasium. Wir waren so gegen 19 Uhr da, hatten aber keine Karten. Die Jungs am Eingang wollten uns absolut nicht reinlassen. Nach langem Hin und Her haben wir uns dann einfach einen Stempel auf die Hand gemalt und sind an denen vorbeigerast. Die Fete war gut, am Anfang etwas langweilig, aber dann kam man in Stimmung. Einer hieß Stefan, war 14 und ganz nett, mit dem habe ich ein paarmal Blues getanzt, aber nichts weiter ... Beim Tanzen konnte man echt

ausflippen, weil soo tolle Musik gespielt wurde. Ich habe heute richtig Muskelkater im Hals, vom vielen Kopfschütteln. Ha!

Muskelkater vom Headbanging. Das habe ich lange nicht mehr gespürt. Aber ich tanze noch immer für mein Leben gern und feiere jedes Jahr an meinem Geburtstag eine große Party. Spätestens bei »The Passenger« von Iggy Pop oder »Sweet Home Alabama« von Lynyrd Skynyrd flippen meine Gäste und ich aus. Und wie man sich denken kann, sind einige von denen schon im Rentenalter. Als ich meinen 61. Geburtstag wegen der Pandemie nur im kleinsten Kreis feiern durfte, habe ich zu später Stunde die Musik bis zum Anschlag aufgedreht und ganz alleine auf dem Tisch getanzt.

Was meine musikalische Sozialisation angeht, saß ich Mitte der 1970er-Jahre zwischen den Stühlen. Meine Mutter hörte in der Küche beim Kochen und Bügeln WDR aus dem Transistorradio, wo meistens Schlager oder Nachrichten liefen. Mein Vater hörte ausschließlich Klassik auf seinem Plattenspieler, der im Wohnzimmer stand. Er saß dabei aber nicht entspannt auf dem Sofa, nein, er hockte gebeugt direkt neben der Lautsprecherbox und lauschte gebannt Bach, Mozart, aber auch so anstrengenden Komponisten wie Dvořák oder Bartók. Meine jüngere Schwester und ich entnahmen unsere musikalische Inspiration entweder der »Radiothek« auf WDR 2 oder aber der Plattensammlung unserer großen Schwester, die vor allem aus Jimi Hendrix, den Beatles und den Rolling Stones bestand. Das hinterließ bei mir Spuren:

24. Oktober 1976

» When this you see, remember me
And bear me in your mind.
Let all the world say what they may,
speak of me as you find.«
Das steht auf der Rückseite einer Rolling Stones-Platte.
Es ist Brian Jones gewidmet, er ist nur 27 Jahre alt
geworden.
Es gibt so schrecklich viele Probleme im Leben, wie soll
man die bloß alle bewältigen?

Brian Jones war ursprünglich der Leadsänger der Stones.
Es gab Unstimmigkeiten, er wurde aus der Band hinaus-
komplimentiert und abgefunden. 1969 ertrank er in seinem Swimmingpool unter nie ganz geklärten Umständen.
Er war der Erste im sogenannten Club 27. Merkwürdig,
aber wahr: Viele berühmte Sänger und Musiker starben
in diesem Alter, manche freiwillig, manche zufällig. Janis
Joplin, Jimi Hendrix, Jim Morrison, Kurt Cobain, Amy
Winehouse – die Liste ist lang. Mich hat das Gedicht
damals berührt und in meinem Gefühl bestätigt, dass mir
die Zukunft mehr als nur unbeschwerte Headbanging-
Partys bescheren würde. Auch die berühmten Liedzeilen
meines Jugendhelden Neil Young, die Kurt Cobain in seinem Abschiedsbrief zitierte, » It's better to burn out than
to fade away« (»Es ist besser auszubrennen, als zu ver-
blassen«), bewegten mich sehr.

Viele Jahre lang war ich davon überzeugt, dass auch
ich relativ jung sterben würde. Ich konnte mir einfach
nicht vorstellen, eine gewisse Altersgrenze zu überschrei-
ten, und hatte eine diffuse Angst davor, zu welken. Ich
wollte einfach niemals so werden und denken wie die
» alten« Menschen in meinem Umfeld. Irgendwann hat
sich das gegeben. Vielleicht, als ich 28 wurde …

Wenn ich nach den Lieblingssongs meiner Jugend gefragt werde, fällt mir auch die Band Crosby Stills Nash & Young ein. Was haben wir das Album *Four Way Street* gefeiert! Genauso wie die Klammerblues-Klassiker »Samba Pa Ti« von Santana, »If You Leave Me Now « von Chicago oder »Child in Time« von Deep Purple. Stundenlang könnte ich schwelgen in den Titeln von damals, sie gehören zum Soundtrack meines Lebens und bildeten mit Sicherheit auch den Musikteppich für folgendes wichtige Ereignis:

20. Januar 1977
Am 15. Januar stieg meine große Geburtstagsfete unterm Dach. Bis wir die ganzen Vorbereitungen hinter uns hatten, waren wir schon ziemlich geschafft. Vor allen Dingen, als wir erfuhren, dass noch eine Menge Leute kommen würde, die wir nicht eingeladen hatten … Wegen der Dachboden-Statikprobleme ließen wir die Leute dann einfach nach und nach kommen. Die Attraktion des Abends war die Leiter und, wie Martin es treffend formulierte: »Das ständige Ringen mit dem Tode.« Wir tranken 2 Kästen Bier, 8 Liter Lambrusco und aßen 3 Knüppelbrote, 2 Salate und noch Wurst und Käse. Am nächsten Tag mussten wir natürlich sauber machen, was nicht so schön war. Aber gefallen hat es, glaube ich, allen.

Mein 17. Geburtstag! Aufzuzählen, was wir alles konsumiert hatten, war mir offenbar wichtiger als die Gästeliste – vor allem der Alkoholkonsum. Meinen Kindern habe ich immer erzählt, dass meine Freunde und ich in ihrem Alter noch nicht so viel getrunken haben. Da sieht man mal wieder, wie das Gehirn sich die Erinnerung nach Belieben zurechtschwindelt.

Feiern war bei uns zu Hause nicht an der Tagesordnung. Meine Eltern hatten gelegentlich Freunde zu Besuch, das war dann immer etwas Besonderes. Empfangen wurde im Wohnzimmer, die Tür war zu, es roch ein bisschen nach Wein und manchmal auch nach Zigaretten. Einen Partykeller, den Klassiker dieser Zeit, gab es bei uns nicht, nur den von meinem Vater selbst ausgebauten Dachboden. Er war angestellter Architekt und hatte sich dort ein kleines Büro eingerichtet, es gab außerdem ein Mini-Badezimmer – und mein überschaubares Reich: 10 Quadratmeter groß, gelb gestrichene Wände, Setzkasten, keine Starschnitt-Poster überm Bett (die *BRAVO* war in unserem Haus tabu), stattdessen Chagall-Plakate und Zettelchen mit Gedichten von Brecht und Baudelaire. Da oben also stieg meine erste eigene Fete, eigentlich mit streng begrenzter Personenzahl, weil Vati befürchtete, die Statik würde schlappmachen und alles zusammenbrechen. Die Bedenken waren vielleicht nicht ganz unbegründet, denn der Ausbau war nie offiziell genehmigt worden.

Ein weiteres Risiko stellte die senkrechte Leiter dar, über die jeder Gast nach oben klettern musste – und irgendwann natürlich auch wieder runter, was den meisten nach oben genannter Menge an Alkohol wie eine gewagte Akrobatiknummer erschien. Für meine Familie und mich war die Leiter Gewohnheitssache. Es passierte fast nie etwas, bis auf das eine Mal, als meine Mutter besonders schnell nach unten wollte, weil es an der Haustür klingelte. Sie rutschte auf der obersten Stufe ab und kugelte Hals über Kopf bis ins Erdgeschoss herab, bis sie im Flur zum Stillstand kam und zum Glück fast unversehrt dem Nachbarn auf allen vieren die Tür öffnete.

Mein Vater liebte den Dachboden und ließ sich noch im hohen Alter trotz fortschreitender Demenz weder dazu überreden, die gefährliche Leiter gegen eine Treppe einzutauschen, noch sein morgendliches Duschritual vom Speicher ins untere Badezimmer zu verlegen.

Die Geburtstagsparty verlief zum Glück trotzdem ohne größere Zwischenfälle, auch wenn an Tanzen wegen der Überlast natürlich nicht zu denken war. Ich war total happy, zum ersten Mal Gastgeberin eines solchen Events sein zu dürfen. Und meine Eltern, die es bestimmt Überwindung gekostet hat, das alles zu erlauben, spielten mit.

Heute frage ich mich, wie ich damals eigentlich so viele Gäste zusammenbekommen habe. Der Kreis meiner Freundinnen war zwar relativ groß, aber Jungs waren Mangelware. Wo sollte ich sie auch kennenlernen? In der Schule ging's mit den gemischten Klassen ja erst zwei Jahrgänge unter uns los, und mit einem Jüngeren etwas anzufangen war tabu. Meine Rettung war meine beste Freundin Anna. Sie hatte vier Brüder und eine Schwester, die alle jede Menge Freunde und Freundinnen mit nach Hause brachten. Ihre Eltern führten zwar ein strenges Regiment, waren in Sachen Moral und Feiern aber sehr liberal. So kam es, dass ich meine ersten aufregenden Knutscherfahrungen dem dunklen Partykeller von Annas Eltern zu verdanken habe. Jedes Mal, wenn ihre älteren Geschwister irgendetwas planten und wir dabei sein durften, brauchte ich zu Hause nicht um Erlaubnis zu fragen, sondern übernachtete einfach bei Anna. Sehr praktisch. Wenn ich dann am nächsten Tag nach der Schule mit Augenringen nach Hause kam, sah ich am Blick meiner Mutter, dass sie ahnte, was Sache war. Aber sie war so nett, sich mit der Auskunft »Wir haben im Bett noch so lange gequatscht« zufriedenzugeben.

Annas jüngerer Bruder Klaus war es übrigens, der in mir erste Verliebtheitsgefühle auslöste, obwohl diese Liaison von Anfang an unter keinem guten Stern stand.

Zum einen fand Anna es natürlich nicht toll, dass ich zeitweise nur Augen für ihren gut aussehenden Bruder hatte, wenn ich bei ihr zu Besuch war. Zum anderen, und das war ein wirklich starkes Gegenargument, war er zwei Klassen unter uns. Trotzdem war Klausi – groß, blond, sportlich, freches Lachen – genau mein Typ.

22. September 1976
Gestern Abend haben wir uns bei Anna mit den Jungs eine Flasche Persico einverleibt. Junge, Junge, danach war ich wohl nicht mehr so ganz fest auf den Beinen. Jedenfalls war das sehr lustig. Ich fand den Klausi immer noch sehr nett, aber wenn der sich so blöd zurückhaltend benimmt, kann ich leider nichts dran ändern. Ich wünschte, das würde sich ändern, damit ich weiß, woran ich bin. Dann schlag ich mir den nämlich endgültig aus dem Kopf. Er ist ja an sich wirklich zu jung für mich, erst 15.

Die Sache mit Klausi zieht sich jahrelang durch meine Tagebücher. Bereits im Alter von 16 Jahren deutete sich bei mir an, dass ich Schwierigkeiten hatte, dem jeweiligen Objekt meiner Begierde zu zeigen, dass ich verliebt war. Schein und Sein klafften da weit auseinander. (In meinen Zwanzigern wurde das alles noch viel schlimmer, aber dazu später mehr.)

Aus dem bunten Freundeskreis, der sich regelmäßig in Annas Elternhaus versammelte, entwickelte sich über die Jahre eine feste, im Grunde »meine« Clique, auch wenn ich manchmal das Gefühl hatte, nicht so richtig dazuzugehören. Das mag daran gelegen haben, dass ich immer auf der Suche war, aber nicht so recht wusste, wonach. Kurz vor Weihnachten zog ich einmal diese nachdenkliche Bilanz:

12. Dezember 1976

Ich finde, das Jahr ist einerseits unheimlich schnell herumgegangen, aber andererseits war es auch sehr ausgefüllt. Mir kommt es zum Beispiel vor, als ob die Sommerferien gerade erst vorbei wären, und doch hat es draußen schon geschneit. Was habe ich gelernt dieses Jahr? Ich glaube, ich bin reifer geworden. Sicherer und nachdenklicher. Die Schule – sosehr sie mich auch nervt – hilft einem in gewissem Sinne doch irgendwie, sich mit Problemen zu beschäftigen und zu versuchen, ihnen auf den Grund zu gehen. Was mir bloß immer noch fehlt: ein richtiger Freundeskreis, ich meine, eine Clique von Leuten, mit denen man über alles reden kann. Ich bin mal mit den einen, mal mit den anderen zusammen und Anna ist natürlich meine beste Freundin, aber so 'nen richtigen festen Kreis habe ich nicht. Auch hätte ich natürlich sehr gerne einen Freund. Ich weiß nicht, woran das bei mir liegt. Entweder ich bin zu kühl oder zu wählerisch, oder ich kenne einfach nicht die richtigen Leute. Aber wo kennenlernen?

Die »richtigen« Leute kennenzulernen war für mich damals extrem wichtig. Ich wollte irgendwo dazugehören, am liebsten zu denen, die ich bewunderte, weil sie alles verkörperten, was ich nicht war: Selbstbewusstsein, Unabhängigkeit, Risikobereitschaft, Ungehorsam. Ich vermisste es, nicht zu einer homogenen Gruppe zu gehören, in der alle gleich ticken, sich im selben Stil kleiden, einrichten, dieselben Bücher lesen und dieselbe Musik hören. Heute wird uns so eine Gruppenzugehörigkeit zu einer »Bubble« oder »Blase« ja häufig vorgegaukelt, indem die Algorithmen von Facebook, Instagram oder Spotify dafür sorgen, dass uns nur noch Musik eines Genres, Klamotten einer Stilrichtung oder Profile eines bestimmten Menschentyps vorgeschlagen werden. Wie praktisch – und wie langweilig.

Mit echter Freundschaft hat das natürlich wenig zu tun. Um eine Freundin oder einen Freund zu gewinnen, braucht es viel mehr als einen Click oder einen Swipe nach rechts. Reden, sich in die Augen sehen, Zeit füreinander haben – das sind die Grundlagen für gegenseitiges Vertrauen und Verständnis. In meiner Teenagerwelt der 1970er-Jahre lief ein Großteil der Kommunikation über das Festnetztelefon. Ich weiß noch, wie ich mir die Telefonzeit am einzigen Anschluss des Hauses im Wohnzimmer erkämpfen musste. Stundenlang kauerte ich dort in der Ecke, den Hörer mit der verknoteten Telefonschnur am Ohr, und tauschte mit meinen Freundinnen den neuesten Klatsch aus. Wenn Anna oder Kanada-Daisy mal nicht anriefen, war das vergleichbar mit einem »Du-bist-online-doch-du-schreibst-nicht«. Grund genug, tagelang beleidigt zu sein.

Heute ist es einerseits viel leichter, Kontakt zu halten, schnell mal eine Message, eine Sprachnachricht, ein Kuss-Emoji zu senden, um den Menschen, die einem wichtig sind, zu zeigen, dass man an sie denkt. Andererseits besteht auch die Gefahr, sich durch die Kürze des Kontakts, durch dieses »mal eben schnell« im Oberflächlichen zu verlieren. Ich habe vor allem durch die Einschränkungen während der Corona-Pandemie gemerkt, wie wichtig echte Freundschaften sind. Auf einmal waren sie wieder möglich, die stundenlangen Telefonate, und man war sich wieder ganz nah – fast so wie damals, als unsere Welt noch das Wupper-Valley war. So nannten wir unsere Heimat, in der sich so vieles abspielte und zugleich doch so wenig.

10. Februar 1977
Diese Woche war ziemlich bewegt. Letzten Samstag war
Flohmarkt, habe mir 'ne alte Gießkanne und zwei Ord-
ner gekauft. Außerdem Spitzenstiefel, etwas glitterig,
aber trotzdem sehr gut. Am Dienstag Easy Rider im
Kino gesehen, war sehr gut. Am Mittwoch Theater-AG.
Da spielen wir ein tolles Stück von Ionesco, Die Nas-
hörner. Einmalig.

»Glitterig!« Dieses herrliche Wort haben wir damals
sehr gern für alles verwendet, was entfernt an den Kla-
mottenstil des Glam-Rockers Gary Glitter erinnerte, den
wir einerseits viel zu exzentrisch und kitschig fanden,
aber irgendwie auch faszinierend.

Erstaunlich allerdings, dass der Film *Easy Rider* mir
nur so einen knappen Kommentar wert war. Zigmal habe
ich das Roadmovie seitdem gesehen, und den Soundtrack
liebe ich bis heute. Natürlich war ich damals in Peter
Fonda verliebt und ganz erschüttert über das traurige
Ende des Films und die verlogene Spießigkeit der amerikanischen Provinz.

So »born to be wild«, wie wir uns fühlten, wollten
meine jüngere Schwester und ich herausfinden, wie es um
unser eigenes Schauspieltalent stand. Die Theater-AG
unseres Gymnasiums war für uns deshalb ein wichtiger
Meilenstein. Unser Traum: mitmischen auf den Brettern,
die die Welt bedeuten. Denn auch wenn damals unsere
Eltern nie und wir höchstens mal zum Weihnachtsmär-
chen ins Wuppertaler Schauspielhaus gingen, begeisterte
uns die Atmosphäre dort. Kostüme, Schminken, Rollen-
spiele – was für eine aufregende Abwechslung zum Schul-
alltag. Und dann auch noch zusammen mit Jungs! Da
war es dann auch zweitrangig, dass sie ein bisschen jünger waren als ich. Unser erstes Stück *Die Nashörner* von

Eugène Ionesco war ein Volltreffer. Meine Schwester und ich spielten zwar nicht die Hauptrollen (unsere schauspielerische Begabung war wohl nicht so herausragend), aber das war uns egal. Hauptsache, Spaß. Und Erfolg!

27. März 1977
Die vergangene Woche war nur von einem Thema bestimmt: THEATER! Dienstag und Mittwoch probten wir in der Stadthalle und der Unterricht fiel aus. Am Freitag war die Vorstellung. Huuuh! Was hatten wir für ein Lampenfieber. Vorher noch Sekt getrunken, trotzdem waren wir furchtbar aufgeregt. Natürlich waren ALLE im Publikum. Aber ich muss wirklich sagen: Es hat super geklappt! Kleine Pannen waren natürlich dabei, zum Beispiel fiel Dagi der Schnäuzer plötzlich ab, und beim Doppelgespräch haben wir eine ganze Passage wiederholt. Fiel aber offensichtlich keinem auf, der Applaus war rasend. Anschließend waren wir noch feiern, aber um sieben nach zwölf sind wir dann mit dem letzten Bus nach Hause gefahren. Bis ich erst mal das weiße Zeug aus den Haaren hatte! Am nächsten Tag wurden wir in der Stadt natürlich von allen angesprochen und beglückwünscht.

Talent hin oder her, es gefiel mir offenbar, im Rampenlicht zu stehen. In der Rolle (ich spielte einen alten Mann, deshalb die weiße Farbe auf dem Kopf) konnte ich aus meiner Schüchternheit herausschlüpfen. Und ich fand es schön, gesehen zu werden.

Zur Rampensau machte mich dieser frühe Bühnenauftritt aber noch lange nicht. Trotz jahrelangen Klavierunterrichts bei einer ehemaligen Konzertpianistin hasste ich es zum Beispiel, bei Familienfeiern vorzuspielen. Wenn ich nur ein einziges Mal danebengriff, sprang ich auf und lief weinend aus dem Raum. Vielleicht hätte sich meine Lehrerin mehr um mich und mein Lampenfieber kümmern sollen als um ihren übergewichtigen Dackel und ihren verflossenen Ruhm. Sie spielte mir die Hälfte der Stunde nur ihre eigenen Solokonzerte von anno dazumal vor.

Heute habe ich zwar weder Hemmungen noch Lampenfieber, wenn viele Menschen mir zusehen, aber ich gehöre noch immer nicht zu denen, die sich nach ganz vorne drängen.

In den vergangenen 20 Jahren hatte ich mehrfach die Gelegenheit, noch mal auszuprobieren, ob in mir nicht doch ein unentdecktes Schauspieltalent schlummert. Neben der unvergesslichen Evelyn Hamann spielte ich in *Adelheid und ihre Mörder* in einer kleinen Szene mich selbst, also eine Fernsehmoderatorin, die Adelheid in einer Dating-Sendung zu Gast hatte. Zweimal durfte ich in der NDR-Kultserie *Großstadtrevier* dabei sein, zuletzt als Bäckereifachverkäuferin, die einen kurzen Flirt mit Dirk Matthies alias Jan Fedder hatte. Jan schmachtete mich professionell an, und ich bekam einen Lachanfall, weil ich mir so albern vorkam. Besonders genoss ich meinen Auftritt in Hape Kerkelings Kinofilm *Isch kandidiere*, wo ich in einem silbernen Kleid eine absurde Fernsehdiskussionsrunde moderierte.

Ich warte bis heute auf den Anruf aus Hollywood – leider völlig zu Recht. Den treffendsten Kommentar lieferte nach dem Horst-Schlämmer-Film ein Lehrer meines Sohnes ab: »Ich habe deine Mutter im Kino gesehen. Richte ihr mal aus, es ist nicht böse gemeint, aber das kann sie nicht so gut. Sie ist einfach für das Rote Sofa geboren.«

So ist es. Ich rede gern mit Menschen und kann mich nicht verstellen. Auch als Nachrichtensprecherin bin ich ungeeignet. Ich werde nie vergessen, wie peinlich berührt alle waren, als ich in meinen Anfängen beim RIAS-Frühstücksfernsehen mitten in einer Meldung über eine kriegerische Auseinandersetzung einen hysterischen Lachkrampf bekam, nur weil im Studio jemand extrem laut geniest hatte.

»Wie schaffen Sie es nur, immer so authentisch zu sein?«, werde ich oft gefragt. Die Antwort ist: Ich kann gar nichts anders, als ich selbst zu sein.

Kapitel 3

»Ich entdecke in der Bibel viele Dinge, die mir weiterhelfen«

Brave Mädchen kommen in den Himmel

28. November 1977
Heute ist wieder Montag, der Tag, an dem ich immer so
deprimiert bin, Gott weiß warum. Ich weiß nicht,
irgendwie neige ich zur Melancholie, das heißt, ich sehe
bei allem zwar auch die schönen Seiten, aber irgendwo
ist immer ein bisschen Traurigkeit dabei. Das ist vor
allem so, wenn ich alleine bin. Sind andere dabei, bin
ich anders, meistens lustig. Ich lache ja auch furchtbar
gerne. Warum sollte ich meine Trübsal, von der, glaube
ich, jeder sowieso genug hat, auf andere übertragen?

Je häufiger ich diesen Tagebucheintrag durchlese, desto
nachdenklicher stimmt er mich. Eine klare, ehrliche und
knappe Selbstanalyse. Ich war erst 17, aber mir war
offensichtlich damals schon bewusst, dass in meiner
Brust zwei Seelen wohnen: einerseits die gut gelaunte,
lebensfrohe und andererseits die nachdenkliche mit dem
Hang zur Melancholie. Im Grunde ist das bis heute so. In
Gesellschaft, und dazu zählt natürlich auch mein Beruf,
sehe ich es als meine Aufgabe und meine Stärke, positive
Stimmung zu verbreiten. Das spiele ich nicht, ich bin tat-

sächlich meistens vergnügt. Aber wenn ich meine stillen und auch mal dunklen Momente habe, lasse ich mir das nicht anmerken oder ziehe mich zurück. Warum sollen andere darunter leiden, dass sie mich gerade in einem schlechten Moment erwischen? Das sehe ich heute ähnlich wie damals. Was ich als Teenager aber noch nicht wusste: Das Leben kann uns in Situationen bringen, in denen es existenziell wichtig ist, Sorgen und Trauer mit nahestehenden Menschen zu teilen, um nicht daran zu zerbrechen.

Bevor ich anfing, in meiner Vergangenheit herumzustöbern, hätte ich darauf geschworen, dass ich mit 17 ein unbeschwertes, fröhliches junges Mädchen war. Doch meine Tagebuchaufzeichnungen haben mich daran erinnert, dass es in dieser schwierigen Phase des Erwachsenwerdens auch immer wieder Momente großer Traurigkeit und Sehnsucht nach dem Glück gab. Wenn ich unter Leuten war, merkte man mir das nicht an, ich war immer aufgeräumt, lachte und redete gern. Trotzdem brauchte ich meine Ruhephasen und genoss es, mich stundenlang in meinem Zimmer zu verkriechen, zu lesen, zu schreiben und über das Leben zu sinnieren. Zu meinen damaligen Lieblingsautoren gehörten Max Frisch, Reiner Kunze, Heinrich Böll, Franz Kafka und – peinlich, aber wahr – Johannes Mario Simmel. Ich entdeckte seine Bücher im Regal meiner Mutter und las sie heimlich. Die verruchten Liebesszenen jagten mir wohlige Schauer über den Rücken und kamen mir vor wie Erzählungen von einem fremden Planeten. Außerdem las ich sehr gern Gedichte. Ich mochte Baudelaire, Brecht, Shakespeare (dessen Sonette ich begeistert abschrieb), Gottfried Benn und Hermann Hesse. Mag sein, dass sich die jeweilige Lektüre manchmal auch auf meine Stimmung ausgewirkt hat – verständlich, dass mir nach einem Abend mit Kafkas düster-surrealen Erzählungen nicht mehr zum Lachen zumute war.

Was mich auch manchmal betrübte, war das Gefühl, anders zu sein als meine Freundinnen. Im Gegensatz zu den anderen rauchte ich nicht und war gut in der Schule. Bereitwillig ließ ich meine Sitznachbarinnen bei Klassenarbeiten abschreiben, konnte aber nicht verstehen, warum ihnen die Schule nicht wichtiger war. Ich lernte eigentlich ganz gern, vor allem Deutsch und Fremdsprachen waren für mich eine willkommene Horizonterweiterung. Sogar Latein machte mir Spaß. Mich faszinierte die glasklare Logik dieser Sprache, und ich entschlüsselte eifrig die verschachtelten grammatikalischen Satzkonstruktionen. Trotz meiner guten Noten fühlte ich mich aber ganz und gar nicht von den Streberinnen der Klasse angezogen, die verbissen büffelten, um den Numerus clausus für das Medizinstudium zu schaffen.

Nur in einem Fach konnte ich leider niemals glänzen: Sport. In der Turnhalle mutierte ich zur Versagerin. Zu einer besseren Note als »Ausreichend« hat es bei mir nie gereicht.

»Nun wählt doch mal die Bettina«, sagte unser Sportlehrer mitleidig, wenn ich mal wieder als eine der Letzten herumsaß und keine der Mitschülerinnen mich im Völkerball- oder Handballteam haben wollte.

»Was sollen wir mit ihr?«, stöhnten selbst meine besten Freundinnen dann. »Die hat doch Angst vorm Ball!« Das stimmte leider. Ballsportarten waren mir besonders zuwider. Ich stellte mich dabei so ungeschickt an, dass garantiert in den ersten Minuten ein harter Treffer auf meiner Nase landete. Ich schwor mir damals insgeheim, es all denen irgendwann zu zeigen, die mich bei der Teamauswahl so demütigten, und drückte mich vor der Sportstunde so oft wie möglich. Obwohl ich erst ziemlich spät meine Periode bekam, täuschte ich schon mit 12 Jahren einmal im Monat vor, »unpässlich« zu sein, und verfolgte den verhassten Unterricht gemütlich von der Bank aus. Wird so ein leidendes »Ich habe meine Tage« heute eigentlich noch immer als Entschuldigung akzeptiert?

In Wahrheit war ich körperlich eine Spätentwicklerin. Anna und Daisy hatten schon als 15-Jährige ein Liebesleben. Wenn sie ausführlich übers Küssen und erste sexuelle Erfahrungen berichteten, hörte ich gebannt zu, hatte aber selbst nichts dergleichen beizusteuern. Mit heißen Ohren nahm ich zur Kenntnis, dass Anna sich im Urlaub in einen 15 Jahre älteren Mann verliebt hatte, mit dem sie sich danach ab und zu heimlich traf. Und Kanada-Daisy war mir mit ihren zwei Jahren Altersvorsprung ohnehin meilenweit voraus. Sie zog schon mit 16 mit ihrem Freund zusammen, einem langhaarigen Bassisten, der in einer angesagten Wuppertaler Band spielte. Die Besuche bei ihr waren immer Highlights. Ich beneidete sie um ihre Freiheit und alles, was für mich damals noch in weiter Ferne lag. Meine Beziehung zum männlichen Geschlecht beschränkte sich lange Zeit auf Schwärmereien und kleine Flirts bei Feten, in der als Treffpunkt sehr beliebten Teestube oder bei den selten von meinen Eltern genehmigten Wochenendausflügen. Weit weg fuhren wir dabei nicht, die Hauptsache war die Übernachtung im Zelt. Camping war für die meisten von uns eine aufregende Angelegenheit, die ein kribbelndes Freiheitsgefühl mit sich brachte.

2. Juni 1977
Mit diversen Schwierigkeiten wurden die beiden Zelte aufgebaut, eins stellte sich als Ruine raus, es fiel 100-mal in sich zusammen. Den Abend bzw. die Nacht haben wir dann sehr idyllisch und lustig verbracht. Mit

Essen, Trinken, Gitarrespielen, Lagerfeuer und so wei-
ter ... Nachts haben wir zu viert in dem besseren Zelt
gepennt. Klausi fand es unheimlich witzig, mich von der
Luftmatratze weg an den Rand zu schubsen, und bot
mir an, bei ihm im Schlafsack zu schlafen, aber das fand
ich gar nicht so gut, da hab ich lieber gefroren. Nach
ungefähr einer Stunde Gekreische, Gelächter und
Gekloppe waren wir dann endlich ruhig. Um sieben
waren wir schon wieder wach. Ich habe dann noch eine
Stunde auf 'ner Bank in der Sonne geschlafen, danach
haben wir lecker gefrühstückt und sind schwimmen
gefahren. Gegen drei Uhr bekamen wir wieder Hunger
und haben im Wald Picknick gemacht mit leckerer Ser-
bischer Bohnensuppe. Wir lagen alle über- und unter-
einander auf den Schlafsäcken und haben uns totge-
lacht. Und allen hat es sehr gut gefallen, wir wollen das
mal öfters machen.

Vielleicht habe ich bei diesen lustigen Lotterwochenen-
den die Chance verpasst, meine Unschuld zu verlieren,
denn bis dahin sollte noch viel Zeit vergehen. »Berg-
spitzenmädel« nannten mich meine Freundinnen und
Freunde manchmal im Spaß. Viele Jungs stuften mich
offenbar damals als unnahbar ein. Sie dachten wohl, dass
ich mich für etwas Besseres halten und mich nicht dazu
herablassen würde, mit »irgendeinem« herumzuknut-
schen. Dabei war ich nur schüchtern und unsicher und
überspielte das mit vorgetäuschtem Desinteresse.

Als ich irgendwann endlich meinen ersten Kuss bekam,
war ich durch die Erzählungen meiner Freundinnen the-
oretisch schon so gut darauf vorbereitet, dass ich sehr
routiniert gewirkt haben muss. Klausi hat nicht gemerkt,
dass er mein Erster war. Glaube ich jedenfalls. Im Tagebuch war mir dieses Ereignis keine Erwähnung wert. Ich

schließe nicht aus, dass ich es bewusst verschwiegen habe, um nicht von einem Zufallsleser als Spätzünderin erwischt zu werden. Auch äußerlich war ich eher der kindliche Typ. Noch mit 16 trug ich die Haare meist brav zusammengebunden – außer beim Headbanging, das hätte ja sonst lächerlich ausgesehen.

Die Diskrepanz zwischen coolem Freundeskreis mit Diskussionsrunden, Partys, Knutschereien und Alkohol und meinem braven Zuhause hing mit der Religiosität meiner Eltern zusammen. Ich bin zutiefst christlich geprägt. Das hat mich nicht nur damals stark beeinflusst, sondern auch Spuren fürs Leben hinterlassen. Deshalb zieht sich nicht nur die Sehnsucht nach der großen Liebe, sondern auch mein Glaube wie ein roter Faden durch meine Tagebücher.

12. Oktober 1976

Der Glaube ist wichtiger für mich geworden. Ich entdecke in der Bibel viele Dinge, die einem sehr weiterhelfen. Alles in allem finde ich das Leben schön! Nur möchte ich, wenn die Zeit des Lernens vorbei ist, anders, ausgefüllter leben. Sodass man, wie manchmal, wenn man ganz glücklich ist, das Leben richtig in sich spürt, mit vollen Zügen in sich aufnimmt und einfach selig ist, dass man Mensch auf dieser Erde sein darf und die Gnade von Gott erhalten hat, ewig zu leben.

Die Bibel war für mich damals fast genauso wichtig wie meine Lieblingsautoren. Ich besitze seit meiner Kindheit ein einziges Exemplar. Es ist außen mit lila Farbe lackiert (eine Folge meiner Lila-Phase, in der ich alle meine Möbel violett anstrich und auch vor der Heiligen Schrift nicht haltmachte), innen ziemlich zerlesen und mit vielen Anmerkungen versehen.

Warum der christliche Glaube in meiner Familie eine so wichtige Rolle spielte? Mein Vater stammte aus einem großbürgerlichen, sehr religiösen Elternhaus, und der Bruder meines Großvaters, Julius Schniewind, war ein bekannter Theologe und Mitglied der Bekennenden Kirche. Durch seine Kriegserfahrungen – er wurde mit 18 Jahren eingezogen – war mein Vater dermaßen traumatisiert, dass er noch viele Jahre später auf der Suche nach etwas war, das ihm Trost und Halt spenden konnte in den Momenten der angstvollen Erinnerung an den Schrecken, den er erlebt hatte. Was die evangelische Kirche zu bieten hatte, reichte ihm jedoch nicht.

Er fand die ersehnte Geborgenheit schließlich in einer kleinen freikirchlichen Vereinigung in Wuppertal. Die Mitglieder, die sich gegenseitig »Brüder und Schwestern« nannten, lebten streng nach der Bibel, beziehungsweise nach »Gottes Wort«. Alles, was im Neuen Testament an Verhaltensregeln beschrieben wird, wurde wörtlich genommen. Wer zur Gemeinde gehörte, galt als »errettet« und hatte sich fernzuhalten von allem Weltlichen, das da draußen lauerte. Das bedeutete: kein Fernseher, keine nicht-religiösen Bücher, keine unchristliche Musik, keine Vergnügungen, kein engerer Kontakt zu Nicht-Gemeinde-Mitgliedern. Die Frauen trugen ausschließlich Röcke, durften ihre Haare nicht schneiden, keinen Schmuck tragen, sich nicht schminken und hatten im Gottesdienst ihren Mund zu halten. Der Gemeindesaal war total schmucklos, Frauen und Männer saßen getrennt und beim Gebet mussten die Frauen ihren Kopf mit einem Tuch bedecken. Alle kirchlichen Feiertage inklusive Weihnachten wurden offiziell ignoriert, weil davon nichts in der Bibel steht. Die Freikirche hatte auch ihre eigene Bibel-Übersetzung und ein eigenes Gesangbuch.

Mein Vater schloss sich dieser sogenannten Versammlung an, als ich vier Jahre alt war, das heißt, meine jüngere Schwester und ich wuchsen mit »Sonntagsschule« und den dort vermittelten Werten auf. Zu Hause wurde täglich aus den Losungen und der Bibel vorgelesen und natürlich bei Tisch gebetet.

Je älter ich wurde, desto mehr schöpfte ich Verdacht, dass möglicherweise nicht alles, was uns dort erzählt wurde, seine Richtigkeit hatte. Da war zum Beispiel meine Mutter. Sie hatte kurze Haare, trug Schmuck und Lippenstift und nahm nie am Abendmahl – genannt Brotbrechen – teil. Auch fiel mir natürlich auf, dass meine Großeltern und der Freundeskreis meiner Eltern nichts mit der Gemeinde zu tun hatten. Und dann die Bücher: Nur ein Bruchteil der Literatur, die unsere Regale füllte, hatte mit Religion zu tun. Das alles warf Fragen auf.

»Warum hat Mami kurze Haare?« Mein Vater schaute betreten zur Seite.

»Weil es dem Gott, an den ich glaube, egal ist, welche Frisur ich trage«, sagte meine Mutter trotzig.

»Warum sind wir so anders als all die anderen in der Gemeinde?« Meine Schwester und ich hatten früh bemerkt, dass niemand der Brüder und Schwestern so wie wir private Kontakte zu »Weltlichen« pflegte. Mein Vater kam bei seinen Erklärungsversuchen regelmäßig ins Schleudern.

»Man muss nicht alles so wörtlich nehmen«, sagte er dann. »Es geht ja um das Wesentliche, die Gemeinschaft der Gläubigen und die Gewissheit, dass wir errettet sind von unseren Sünden.« Errettet. Das Wort hat sich bei mir eingebrannt. Mehrmals im Jahr kamen die »Ältesten« der Gemeinde zu uns nach Hause, um zu kontrollieren, ob bei uns auch alles bibelkonform lief. Ich habe diese Besuche als sehr unangenehm in Erinnerung. Steif und angespannt saßen wir alle beim Abendessen.

»Und, Bettina, bist du denn auch schon errettet?«, wurde jedes Mal gefragt. Ich nickte stumm, ohne die geringste Ahnung zu haben, was genau mit diesem Begriff gemeint war.

»Bist du in deinem Kämmerlein auf die Knie gefallen und hast den Herrn Jesus um Vergebung deiner Sünden gebeten?«, fragte der gütig aussehende ältere »Bruder« mit prüfendem Blick.

»Ja«, log ich. Ohne zu wissen, was er meinte, fühlte ich, dass es auf jeden Fall besser war, sich in diesem Moment auf die Seite der »Erretteten« zu schlagen.

»Ihr habt ja viele Bücher«, wandte sich der andere Glaubenskontrolleur an meinen Vater. »Hast du denn Zeit, die alle zu lesen?« Vati wand sich und entschuldigte sich mit dem Argument, dass die Bücher ja alle noch aus der Zeit vor seiner Erweckung stammten. Meine Mutter sagte bei diesen Treffen wenig, nur wenn sie auf die kurzen Haare angesprochen wurde, gab sie immer dieselbe Antwort: »MEIN Jesus sieht das Herz an und nicht meine Frisur.«

Im Gegensatz zu meiner Mutter (ich hatte ja lange Haare) wurde ich mit 14 für würdig befunden, getauft zu werden. Das lief so ab: Zusammen mit ein paar gleichaltrigen Mädchen fand ich mich an einem Sonntagmorgen in den Kellerräumen der Gemeinde ein, wo sich ein großes Badezimmer mit dem Taufbecken befand. Wir trugen alle weite weiße Gewänder über unseren Badeanzügen und wurden nacheinander, begleitet von Gesang und Gebeten, untergetaucht. Von da an waren wir den erwachsenen Gemeindemitgliedern gleichgestellt und durften am Brotbrechen teilnehmen.

Das mag alles ziemlich absurd und vorsintflutlich klingen. Doch bis heute existieren solche Gemeinden mit unterschiedlich strengem Regelwerk. Möglicherweise erleben sie sogar in diesen Krisenzeiten eine Renaissance.

Heute mache ich den frommen Wuppertalern keinen Vorwurf. Die meisten dieser Familien lebten diese Art von Glauben seit Generationen und waren zutiefst davon überzeugt, das Richtige zu tun. Soweit ich das in meinem jugendlichen Alter beurteilen konnte, erweckte niemand den Anschein, zu etwas gezwungen zu werden oder unter den Ver- und Geboten zu leiden. Im Gegenteil, die meisten, selbst die Frauen, wirkten glücklich und zufrieden und schienen dankbar, dem Herrn auf diese Weise dienen zu können. Und obwohl es mich heute bei der Erinnerung etwas gruselt, empfand auch ich damals keinen Leidensdruck. Ich wunderte mich nur zunehmend darüber, dass der Glaube an Gott für meinen gebildeten Vater offenbar von dieser doch sehr engstirnigen Gemeinde abhing.

Man kann sich lebhaft vorstellen, dass es für meine Schwester und mich mit zunehmendem Alter immer schwieriger wurde, das Gemeindeleben mit unseren sonstigen Aktivitäten unter einen Hut zu bekommen. Wenn wir samstags gefeiert hatten, schleppten wir uns sonntags verkatert in den Gottesdienst, natürlich vorschriftsgemäß im Kleid und ungeschminkt. Während der langweiligen Predigten fielen uns immer wieder die Augen zu, nur der Gesang machte uns Spaß. Bis heute habe ich die vielstimmigen Choräle im Ohr. »Großer Gott, wir loben dich« zu schmettern – das hatte auch mit dickem Kopf etwas Befreiendes.

Wir führten eine Art Doppelleben. Wenn wir in der Stadt zufällig ein Gemeindemitglied trafen und wie meistens Jeans und Parka trugen, versteckten wir uns mit schlechtem Gewissen hinter der nächsten Litfaßsäule. Bei den gelegentlichen Bibel-Treffen mit gleichaltrigen Mädchen aus der Glaubensgemeinschaft erwähnten wir nie, wie wir ansonsten unsere Freizeit verbrachten. Trotzdem ahnten die anderen, dass bei uns etwas faul war. Nur mit einem einzigen Mädchen aus der Gemeinde traf ich mich ab und zu privat in einem Café. Wir führten interessante »konspirative« Gespräche, weil auch sie vieles kritisch hinterfragte. Eines Tages verbot ihr Vater jedoch unseren Gedankenaustausch unter vier Augen und schlug uns vor, die Gespräche bei ihr zu Hause in seinem Beisein fortzusetzen. Ich verzichtete dankend.

Doch auch wenn ich die Gemeinde und ihre Prinzipien immer mehr infrage stellte, prägten sie mich in den entscheidenden Jugendjahren mehr, als mir heute lieb ist. Keine weltlichen Vergnügungen, kein Freund, kein Sex vor der Ehe – auch wenn ich das alles als Blödsinn abtat, nagte doch stets irgendwo im Inneren das schlechte Gewissen an mir. Und zwar auch noch viele Jahre nachdem ich Wuppertal und die Frömmigkeit hinter mir gelassen hatte.

Bis heute beschleicht mich ein ungutes Gefühl, wenn ich in meiner Heimatstadt bin und an dem Gebäude vorbeikomme, wo sich bis heute der Versammlungsort der Gemeinde befindet. Und auch wenn mein Verstand mich zur Witzfigur erklärt, erscheint mir in diesen Momenten vor meinem inneren Auge das Wort ABTRÜNNIG wie ein Menetekel an der Wand. Manche Dinge sitzen tief.

Vom Glauben abgefallen bin ich trotz (oder wegen) dieser streng-puritanischen Prägung nicht. Er begleitet mich bis heute und hat mich durch Höhen und Tiefen getragen. Ich bete oft kurz und intensiv, das gibt mir Kraft und Zuversicht. Aber ich brauche weder Abendmahl noch Gottesdienste, um meinen Glauben zu leben.

Kapitel 4

»Ich weiß manchmal gar nicht,
wie ich das alles schaffen soll«

Innerer Aufruhr

20. Juli 1977
Ich habe mich übrigens entschlossen, einen Roman zu
schreiben mit dem Titel Bittersüß. *Das Titelblatt steht*
mir schon samt Illustration genau vor Augen, das bitter-
süße Gefühl habe ich auch, nur der Inhalt muss mir
noch zufliegen. Ich warte. Françoise Sagan hat auch
ihren ersten Roman mit 18 geschrieben. Warum nicht
ich?

Ganz schön selbstbewusst. Aber so entschlossen das auch
klingt, hat es danach doch noch schlappe 38 Jahre gedau-
ert, bis ich mein erstes Buch geschrieben habe. An einen
Roman habe ich mich bis heute nicht herangetraut, aber
wer weiß, vielleicht ist es bald so weit. Der Titel steht ja
bereits.

Das Tagebuch schien nicht auszureichen, um alles aus-
zudrücken, das sich bittersüß in mir angesammelt hatte.
Ganz abgesehen von der Liebe machte mir die Enge des
Wupper-Tals zu schaffen. Ich wollte raus und andere
Menschen, andere Städte sehen. Ein kurzes, aufregendes
Intermezzo war unsere Klassenfahrt nach Berlin. Im

Tagebuch habe ich mangels Zeit unsere Unternehmungen nur stichwortartig festgehalten. Eindrucksvoll war unter anderem der Besuch des Restaurants im Fernsehturm in Ost-Berlin, wo wir mit DDR-Währung herumprassten und nach einer Umdrehung der Restaurant-Kapsel unwirsch herauskomplimentiert wurden, obwohl der Laden total leer war. Der Höhepunkt der Reise war für mich ein Konzert der Band Jethro Tull. Den sagenhaften Ian Anderson live an der Querflöte ausflippen zu sehen – das war ganz großes Kino.

Meine besten Freundinnen Anna und Daisy konnten diese Erlebnisse leider nicht mit mir teilen, weil sie zu meinem großen Bedauern beide sitzen geblieben waren. Stattdessen wurde Susi bis zum Abi meine engste Wegbegleiterin. Sie spielte Fußball, hatte einen schrägen Humor und war mit einem 20 Jahre älteren, verheirateten Mann zusammen. Von ihr lernte ich unter anderem, mir mit schwarzem Kajalstift die Augen zu schminken. Ich kam mir bildschön und verführerisch damit vor und habe seitdem (also seit mittlerweile 45 Jahren) diese Gewohnheit nicht mehr abgelegt. Ganze Generationen von Maskenbildnerinnen haben versucht, mich davon abzubringen (»Nun lass doch endlich mal diesen Kajalstift weg, das ist sooo old-fashioned, und außerdem verkleinert es die Augen!«), aber es ist zwecklos. Ohne meine dunkel umrandeten Augen fühle ich mich nackt.

Berlin, Ian Anderson und der Kajalstift konnten nicht verhindern, dass sich in Wuppertal schnell wieder die Sehnsucht nach Abwechslung und Abenteuer breitmachte. Da wir ja keinen Fernseher hatten, gehörten gelegentliche Kinobesuche zu den Vergnügungen der besonderen Art, die noch tagelang nachwirkten.

15. Dezember 1977

Gestern war ich mit Dagi in Doktor Schiwago. Es dauerte von halb vier bis fast halb acht. Der Film war wahnsinnig gut; er hat mich sehr beeindruckt. Allerdings muss ich zugeben, dass ich, so selten, wie ich ins Kino gehe, von fast jedem Film sehr begeistert bin. Die Hauptrolle spielte Omar Sharif, ein toller Mann. Er spielte fantastisch, und seine Partnerin, Lara, auch. Natürlich voller DRAMATIK! Vor allem das Ende musste natürlich mal wieder so traurig sein. Ich sehe jedenfalls unheimlich gern solche Filme. Das Blöde ist nur, ich werde immer so mitgerissen, dass ich am liebsten sofort dem Hauptdarsteller schreiben möchte und ihn kennenlernen. Ich weiß, das hört sich ziemlich babyhaft an, aber ich versetze mich immer so in die Personen hinein, dass ich danach nicht mehr aus der Traumwelt herausmöchte. Ich kann mich nicht davon lösen und muss immer noch an den Film denken.

Meine Begeisterung fürs Kino hielt sehr lange an. Ich flüchtete mich ohnehin gern in die Welt der Fiktion, sie in Filmen umgesetzt zu sehen, versetzte mich immer in eine Art Ausnahmestimmung.

Es mag absurd klingen für eine Frau, die seit mehr als 30 Jahren beim Fernsehen arbeitet (und es erscheint mir psychologisch interessant), aber bis heute bin ich im Gegensatz zu meiner Familie nicht in der Lage, »nebenbei« fernzusehen. Ganz egal, was gerade läuft, ob Natur-Doku, Pilcher-Schmonzette oder Krimi, meine Augen und Sinne werden magisch vom Bildschirm angezogen. Ich unterhalte mich auch sehr gerne während des Fernsehens über das Gesehene, denn fast jeder Film wirft Fragen auf. Meinen Mann treibt das in den Wahnsinn.

»Schatz, das verstehe ich jetzt nicht«, kommentiere ich

zum Beispiel, wenn ich meine, in einem amerikanischen Action-Thriller einen logischen Fehler entdeckt zu haben. »Was soll denn diese schwachsinnige Verfolgungsjagd? Der Polizist hatte doch schon mindestens drei Mal die Gelegenheit, den Typen zu erschießen!«

»Oh Mann«, stöhnt Udo dann, »das ist doch jetzt völlig egal, es geht um die Action!«

»Es gibt nichts Langweiligeres als zerbeulte Autos, die um die Kurven quietschen und am Ende in Flammen aufgehen«, antworte ich darauf gähnend, wohl wissend, dass ich ihn damit provoziere. Noch schlimmer ist es, wenn wir zusammen mit den Kindern einen Film sehen. Während die Männer schweigend genießen, treibt meine Tochter es manchmal auf die Spitze, indem sie mitten in einer verwirrend spannenden Szene die Pausentaste drückt.

»Was soll das??«, schreien dann Vater und Sohn im Chor.

»Ich habe nur eine kurze Frage«, sagt sie dann mit gerunzelter Stirn. »Glaubt ihr wirklich, dass die Frau die Mörderin ist? Sie hat ihn doch über alles geliebt, das hat sie doch auch dem Therapeuten ...« Manchmal, aber nur manchmal, sind Männer und Frauen doch so gegensätzlich, wie Mario Barths Witze es befürchten lassen.

Ebenso wie ein Fernseher waren Kinobesuche für meinen Vater selbstverständlich tabu. Meine Mutter dagegen, die ja die Gemeinderegeln eher großzügig auslegte, genehmigte sich gelegentlich eine kleine Leinwandsünde. Ich erinnere, dass wir uns zusammen den Kultfilm *Love Story* angesehen haben. Die romantische, aber todtraurige Liebesgeschichte mit Ali McGraw und Ryan O'Neal kam 1970 heraus. Ich muss also noch jenseits von Gut und Böse gewesen sein, als wir uns diesem Liebesdrama hingaben. Aber Ausnahmemomente wie diese vergisst man nicht: Rotz und Wasser haben wir beide geheult, als Ali starb, ich wahrscheinlich mehr aus Solidarität mit Mami, die sich gar nicht mehr beruhigen konnte.

Ein weiterer Kino-Meilenstein meiner Jugend war *Der letzte Tango in Paris* mit Marlon Brando und Maria Schneider. Als ich ihn sah, hatte ich (zum Glück für uns beide) nicht meine Mutter an meiner Seite, sondern meine französische Austauschschülerin Chantal. Mich schockierten die Sexszenen nachhaltig. Ich hatte das Gefühl, etwas absolut Verbotenem zuzusehen, das mich gleichzeitig auch irgendwie angenehm erschaudern ließ. Man stelle sich vor, was die Glaubensbrüder und -Schwestern in Wuppertal dazu gesagt hätten …

Spätestens mit süßen 17 Jahren wurde das Verlangen immer stärker, endlich mal aus der engen Wuppertaler Alltagsroutine herauszukommen. Da kam mir das Angebot, am Schüleraustausch mit Frankreich teilzunehmen, sehr gelegen. Nach einer kurzen Brieffreundschaft ging die Reise los, im Bus nonstop in die Wuppertaler Partnerstadt Saint-Étienne.

30. März 1977
Geschafft! Ich bin in Frankreich. Die Familie ist sehr nett. Wir wohnen in einer alten Villa mit alten Möbeln und hohen Räumen. Die Leute scheinen ziemlich reich zu sein. Chantal ist sehr nett, und ich glaube, ich werde mich gut mit ihr verstehen. Beim Mittagessen (mit tausend Gängen natürlich, sodass man am Ende pumpesatt war) haben wir uns sehr gut über die Unterschiede beim Schulsystem und Studium in Deutschland und Frankreich unterhalten. Ich kann alles ziemlich gut verstehen und mit dem Sprechen fängt's auch an besser zu werden.

Das erste Mal für mehrere Wochen weg von zu Hause, und dann auch noch im Ausland. Das war sehr aufregend! Neben der Sprache und den anderen vielen neuen Eindrücken war es vor allem dieses bildhübsche französische Mädchen, das mich schwer beeindruckte. Sie war stilsicher und sehr modisch gekleidet, rauchte Kette und hörte ununterbrochen lautstark David Bowie. Sie stellte mich ihren ebenso perfekt gestylten Freundinnen vor, schleppte mich zu Schickimicki-Partys und zeigte mir, wie man schon im jugendlichen Alter das sprichwörtliche Savoir-vivre, die französische Lebenskunst, zelebriert.

Was mich aber am meisten faszinierte: Chantal beherrschte die Kunst, Locken zu glätten. Sie zeigte mir, wie ich meine krause, wild abstehende Haarpracht innerhalb einer Stunde in eine seidig glänzende Glatthaarfrisur verwandeln konnte. Nach dem Waschen wickelte sie meine Haare geschickt linksherum eng um meinen Kopf und setzte mir eine aufblasbare Föhnhaube auf. Nach einer halben Stunde wurden die Haare noch einmal gewickelt, dieses Mal rechtsherum. Haube auf, 30 Minuten ausharren, fertig. Danach war ich kaum noch wiederzuerkennen. Begeistert nahm ich die Anregung mit nach Deutschland und bemühte mich monatelang, den Glatthaartrend aufrechtzuerhalten. Leider hatte ich meine Rechnung ohne das Wuppertaler Regenwetter gemacht – ein Guss, und die ganze Mühe war umsonst. Die Locken waren einfach stärker als jede Trockenhaube. Noch heute treiben meine Haare Maskenbildnerinnen zur Verzweiflung, wenn sie versuchen, ihnen das Krause zu nehmen. Föhn, Glätteisen, Heißwickler – was haben meine Locken schon alles ertragen müssen.

»Ich habe eine Lockige geheiratet«, brummt mein Mann jedes Mal, wenn ich stolz mit gebändigter Mähne nach Hause komme. Er mag mich nun mal lieber so wie

Gott mich erschaffen hat. Wer weiß, vielleicht trägt ja meine Austauschpartnerin la belle Chantal die Schuld an meinem immerwährenden Wunsch, eine Glatthaarige zu sein.

Die Freundschaft zu meiner glamourösen Französin brachte aber nicht nur Veränderung *auf* meinem, sondern auch *in* meinem Kopf. Ich verlor schnell die Hemmungen, mich in einer anderen Sprache zu artikulieren, und fand es spannend, eine andere Kultur kennenzulernen, die nicht nur aus Partys und Filmen, sondern auch aus Museumsbesuchen, Ausflügen in die geschichtsträchtige Umgebung und anregenden Diskussionen bei den ausgedehnten Abendessen am Teakholztisch der Familie Leroy bestand. Ich mochte den Klang dieser eleganten Sprache wie überhaupt die ganze französische Lebensart und beschloss schon damals, dass mein Horizont später nicht an den Grenzen des Bergischen Landes enden sollte.

Mit Sicherheit war dieser erste Schüleraustausch prägend für meine weitere Entwicklung. Ich lernte, dass man sich auch in einem fremden Land, einer fremden Sprache zurechtfinden kann, wenn man sich nur darauf einlässt. Auch wenn mir damals in manchen Momenten zum Weinen zumute war, weil ich von dem schnellen, lauten Geplapper kaum etwas verstand und mich furchtbar einsam fühlte, war ich nach diesen drei Wochen selbstbewusster und erwachsener, weil ich gemerkt hatte, dass ich alleine zurechtkam.

Zurück aus Frankreich, empfand ich mein Zuhause als noch einengender und spießiger als zuvor. Im Vergleich zu Saint-Étienne erschien mir alles irgendwie plump: die Teestube, unsere Sit-ins bei Pfirsichbowle und Räucherstäbchen, die Spritztouren auf dem Mofa – was war das schon im Vergleich zu den Champagner-Partys und Sport-Cabrios der Jeunesse d'oré von Saint-Étienne in

Chantals Umfeld? Andererseits wollte ich aus politischer Überzeugung gar nicht zu den Privilegierten gehören – im Gegenteil. Meine Unentschlossenheit und mein Frust darüber, nicht zu wissen, wohin ich gehörte, entluden sich im Tagebuch.

5. Mai 1977
So was Schwachsinniges, total Idiotisches wie meine
Eltern gibt es nicht noch mal!! Ich möchte wirklich mal
wissen, womit ich es verdient habe, in so einer psycho-
pathischen Familie zu leben. Das ist ja zum Kotzen!
Meine Eltern flippen aus, weil ich wagte zu äußern, dass
meine alten Stiefel eventuell nicht mehr so gut zum
Rock aussehen, und meine kleine Schwester spielt den
Tyrannen, indem sie mir mit gehässigem Blick verbietet,
ihre Gymnastikhose anzuziehen, falls ich ihr nicht mei-
nen Wintermantel leihe. Warum kann man in dieser
Familie nicht wie normale menschliche Wesen ruhig und
friedlich miteinander leben? Warum muss man immer
so exaltiert reagieren? Ich bemühe mich doch wirklich,
mich nicht aufzuregen und alles von einer positiven
Seite zu sehen! Alle (vor allem mein Vater) sind derma-
ßen gereizt, dass man nur ein argloses Wort zu sagen
braucht, und schon geht der Kanon der aufgestauten
Aggressionen los. Grauenhaft! Ich bin im Moment
sowieso in einer ziemlich sensiblen Verfassung, ich
nehme alles so ernst, und die Schule und alles wird mir
fast zu viel. Ich weiß manchmal gar nicht, wie ich das
alles schaffen soll. Aber da brauche ich doch wenigstens
zu Hause einen ruhigen Pol, wo man entspannen kann
und sich nicht schon wieder aufregen muss!

Die Nerven lagen blank, und das offensichtlich nicht nur bei mir. Im Großen und Ganzen hatte ich aber nicht viel

Grund, mich zu beklagen, denn insgesamt gibt es in meinem Tagebuch nur wenige Einträge, in denen ich der Wut auf meine Familie Luft mache. Unterm Strich und allen religiösen Zwängen zum Trotz waren wir ein recht harmonisches Team. Aber eben nicht immer. Wenn mein Vater zum Beispiel mürrisch fragte: »Muss das denn sein, ihr wart doch gestern schon feiern«, nur weil wir am Wochenende mal zwei Tage nacheinander ausgehen wollten, oder wenn meine Mutter uns panisch vor Sorge im wehenden Bademantel an der Haltestelle empfing, wenn wir den verabredeten Bus verpasst hatten, waren das Momente, in denen ich mich ganz weit weg wünschte. Ich wusste ja selbst nicht, wohin mit all den ungereimten Gefühlen und Gedanken und konnte daher nur wenig Verständnis für die Probleme des Rests der Familie aufbringen.

Aggressive Auseinandersetzungen oder gar Handgreiflichkeiten gab es bei uns zum Glück nicht, aber etwas mehr offener Streit und Rebellion hätten uns vielleicht gutgetan. Es wurde viel heruntergeschluckt und verdrängt um des lieben Friedens willen.

Mein Mann und ich haben daher immer Wert darauf gelegt, es bei unseren Kindern anders zu machen. Es war und ist uns wichtig, uns aneinander zu reiben, gern auch lautstark.

»Ihr Tietjens habt in eurer Familie eine ganz besondere Art, miteinander umzugehen«, sagte mal eine Freundin während eines gemeinsamen Urlaubs.

»Wie meinst du das?«, fragte ich.

»Na ja, ihr seid auf eine ruppige Art liebevoll«, sagte sie lachend.

Und es stimmt, Meinungsverschiedenheiten werden bei uns immer ausgetragen, auch wenn das manchmal unangenehm und unbequem sein kann. Während der

Pubertät haben die Kinder uns natürlich trotzdem nicht alles erzählt, und da wurden auch schon mal Türen geknallt und Tränen vergossen. Aber strenge Regeln, Verbote oder moralischen Druck haben wir zu vermeiden versucht.

Was erste Liebeserfahrungen angeht, hätte ich allerdings gern mehr erfahren, als die Kids bereit waren zu erzählen. »Ihr wisst ja, dass ihr mir jederzeit euer Herz ausschütten könnt«, beteuerte ich immer wieder, »auch wenn's um Liebeskummer geht!« Die Kinder nickten dann und schnitten hinter meinem Rücken Grimassen.

»Theo«, bohrte ich einmal beim Abendessen nach, »läuft bei dir eigentlich schon was mit Mädchen? Erzähl doch mal!« Pia sah ihren großen Bruder mitleidig an.

»In deiner Haut möchte ich nicht stecken«, bemerkte sie trocken.

»Mama, du bist hier nicht auf dem Roten Sofa!« Diesen Satz habe ich mir oft anhören müssen. Leider hat meine ausgefeilte Fragetechnik bei meinen Pubertieren nicht so gut funktioniert wie beim Promi-Talk.

Die ersten Alkohol-, Zigaretten- und Marihuana-Erfahrungen meiner Kinder (falls es sie gegeben hat) sind an mir genauso unbemerkt vorübergegangen wie damals meine an meinen Eltern.

»Naa, wie war's, mein Schatz?«, pflegte meine Mutter mir aus der dunklen Tiefe ihres Schlafzimmers zuzuraunen, wenn ich spätabends angetrunken von einer Fete zurückkam und mich so leise wie möglich über die Leiter nach oben in mein Zimmer schleichen wollte.

»Gut«, flüsterte ich dann und versuchte krampfhaft, nicht zu lallen und meinen Schluckauf zu unterdrücken. Im Gegensatz zu meinen Eltern hätten mein Mann und ich in Erinnerung an die eigene Jugend für jeden Rausch Verständnis gehabt, der Nachwuchs ließ uns aber trotzdem nicht daran teilhaben. Auch die tolerantesten Eltern müssen eben nicht alles wissen.

Die Tolerantere von beiden war in meinem Elternhaus auf jeden Fall meine Mutter. Sie war temperamentvoll, warmherzig und immer sehr interessiert an unseren Erlebnissen, besonders an den amourösen. Bis auf pikante Details (kein Sex vor der Ehe!) konnte man ihr alles erzählen. Vor allem aber konnten wir mit ihr lachen. Sie hatte einen herrlichen Humor und ein durch und durch positives Wesen, in dieser Hinsicht habe ich viel von ihr geerbt. Vor allem bewunderte ich an ihr, dass sie sich nie ihre Lebensfreude nehmen ließ, trotz des Leids, das sie bereits hatte ertragen müssen. Als junge Frau hatte sie ihren ersten Mann verloren, der völlig überraschend an einem Blinddarmdurchbruch starb. Und als ich sieben Jahre alt war, starb meine jüngste Schwester im Alter von zwei Jahren an Krebs. Wie unfassbar und entsetzlich dieser Schicksalsschlag für meine Eltern gewesen sein muss, kann ich als Mutter nur erahnen. Zum Glück waren wir anderen Kinder noch zu klein, um uns über die Tragweite dieses Ereignisses im Klaren zu sein, aber der Schmerz und die Trauer schwebten viele Jahre lang über unserer Familie wie eine bedrohliche dunkle Wolke. Ich weiß nicht, wie es ihr gelungen ist, aber die Fröhlichkeit und die Lebenslust meiner Mutter haben auch diesen furchtbaren Verlust überstanden – heute nennt man so etwas Resilienz. Mit Sicherheit hat auch ihr Glaube dabei eine Rolle gespielt.

Der Humor meiner Mutter und ihre offene Herzlichkeit haben die Atmosphäre meines Zuhauses geprägt. Auch wenn bei uns keine Partys gefeiert wurden, waren doch alle Freundinnen und Freunde immer willkommen. Viele Stunden verbrachten wir quasselnd am Küchentisch, meine Mutter immer mittendrin.

»Mit deiner Mama hast du echt Glück!« Wie oft habe

ich diesen Satz gehört. » Mit ihr kann man so toll reden, sie hat einfach für alles Verständnis. Meine Eltern hören mir nie zu. « Auch mein Vater war interessiert an meinen Freundinnen und Freunden, allerdings auf andere Art und Weise. Er fragte Fakten ab: Schulnoten, Beruf der Eltern, Hobbys, Wertvorstellungen.

» Warum habe ich beim Gespräch mit deinem Vater immer das Gefühl, im Polizeiverhör zu sitzen? «, stöhnte einer von Daisys Musikerfreunden, als Vati ihn mal wieder mit bohrenden Fragen danach gelöchert hatte, ob und wie man denn von dieser » Hottentottenmusik « leben könne, und ob er denn eigentlich Abitur habe.

Eines Tages wurde meine trotz aller Teenager-Sorgen doch heile Welt heftig erschüttert durch den ersten Todesfall in meinem Freundeskreis.

28. Oktober 1977

Gestern ist etwas Schreckliches passiert. Anette ist gestorben. Zwar hatten wir ja alle gewusst, dass sie an der furchtbaren Krankheit sterben würde, aber dass es so plötzlich gehen würde, damit hat keiner gerechnet. Es war für uns alle ein Schock. Ich kann und kann es einfach nicht begreifen – so ein junger, unschuldiger Mensch, warum muss denn so was passieren? Wir hatten sie doch alle so gerne, sie war so lieb. Jetzt hinterher macht man sich natürlich Vorwürfe, dass man oft ungerecht zu ihr war, wenn sie launisch oder mürrisch war. Es wusste ja keiner, was sie quälte. Und es liegt auch in ihrer Natur, nie etwas nach außen hin zu zeigen. Selbst ganz zum Schluss, ich war ja letzten Sonntag noch da, hat sie mit keinem Wort angedeutet, dass sie immer mit dem Tod rechnen musste. Ob sie es nicht gewusst hat oder es selbst nicht glauben wollte? Wer weiß es …

Für sie war es jedenfalls sicher eine Erlösung von den Schmerzen, die ja immer schlimmer wurden. Zum Glück hat sie nicht so lange leiden müssen. Die armen Eltern tun mir so leid, die Mutter sah zum Schluss fast genauso schlecht aus wie sie. Ach ja ... manchmal kann man Gott wirklich nicht verstehen, warum lässt er so etwas zu? Warum darf so ein 18-jähriges Mädchen nicht weiterleben? Es ist einfach grausam und ungerecht. Sie sah ja schon so abgemagert und schwach aus, ganz eingefallene Wangen und dünne Arme und Hände. Man möchte am liebsten immer die Flucht ergreifen, wenn man sich dem Tod so nahe fühlt und selbst noch so voller Lebenslust und Kraft ist. Aber gerade das soll man nicht tun, denn das Gleiche kann mir ja morgen auch passieren. Man kann nicht vor dem Tod davonlaufen, auch nicht als junger Mensch. Und gerade deshalb ist es so wichtig, dass man weiß, warum man lebt, dass man versucht, den Glauben, der ja der einzige Ausweg und der einzige Halt ist, wenn man Angst bekommt, auch in seinem Verhalten und seinen Handlungen zu verwirklichen.

Der Tod meiner Freundin ging mir näher als der Verlust meiner kleinen Schwester, weil ich mit 17 ja viel besser begriff, was Sterben bedeutet. Ich hatte Anette jahrelang als Mitschülerin und Freundin erlebt, als lebensfrohes Mädchen, das genauso gern lachte und feierte wie wir alle. Sie verheimlichte ihre Krankheit so lange vor uns, bis es nicht mehr möglich war. Ihr für uns ziemlich überraschender Tod nach kurzem Krankenhausaufenthalt hat uns alle tief schockiert und war über viele Monate hinweg Thema in meinem Tagebuch und bei den Treffen mit meinen Freundinnen. Ich habe damals begriffen, dass es keinen Sinn hat, den Gedanken an den Tod ständig zu verdrängen, sondern dass wir ihn in unser Leben integrieren müssen. Er ist immer da, er kann uns jederzeit erwischen. Es ist besser für uns, wenn wir auf diesen Moment vorbereitet sind.

Vielleicht hat es ja mit meinen Erfahrungen mit Tod und Sterben in meiner Kindheit und Jugend zu tun, dass ich mich seit vielen Jahren als Schirmherrin für ein Hamburger Hospiz engagiere. Bei jedem Besuch in diesem Haus, bei jedem Gespräch, das ich mit Gästen, Angehörigen und Mitarbeitern führe, stelle ich fest, dass es etwas Tröstliches hat, den Tod als selbstverständlichen Teil unseres Lebens zu akzeptieren und sich rechtzeitig damit auseinanderzusetzen. Es gibt wenige Orte, an denen man das Leben so intensiv spürt wie in einem Hospiz. Wer dem Tod sehr nahe ist, weiß das Leben besonders zu schätzen.

»Ich sterbe ja nur an einem einzigen Tag«, habe ich mal einen todkranken jungen Mann sagen hören, »aber an allen anderen Tagen freue ich mich, dass ich lebe.«

Meine bittersüße Bilanz gegen Ende meines 17. Lebensjahres:

12. Dezember 1977
Und sonst – man lebt so dahin, hat große Pläne. Was wirklich hinterher daraus wird, wird sich zeigen.
Was mich immer ärgert, ist, dass ich so viele Dinge tun müsste, tun möchte – Bücher lesen, Bilder malen, ins Theater, ins Kino und zu interessanten Veranstaltungen gehen, so vieles, zu dem mir gar nicht mal die Zeit fehlt, sondern einfach die Energie, der Antrieb. Man ist so lasch, irgendwie gleichgültig und oberflächlich – ich weiß nicht. Wie gerne würde ich mich für irgendwas engagieren, etwas, das mich begeistert. Aber mir fehlt irgendwie eine feste Richtung, eine Leitlinie. Wohin soll man sich denn wenden? Ach ja, ich glaube, ich muss noch viele Erfahrungen machen. Das Leben.

Kapitel 5

»Eigentlich ist doch alles ein großes Wunder«

Die Liebe und andere Abenteuer

10. Januar 1978
Ist das Liebe, dieses komische, stechende, ziehende, bittersüße Gefühl in der Magengegend? Das, was immer wie eine Woge über mich kommt, wenn ich an ihn denke? Eine innere Spannung, irgendwie quälend, aber auch wieder beglückend, zum Seufzen und zum Jauchzen. Das ist etwas, das durch den ganzen Körper geht, von der Kehle bis zwischen die Beine. Wahnsinniges Gefühl. Ist das Liebe?

Die Liebe. Mal abgesehen vom ewigen Auf und Ab meiner Gefühle für Klausi erwischte sie mich kurz vor meinem 18. Geburtstag zum ersten Mal mit bis dahin ungeahnter Wucht. Meine französische Austauschpartnerin Chantal hatte meine Schwester und mich eingeladen, zusammen mit ihr und ein paar Freundinnen über Silvester eine Woche im Appartement ihrer Eltern in den französischen Alpen zu verbringen. Wir konnten damals noch nicht gut Ski fahren. Skiurlaub war viel zu teuer, und unsere Erfahrung beschränkte sich auf zwei Anfängerkurse im Schwarzwald, wo damals unsere große

Schwester wohnte. Immerhin reichte es, um ganz langsam auch schwierigere Pisten herunterzurutschen.

Diese Ferien waren wie ein Rausch, wir fühlten uns frei und glückstrunken. Weit und breit gab es niemanden, der uns Vorschriften machte. Weder wir noch meine Eltern hatten vorher gewusst, dass Chantals Eltern nur an Silvester für eine Nacht vorbeikommen und wir ansonsten uns selbst überlassen sein würden. Sie hatten ihre Töchter in der festen Annahme losgeschickt, wir seien in Frankreich in guten Händen. Stattdessen feierten wir jede Nacht durch, schliefen bis mittags, drehten ein paar Runden auf der Piste, um uns danach wieder beim Vorglühen für den nächsten Disco-Ritt hübsch zu machen. Und im Schein der Discokugel traf mich dann der Blitz. Er hieß Yves, war zwei Jahre älter als ich, hatte lange blonde Haare, ebenmäßige Gesichtszüge und wunderschöne dunkelbraune Augen. Dass er in Paris Kunst studierte, machte ihn noch anziehender für mich. Als er mich nach langem, intensivem Blickaustausch fragte, ob er ein paar Fotos von mir machen dürfe, konnte ich mein Glück kaum fassen.

»Ich finde dich bezaubernd«, sagte er sanft. »Du hast das perfekte Gesicht für die Illustration nordischer Märchen, an der ich gerade arbeite.« Ich schwebte auf rosa Wolken. Mir war zwar bewusst, dass ich mit meinen schulterlangen brünetten Locken und den kajalumrahmten großen braungrünen Augen nicht schlecht aussah, aber »Model« für eine Feen-Saga sein zu dürfen, schmeichelte mir ungemein. Während der Fotosession waren wir beide verkrampft und nervös. Das gab sich aber mit zunehmendem Cocktailgenuss.

Mit Sicherheit würde ich mich heute an den Ausgang dieses denkwürdigen Abends nicht mehr erinnern, wenn ich nicht alles haarklein im Tagebuch festgehalten hätte.

Eng umschlungen tanzten wir und küssten uns, als gäbe es kein Morgen. Gab es auch nicht. Am nächsten Tag war der Prinz nämlich gen Paris davongeritten. Ohne mich, stattdessen in Begleitung seiner Freundin Suzanne, die ich vorher zwar auch schon wahrgenommen, aber nicht für so wichtig gehalten hatte.

Meine erste große Gefühlswelle, die mich regelrecht umgeworfen hatte, wurde also gleich zu Beginn wieder gebrochen. Der Junge war schon vergeben, ich musste ihn mit einer anderen teilen. In der vagen Hoffnung, er würde sich vielleicht meinetwegen von ihr trennen, fuhr ich zurück nach Hause.

In Wuppertal wartete ich schmachtend auf Post von ihm.

»Überleg doch mal«, sagte ich zu Anna, der ich alles im Detail erzählt hatte, stolz, endlich auch mal mit einem echten Liebesabenteuer aufwarten zu können. »Vor knapp zwei Wochen ist er nach Hause gefahren. Wenn ihm besonders viel an mir liegen würde, hätte er doch längst geschrieben!«

»Jetzt verlier mal nicht die Nerven«, beruhigte mich Anna. »Er muss doch erst mal die Fotos entwickeln. Das dauert 'ne Weile.«

»Ja«, seufzte ich, »aber dann gibt's zwei Möglichkeiten. Entweder es sind totale Horrorfotos, und alles ist aus, weil er einen Schock kriegt. Oder aber es sind ausnahmsweise mal gute Aufnahmen von mir und sein Interesse erwacht vielleicht wieder ein bisschen. Dann lässt er Abzüge machen …«

»… das dauert 'ne halbe Woche«, rechnete Anna mir vor, »dann schickt er sie los … na ja, rechnen wir mal eine Woche, ein paar Tage zwischendurch muss man ihm ja lassen, das macht dann insgesamt …« Erschrocken sah sie mich an, weil ich laut aufstöhnte.

»Das sind noch DREI Wochen!«, rief ich. »Wie soll ich das bis dahin aushalten?«

Der Brief kam. Eine Woche früher als erwartet. Es war eine wunderbare, romantische Liebeserklärung, die in dem Satz gipfelte: »Les lumieres de Paris me dessinent le souvenir de ton sourire.« (»Die Lichter von Paris zeichnen mir die Erinnerung an dein Lächeln.«) Den Brief habe ich natürlich aufbewahrt, genau wie all die anderen, die danach kamen. Aber so begeistert ich zu Beginn auch war, irgendwann hatte ich das Gefühl, dass mir der schöne Yves zu nahe rückte.

2. Februar 1978

Am Montag kam wieder Post von Yves. Er schrieb,
er hätte wegen des Streiks meinen Brief gerade erst
bekommen, scheint mich aber immer noch sehr nett zu
finden – so nett, dass er mich hier besuchen will!!!
Davon war ich offen gesagt nicht so hingerissen, denn
was soll ich bitte schön hier mit ihm machen? Ich finde
ihn natürlich noch nett, aber unter dem Aspekt, dass er
auf einmal hier aufkreuzt, sieht die Sache ja nun doch
etwas anders aus.

Wie bitte? Was war ich bloß für ein sonderbares Mädchen. Da hatte ich nun endlich, was ich mir jahrelang erträumt hatte: einen interessanten, gut aussehenden, sehr in mich verliebten jungen Mann – und plötzlich überlegte ich es mir anders. Aber wieso? Hatte ich Angst, meine eigenen Gefühle nicht mehr unter Kontrolle zu haben? Sorge, dass meine Eltern sich empören würden? Oder befürchtete ich, dass er beim Wiedersehen nicht mehr der Märchenprinz sein würde, als den ich ihn in Erinnerung hatte? Vielleicht kam es mir nach dem ersten Trennungsschmerz auch ganz gelegen, dass ich Yves weit weg und in festen Händen wusste. So konnte ich mich zwar nach ihm sehnen, er mir aber emotional nicht zu gefährlich werden.

Mein Tagebuch lässt mich erahnen, dass ich hin- und hergerissen war. Denn schon bald nach meinem wunderbar wilden Skiurlaubsabenteuer hatte mein Wuppertaler Soziotop mich wieder vereinnahmt.

8. Februar 1978
Als ich gerade die Fotos von Frankreich sah, dachte ich auf einmal, wie komisch – so schnell gewöhnt man sich an alles und so schnell legt man das auch alles wieder ab. Wieder hier in Wuppertal, lebt man sich so schnell wieder in das Gewohnte ein, dass man überhaupt nicht merkt, wie anders alles noch vor Kurzem war. Oder ist der Unterschied gar nicht so groß? Ist vielleicht ALLES ähnlich, egal ob in Frankreich, in Deutschland oder ich weiß nicht wo. Im Grunde läuft nämlich alles nach dem gleichen Prinzip ab. Gut, die Leute sind verschieden, aber ICH, die alles erlebt, bleibe doch immer gleich. Dass man alles so ähnlich findet, liegt vielleicht gerade daran, dass man sich selbst nicht ändert, sondern alles immer mit denselben Augen sieht, mit demselben Kopf denkt, eben immer ein und derselbe Mensch bleibt. Ich bleibe ich und im Grunde ist die ganze Welt ja ICH. Und trotzdem liebe ich es, vieles zu sehen, zu erleben, Neues kennenzulernen. Und mich an allem zu freuen und dankbar dafür zu sein. Denn eigentlich ist doch alles ein großes Wunder.

So habe ich die Welt schon lange nicht mehr betrachtet. Wenn ich heute verreise, sauge ich zwar die neuen Eindrücke auf, kehre aber ohne den Anspruch nach Hause zurück, mich dadurch verändert zu haben. Schade eigentlich. Die Alltagsroutine hat uns schneller wieder im Griff, als uns lieb ist. Empfinden wir das nicht mehr als Problem, weil unser Ich schon so fest in uns zementiert ist, dass wir uns gar nicht mehr über uns selbst wundern? Mein 18-jähriges Ich stand jedenfalls staunend vor diesen Erkenntnissen, doch bestimmt war mir die philosophische Dimension meiner Zeilen nicht bewusst. Schnell rückten dann auch wieder andere Ereignisse in meinem Wuppertaler Alltag in den Vordergrund: das Abitur, das Pläneschmieden für die Zeit danach – und mein 18. Geburtstag.

14. Februar 1978
Am Samstag hatte ich endlich meine Geburtstagsfete.
Obwohl eigentlich nur 20 Mann zugelassen waren, habe ich hinterher festgestellt, dass insgesamt 27 Leute da waren, so nach und nach. Es war jedenfalls super, wir haben Feuerzangenbowle gemacht, insgesamt 15 Liter oder so, und die Stimmung war wirklich nett. Alle, die ich eingeladen hatte, sind gekommen. Es ging bis halb zwei, dann sind sie sozusagen rausgeschmissen worden, meine Eltern wollten schlafen. Alles in allem fand ich's schön, war 'ne gemütliche 18. Geburtstagsfeier.

Endlich volljährig! Endlich tun und lassen können, was man will. Und das war mir nur eine »gemütliche« kleine Feier wert? Verglichen damit war mein 50. Geburtstag eine wilde, ausgelassene Orgie. Die einzige Entgleisung, die mein Tagebuch verschweigt, an die ich mich aber noch genau erinnern kann, war das kleine Loch, das der brennende Zuckerkolben in den Linoleumfußboden brannte, nachdem jemand mit dem Fuß gegen den Feuerzangenbowlentopf gestoßen war. Zum Glück konnten die Flammen von uns im Keim erstickt werden und meine

Mutter bemerkte den unterm Flokati versteckten Brandfleck erst Wochen später.

Meine Kinder und ihre Freunde und Freundinnen zelebrierten ihre 18. Geburtstage in viel größerem Stil. Da wurden Säle angemietet oder zumindest Kleingarten-Vereinsheime unsicher gemacht, DJs engagiert, und es wurde getanzt, bis die Wolken wieder lila waren. Eltern waren höchstens als Tresenpersonal oder Fahrdienst zugelassen. Dabei ist heutzutage die Volljährigkeit ja in weiten Teilen nur noch Formsache, denn die meisten Jugendlichen dürfen schon Jahre vorher machen, was sie wollen. Mein Mann und ich versuchten zwar, milde Grenzen zu setzen, kamen uns dabei aber manchmal selbst albern vor. Ich erinnere mich an einen Abend mit Freunden bei uns zu Hause. Gegen Mitternacht steckte Pia den Kopf durch die Tür.

»Wir fahren jetzt auf den Kiez«, sagte sie, »wollte nur Tschüs sagen.«

»Okay, mein Schatz«, rief ich, »aber bitte sei spätestens um sechs Uhr zu Hause!« Unsere Freundin Svenja sah mich verblüfft an.

»Was bringt das denn noch?«, fragte sie. »Dann kannst du doch gleich open end erlauben ...«

»Nein«, verteidigte ich mich, »sie ist ja erst 17, das ist eine Sache des Prinzips.«

Meistens funktionierten diese Absprachen gut. Das weiß ich, weil ich instinktiv immer kurz vor der vereinbarten Uhrzeit wach wurde und zur Toilette musste. Die gluckenhafte Sorge auch um die bereits erwachsenen Kinder ist bei mir genetisch veranlagt. Nur das aus dem Bett heraus geflüsterte »Na, wie war's?« konnte ich mir gerade noch verkneifen.

Möglicherweise erschien mir mein 18. Geburtstag damals nicht von so großer Bedeutung, weil er ja an meinem Alltag erst einmal nichts änderte. Ein Führerschein war nicht drin, viel zu teuer. Und am Verhalten meiner Eltern mir gegenüber merkte ich auch nicht, dass ich einen wichtigen Meilenstein erreicht hatte. Ganz im Gegenteil: Nach wie vor musste ich wegen fast jeder Unternehmung um Erlaubnis fragen. Das nahm ich meistens aus Bequemlichkeit so hin, nur einmal platzte mir der Kragen, als es um unseren Traum ging, nach dem Abi im selbst ausgebauten VW Bulli zu sechst nach Frankreich zu fahren.

13. April 1978
Ich habe so die Nase voll, alles steht mir bis zum Hals!!
Man fragt sich wirklich, was der Sinn dieses Scheißlebens ist. Kein Mensch versteht einen, keiner. Im Grunde ist man ja so allein, selbst inmitten aller anderen. Gerade haben mich meine Eltern wieder zur Verzweiflung gebracht. Ich kann bald nicht mehr. Sie bringen wirklich nicht das winzigste bisschen Verständnis auf, man redet gegen eine Mauer. Warum sind sie nur so schrecklich engstirnig und kleinkariert? Als ob sie nie jung gewesen wären. Warum können sie mir denn nicht erlauben, wenigstens zwei Wochen mit meinen Freunden Urlaub zu machen, wo ich doch einverstanden bin, drei Wochen mit ihnen in die Bretagne zu fahren. Und ich tu's ja sogar gerne! Die Jugendlichen können sie sich doch suchen, die mit 18½ noch widerspruchslos mit Mami und Vati in Urlaub fahren! Aber nein, es ist unbescheiden, unverschämt, impertinent, anmaßend, sich zu erfrechen, zusätzlich noch mit jungen Leuten alleine wegzufahren, zumal ein Pärchen ja die Moral in höchstem Grade gefährdet. Kreisch!!! Was ist denn für euch eigentlich das Leben? Ein ewiges Gefangensein in Zwängen, Konventionen und Moralvorstellungen? Mit

euch kann man nur auskommen, wenn man immer
schön ruhig hält und alles tut, was ihr für richtig haltet.
Dann gibt es keinen Streit. Aber dass ICH dabei nicht
zufrieden sein könnte, kommt euch wohl gar nicht in
den Sinn. Wenn ich nach x vergeblichen Versuchen,
einen Kompromiss zu schließen, zu vermitteln und euch
auf friedlichem Wege meine Meinung zu erklären, nicht
ein bisschen Entgegenkommen von eurer Seite sehe, wie
kann ich denn anders, als zu sagen, dann mache ich
eben, was ich für richtig halte – ohne euch zu fragen.
Meine Güte, irgendwann müsst ihr euch mal daran
gewöhnen, dass eure Kinder erwachsen werden, und ihr
müsst doch so viel Vertrauen in mich haben, um zu wis-
sen, dass ich ganz bestimmt nicht der Typ bin, der sich
gedankenlos in irgendein riskantes, gefährliches Aben-
teuer stürzt. WARUM versucht ihr nicht wenigstens,
mich zu verstehen? Offensichtlich ist es nicht möglich,
sich mit euch über dieses Thema im ruhigen Gespräch
auseinanderzusetzen, und mir vergeht auch ehrlich
gesagt die Lust dazu. Meint ihr im Ernst, dass ihr auf
diese Weise eure Kinder halten könnt? Und selbst wenn
es eure tiefste Überzeugung ist, dass ich im Unrecht bin
und in mein Verderben renne, dann lasst mich doch
meine Erfahrung SELBER machen. Das muss ich im
Leben sowieso, ob nun mit 18 oder mit 19, wo liegt
denn da der Unterschied? Ich frage mich oft, wie ihr
euer Verhalten vom christlichen Standpunkt her recht-
fertigt. Christentum ist Verständnis, Liebe und Nach-
sicht, aber kein zorniges An-den-Kopf-Knallen von
Argumenten, die jungen Menschen unverständlich sind.

Da hatte sich eine Menge Frust in mir aufgestaut. Natürlich hätte ich mich über die Bedenken und Verbote einfach hinwegsetzen können, ich war ja volljährig. Aber

was hätte das für unser weiteres Zusammenleben bedeutet? Streit, Verletzungen, Enttäuschung – und für mich eine unerträgliche seelische Belastung, weil ich meine Eltern liebte und ihnen nicht wehtun wollte. Also startete ich einen letzten Vermittlungsversuch. Ich schrieb meinen Tagebucheintrag wortwörtlich ab und gab den Zettel meinen Eltern. Und siehe da, ich hatte Erfolg. Mein Vater schrieb mir einen Antwortbrief, in dem er mir ohne Kriegserklärung die Erlaubnis für den Urlaub erteilte. Ich glaube nicht, dass seine moralischen Bedenken sich damit erledigt hatten, aber er hatte sich immerhin dazu durchgerungen, mir zu vertrauen.

Im Nachhinein muss ich gestehen, dass meine Eltern (so wie im Übrigen auch die Eltern meiner Mitreisenden) nicht ganz zu Unrecht in Sorge um uns waren. Sechs Jugendliche, zum ersten Mal so richtig von der Leine gelassen, wildes Campen, Alkohol, freie Liebe. Die Vorstellung, was dabei alles passieren könnte, machte meinen christlichen Erziehungsberechtigten Angst. Wahrscheinlich hatten sie die Kommune 1 und den anarchistischen Sturm gegen das Establishment vor Augen, für den die 1968er-Generation stand, und befürchteten, wir könnten während unserer Reise zu zügellosen Hippies verkommen. Dabei taugten die 68er für uns gar nicht mehr als Vorbilder, und verglichen mit ihrem Marsch durch die Institutionen war unser Aufbegehren ja nur ein lächerlicher kleiner Spaziergang. Aber die Auseinandersetzung war wichtig, auch wenn in meinem Fall die Einigung am Ende nur schriftlich möglich war. Papier war eben geduldiger als ein erhitzter, argumentativ in die Enge getriebener Vater, der ja selbst in Konventionen und Glaubenssätzen gefangen war.

Vor dem Hintergrund ihrer eigenen Erlebnisse, ihrer Erziehung und ihres Glaubens kann ich mich heute besser in meine Eltern hineinversetzen als damals. Sie konnten nicht aus ihrer Haut und wollten für uns Kinder nur das Beste. Und dass es für mich nun mal in jenem Sommer 1978 das Beste war, mich im Atlantik von ihnen freizuschwimmen, konnten sie nicht verstehen. Dass wir als ein Liebespaar und vier »gute Freunde« losfuhren und als drei Liebespaare zurückkehrten, haben sie nie erfahren.

Aber bevor unser heiß ersehnter Campingurlaub losging, kam noch das Abitur. Lästige Pflicht, aber auch wichtige Auseinandersetzung mit den eigenen intellektuellen Fähigkeiten.

5. Mai 1978

Abi! Diesen Mittwoch war Franze, ein Text von Sartre, »Pourquoi écrire?«, furchtbar schwer. Ich habe mich in der Philosophie verheddert und keine klare Linie reingekriegt. Habe mir sozusagen Satz für Satz rausgewürgt. Dabei hatte ich mit Sartre gerechnet und mich viel mit ihm beschäftigt. Ich finde das nämlich sehr interessant, was er so von sich gibt. Aber dieser Text widersprach dem, was ich bisher von ihm gelesen habe. Ich glaube, der Typ weiß selbst nicht, was er will. Na ja, Englisch war 'ne Kurzgeschichte, die war leicht, aber es wurden mal wieder viel zu viele Fragen dazu gestellt. Ich habe viel zu viel geschrieben, 21 Seiten. Jetzt kommt nur noch Geschichte am Montag und dann diese Scheiß-Bio-Prüfung. Da muss man für 'ne halbe Stunde ALLES lernen. Ach, bin ich froh, wenn ich das hinter mir habe.

Das Abitur habe ich mit einem Durchschnitt von 2,1 hinter mich gebracht, damals – auch wenn meine Kinder das nicht glauben wollen – war das genauso viel wert wie heute ein Einser-Schnitt.

Die Zeit zwischen Abitur und Bulli-Urlaub war aus

vielerlei Gründen stressig. Neben den Diskussionen mit den Eltern mussten – wiederum gemeinsam mit ihnen – so viele wichtige Entscheidungen für die Zukunft getroffen werden. Ich wollte unbedingt für ein Jahr ins Ausland. Mein Wunschziel war Frankreich, da ich ja durch Chantal Land und Leute schon kennengelernt hatte und die Sprache einigermaßen beherrschte. Obwohl meine Mutter Angst hatte, ihr Küken für so lange Zeit in die Vergnügungshauptstadt Europas zu entlassen, organisierten wir schließlich für mich und eine Freundin über eine Organisation Au-pair-Stellen in Paris. Die Aussicht darauf war aufregend.

Um all meine Pläne realisieren zu können, brauchte ich aber erst einmal Geld. Eine Nachbarin bot mir an, in ihrem Blumenladen zu arbeiten – der erste Job meines Lebens, dazu noch an einem betörend duftenden Arbeitsplatz! Ich lernte unzählige Blumensorten kennen und konnte nach einer Weile sehr schnell geschmackvolle Sträuße zusammenstellen und binden, eine Kunst, die ich leider heute nicht mehr beherrsche. Nach einigen Wochen hatte ich erst einmal genug verdient und die Fahrt ins Blaue konnte losgehen.

Wir genossen unsere Freiheit in vollen Zügen, so sehr, dass ich während des gesamten Roadtrips nur ein einziges Mal Zeit hatte, ins Tagebuch zu schreiben.

25. Juli 1978
Ungefähr in der Mitte des Urlaubs sitze ich hier in der Sonne und lasse mir's wohlergehen. Wir verstehen uns alle sehr gut, Klausi und ich haben eine gute Zeit. Ich kann ihm nicht abnehmen, dass es ihm ernst ist, mir aber irgendwie auch nicht. Ich lasse das so an mir runterrieseln, sehr angenehmes, wohliges Gefühl, aber dabei bleibt es. Eigentlich fehlt mir sogar irgendwo

meine gewohnte Freiheit. Ich schiebe nach wie vor jede
Art von Bindung weit von mir. Irgendwie habe ich da
einen Horror vor. Aber das Ganze, so wie es jetzt ist, ist
für mich total neu. Jedenfalls gefällt's mir total gut hier,
ich bin braun wie noch nie.

Wir hatten in der Tat eine gute Zeit, wir sechs: drei Wochen lang einfach selbstbestimmt in den Tag hineinleben, ohne dass irgendein Erziehungsberechtigter sich einmischt, sich treiben lassen, Rotwein trinken, am Strand Feuer machen und im Schneidersitz Ravioli aus der Dose löffeln, nackt baden, knutschen, in die Sterne gucken. Dieses unbeschreibliche Freiheitsgefühl habe ich bis heute nicht vergessen. Die kurze »feste« Beziehung zu Klausi genoss ich zwar, war danach aber froh, in neue Gefilde aufbrechen zu können und ungebunden zu sein. Dieses Bedürfnis nach Unabhängigkeit, das sich im ständigen Kampf mit der Sehnsucht nach der großen Liebe befand, sollte mich noch viele Jahre begleiten.

Nach den großen Ferien vergingen die Tage bis zu meinem Aufbruch ins große Unbekannte wie im Flug. Am Vorabend meines Umzugs nach Paris schwankte ich zwischen Vorfreude und Wehmut.

2. September 1978
So, letzter Tag. Es ist so weit. Ich habe fast von allen
Abschied genommen, fiel nicht leicht. Koffer sind weg,
Taschen gepackt. Alles klar. Wetter beschissen. Gestern
waren noch mal alle meine Freunde da, auch Klausi.
Jetzt am Schluss ist es natürlich am schönsten, weil wir
ja beide wissen, dass es wohl zu Ende ist. Und morgen
am Zug ist dann alles vorbei. It's all over now, Baby
Blue. Schluchz! Der Abschied fällt mir überhaupt
schwerer, als ich glaubte. Auch von zu Hause und so.

Man weiß eben, dass man für eine ganze Weile weg vom Fenster ist. So ist das eben nun mal im Leben, jaja. Ich harre der Dinge, die da kommen werden.

Wie schwer es vor allem meiner Mutter gefallen sein muss loszulassen, kann ich erst erahnen, seit ich selbst in dieser Situation war, dass meine Kinder sich ins Ausland verabschiedet haben. Ich sehe sie noch vor mir, am Bahnhof in Wuppertal-Elberfeld, tapfer lächelnd, in der Hand eine winzige Vase mit einer kleinen roten Rose darin, die ich ihr geschenkt hatte. Noch wenige Monate zuvor hatten mein Vater und sie es kaum über sich gebracht, mich mit meiner Gang in den Urlaub fahren zu lassen – und nun das. Paris! Zwar beruhigten sie sich damit, dass meine Freundin Heike und ich zunächst in der Obhut der Organisation sein würden und danach im Schoß der Aupair-Familie. Aber natürlich war ihnen trotzdem klar, dass uns das nicht wie ein Stacheldrahtzaun vor den Gefahren schützen würde, die möglicherweise auf uns lauerten.

Viele Male habe ich Ähnliches empfunden, wenn ich meine eigenen Kinder ins Ungewisse verabschieden musste. Besonders weh tat es beim ersten Mal: Meine Tochter war erst 14, als sie zu einem dreimonatigen Schüleraustausch nach Australien aufbrach, immerhin ein Trip ans andere Ende der Welt. Beim Abschied waren wir beide, sie und vor allem ich, emotional überfordert. Ich konnte nur schwer meine Tränen zurückhalten. Kaum war der Zug nach Frankfurt aus dem Bahnhof gerollt, floss es aus mir heraus.

»Wie konnten wir das nur erlauben«, schluchzte ich an der Schulter meines Mannes. »Sie ist doch noch ein Kind!« Udo bemühte sich, cool zu wirken, obwohl ich ihm ansah, wie es auch in ihm brodelte.

»Sie macht das schon, mein Schatz. Ist doch 'ne wichtige Erfahrung. Du warst auch kaum älter bei deinem ersten Frankreich-Austausch.«

»Ja, aber Frankreich ist nicht 16 000 Kilometer entfernt. Was ist denn, wenn ihr was passiert? Das dauert doch ewig, bis wir da sind.« Zum Glück hatten wir noch unseren 16-jährigen Sohn, der in den folgenden drei Monaten eine Überdosis Liebe abbekam.

Abschied von den Kindern ist ein scharfes Schwert, um es mit Roger Whittaker zu sagen. Wir haben uns an diese Trennungen allmählich gewöhnt, bei jeder längeren Reise wurde es ein bisschen leichter. Trotzdem musste ich immer wieder herzzerreißend weinen, wenn sie aufbrachen, um die Welt zu erkunden.

Das ging meiner Mutter am Bahnhof im September 1978 bestimmt genauso. Was ich zu diesem Zeitpunkt noch nicht ahnte: Ihre Sorge um mich war absolut berechtigt.

Kapitel 6

»Nur Küssen und nichts weiter«

Als Au-pair in Paris

18. September 1978
Es hat sich einiges getan. Ich wohne jetzt schon seit
einer Woche bei Le Ducs und es gefällt mir sehr gut.
Die erste Nacht haben Heike und ich gar nicht geschla-
fen. Das kam so: Wir schlenderten so in der Gegend
vom Centre Pompidou rum, Samstagabend, sehr viele
Leute, schöne Atmosphäre. Auf dem Platz vor dem
Centre spielten zwei Jungen Gitarre, alberten rum und
unterhielten eine große Menschenmenge. Wir gesellten
uns dazu und hörten zu. Nach einer Weile fiel mir ein
Junge auf, der die ganze Zeit zu mir rüberguckte. Ich
guckte zurück, und es ging so 'ne ganze Zeit hin und
her, bis das Konzert zu Ende war. Er kam zu uns rüber
und fragte uns, ob wir Lust hätten, mit ihm in ein Café
im Marais-Viertel zu kommen. Er hieß übrigens Jérôme.
Wir gingen in das Café, ziemlich intellektuelle Typen,
und unterhielten uns. Während der ganzen Zeit sah
Jérôme mich (Heike sagt, sie aber auch) immer wieder
mit einem herzzerreißenden Augenaufschlag an, sagte
aber nicht viel. Irgendwann schloss das Café und wir
schlenderten so rum. Als wir an einem Bistro vorbei-
kamen in der Nähe von Notre-Dame, das die ganze

Nacht geöffnet hat, gingen wir rein und verbrachten dort tatsächlich Kaffee trinkend, rauchend und redend die ganze Nacht. Es war Wahnsinn. Die Leute kamen und gingen, es war Hochbetrieb bis zum frühen Morgen, und es war wirklich interessant, die Typen zu beobachten, die da so reinkamen. Um sieben Uhr gingen wir dann bei aufgehender Sonne durchs menschenleere Quartier Latin und suchten irgendetwas zum Frühstück. Es war traumhaft schön, so am ganz frühen Sonntagmorgen im Viertel ums Pantheon herumzugehen. Wir kauften uns Croissants und tranken Kaffee in einem kleinen Café, das gerade aufmachte. Anschließend trennten wir uns ziemlich cool voneinander.

Paris und ich, das war Liebe auf den ersten Blick. Von Anfang an mochte ich dieses mondäne Flair, die elegante Leichtigkeit, das Internationale und zugleich doch so typisch Französische, das dort miteinander verschmilzt. Von morgens bis tief in die Nacht quirlt das Leben durch die kleinen Gassen und die Boulevards, die Märkte, die Plätze, die Cafés und Restaurants. Überall Menschen, ob sie nun zur Arbeit hetzen, einkaufen gehen oder einfach nur flanieren, alles ist immer in Bewegung. An den Häuserfassaden mit ihren großen Fenstern, den Holzschlagläden und kleinen schmiedeeisernen Balkonen kann ich mich bis heute nicht sattsehen, genauso wie an den historischen Bauwerken, den gepflegten Parks und den weltberühmten Museen. Die vielseitige Schönheit dieser Stadt bringt mich immer wieder zum Staunen.

Heike und ich hatten bei der Vermittlung darauf geachtet, dass wir nicht weit voneinander entfernt untergebracht wurden, unsere Au-pair-Familien hatten beide großzügige Altbauwohnungen mitten im Quartier Latin. Meine »Arbeitgeber« hießen Jean und Babette, und ich war für ihre drei Kinder Pauline (4), Eric (11) und Sophie (13) zuständig. Jean war ein attraktiver Lebemann Anfang vierzig mit leicht gewelltem, halblangem Haar, witzig, laut und temperamentvoll. Seine Frau Babette war zehn Jahre jünger als er, sehr hübsch, beneidenswert schlank, schmales Gesicht, feine Gesichtszüge. Sie lachte viel und wirkte immer etwas gestresst. Beide trugen ihre offensichtlich teuren Klamotten mit einer lässigen Selbstverständlichkeit. Meine Schützlinge sahen aus wie kleine Bilderbuch-Franzosen: Die beiden Mädchen hatten glänzende schwarze Haare im Pagenschnitt und sahen mich neugierig aus großen dunklen Augen an, der Junge sah aus wie ein Klon seines Vaters und blickte skeptisch.

Der Empfang war herzlich, wenn auch anders, als ich ihn mir vorgestellt hatte. Jean schleppte mich (um drei Uhr nachmittags) als Erstes zum Spirituosenschrank und goss mir einen Whisky ein. Dann eröffnete er mir, dass mein Zimmerchen unterm Dach noch »nicht ganz« bezugsfertig sei. Als ich mein »chambre de bonne«, so nennt man die ehemaligen Dienstmädchenzimmer unter den Dächern der Pariser Appartementhäuser, in Augenschein nahm, sah ich, was er meinte. Es erwartete mich ein Chaos auf etwa sechs Quadratmetern inklusive schräger Wände. Weder Bett noch Schrank gab es in dem Zimmerchen, dafür aber jede Menge Kartons, Plastiktüten und Kisten, die einen muffigen Geruch ausströmten.

»Wir geben dir eine Liege«, sagte Jean nonchalant und schwenkte seinen Whisky. »Vielleicht kannst du ja für ein paar Nächte bei Heike schlafen. Wir haben es einfach nicht mehr rechtzeitig geschafft, das hier herzurichten.« Ich schluckte und nickte stumm.

»Weißt du«, sagte Babette nervös, »für uns ist das genauso aufregend wie für dich, du bist nämlich unser erstes Au-Pair-Mädchen.« Improvisation wurde bei Le Ducs großgeschrieben, daran gewöhnte ich mich schnell. Ich schleppte also eine Gartenliege und Bettzeug quer über die Straße und dann sechs Etagen hoch zu Heikes Dienstmädchenzimmer, das etwas großzügiger ausfiel als mein Kämmerlein, und ließ mich dort provisorisch nieder.

»Komm«, sagte ich zu meiner Freundin, »unser Dienst fängt ja erst am Montag an, jetzt machen wir erst mal Paris unsicher!«

Dass uns gleich die erste Nacht so viele unvergessliche Eindrücke und dazu noch eine kleine »Liaison à trois« bescheren würde, hatten wir gar nicht zu hoffen gewagt. Wir merkten allerdings schnell, dass zwei hübsche 18-jährige Ausländerinnen in der Hauptstadt der Liebe nicht lange allein bleiben müssen, wenn sie es nicht wollen. Alle paar Meter pfiff irgendjemand hinter uns her, und sobald wir irgendwo orientierungslos stehen blieben, sprachen uns junge Männer an und fragten, ob wir Langeweile hätten und mit ihnen etwas trinken gehen wollten. Wir fanden das lästig und aufregend zugleich, lernten aber schnell, freundlich dankend abzulehnen. Der Zufallsbegegnung mit dem mysteriösen Jérôme allerdings wohnte von Anfang an ein gewisser Zauber inne. Er verstand es, uns beide sofort in seinen Bann zu ziehen, was wir natürlich nicht zugeben wollten, aber trotzdem zuließen. Jene Nacht zwischen Straßenmusik, verrauchten Künstlerbars und dem Frühstück bei Sonnenaufgang zeigte uns: Das hier war es, wovon wir geträumt hatten. Die Entscheidung, nach Paris zu gehen, war goldrichtig gewesen.

Mein Au-pair-Job gestaltete sich zunächst anstrengender als vermutet. Le Ducs waren zwar freundlich und behandelten mich sofort wie ein Familienmitglied, erwarteten aber relativ viel von mir. Ich war dafür zuständig, die kleine Pauline mittags vom Kindergarten abzuholen und dann erst einmal für alle drei Kinder zu kochen. Damit gingen schon die ersten Probleme los. Mein kulinarisches Repertoire umfasste nichts außer Nudeln, Kartoffeln und zur Not noch einem Spiegelei. Fürs leibliche Wohl hatte in Wuppertal immer meine Mutter gesorgt, auch im Haushalt musste ich nicht oft helfen.

»Tina hat nun mal zwei linke Hände«, hieß es immer. Wenn Not an der Frau war, wurde meine jüngere Schwester gerufen. Das mag daran liegen, dass mir bei jedem Versuch, meiner Mutter zur Hand zu gehen, ein Missgeschick passierte. Ich war langsam, verträumt und unbeholfen. Einmal stieß ich versehentlich mit dem Fuß den Putzeimer um und die trübe Seifenlauge ergoss sich über den Wohnzimmerteppich. Ich schwöre, dass ich mich nicht absichtlich drückte, aber ich habe mich auch nicht gegen meinen Ruf gewehrt.

Bei Le Ducs war die Schonzeit vorbei. Babette lachte nur laut auf, als ich ihr gestand, nicht kochen zu können.

»Macht nichts, meine Süße«, sagte sie, »ich kann's auch nicht. Aber zum Glück gibt es ja heutzutage so viele praktische Helferlein.« Dabei riss sie Küchenschränke und die Kühltruhe auf und zeigte mir, was sie unter »Kochen« verstand: Türme von Konservendosen mit Gemüse, Suppen und Fertigsoßen, stapelweise Tiefkühlpizza, gefrorene Hacksteaks, Pommes frites und Eiscreme.

»Et voilà«, rief sie mit einer ausladenden Geste, »da kannst du dich bedienen, alles ganz einfach zuzubereiten, du brauchst nur die Anleitung zu lesen.«

Außerdem gehörte es zu meinen Aufgaben, die Wohnung zu putzen und die Wäsche der Familie zu bügeln. Nachmittags, wenn die Kleine wieder im Kindergarten war, hatte ich ein paar Stunden frei. Danach musste ich sie noch beaufsichtigen, bis die Eltern von der Arbeit kamen. Was mir zunächst wie ein unüberwindbarer Berg von Arbeit erschien, ließ sich leichter bewältigen als befürchtet. Ich lernte überraschend schnell. Schon bald konnte ich im Handumdrehen ein Menü aus Baguette mit Pâté, Suppe, Hacksteak mit Pommes und Eis zum Nachtisch zaubern. Als mir das Junkfood langweilig wurde, fragte ich meine Mutter am Telefon nach einfachen Rezepten und probierte mich an Spaghetti bolognese, Bohnensuppe und Kartoffelpüree mit Eiern und Spinat. Die Kinder waren begeistert. Angesichts dieser deutschen Haute Cuisine nahm man es auch nachsichtig hin, dass es mir bis zum Ende meiner Au-pair-Tage nicht gelang, auch nur ein streifenfreies Fenster oder ein faltenfreies Hemd zu hinterlassen. Zu meinem Glück war Babette in diesen Dingen genauso untalentiert wie ich. Das Einzige, was ich von ihr – mal abgesehen vom französischen Lebensstil und ihrem ausgezeichneten Geschmack – gelernt habe, ist die Vinaigrette. Wie man aus Essig, Senf, Öl, Salz und Pfeffer eine köstliche Salatsoße mixt, dieses Wissen haben wahrscheinlich alle Franzosen und Französinnen in den Genen.

Die Freude am Kochen ist mir bis heute geblieben, genauso wie die Abneigung gegen jede andere Art von Hausarbeit. Noch immer hasse ich Putzen. Liegt es daran, dass mir in meiner Jugend niemals vermittelt wurde, dass so was auch Spaß machen kann? Ich kenne viele auch in Vollzeit berufstätige Frauen (und Männer), die das Herumwirbeln mit Schrubber, Lappen und Staubsauger, ja sogar das Kloputzen als entspannend empfinden. Vielleicht wurde ich in dieser Hinsicht zu sehr verwöhnt. Möglicherweise liegt es aber auch daran, was meine Mutter mir vorgelebt hat. Bei Haushaltstätigkeiten habe ich sie niemals im Kittel oder mit Schürze gesehen, sondern stets im modisch-eleganten Outfit. Alles, wobei man sich die Finger schmutzig macht und die Nägel ruiniert, musste zwar erledigt werden, aber wenn möglich nebenbei und nicht aus Leidenschaft.

In unserer Familie ist mein Mann derjenige, der für Ordnung und Sauberkeit sorgt. Ständig regt er sich darüber auf, dass die Kinder (sofern sie zu Hause sind) und ich alles herumliegen lassen, die Holzmöbel mit Wasserrändern verunzieren und beim Kochen die Küche in ein Schlachtfeld verwandeln. Geprägt wurde er in dieser Hinsicht ganz klar von seiner Mutter, die noch heute mit über 90 Jahren den saubersten Haushalt der Welt hat. Er hat jahrelang versucht, uns drei dazu zu erziehen, uns halbwegs an seine Regeln zu halten, trotzdem bricht immer mal wieder der Hang zum Chaos aus uns heraus. Mal sehen, was sich beim Nachwuchs letzten Endes durchsetzen wird.

Apropos Chaos: Nach einer Woche hatten Le Ducs das Kämmerlein unterm Dach leer geräumt und ich konnte meine neue Bleibe beziehen.

20. September 1978
Eben habe ich mal ein bisschen in meinem Zimmer sauber gemacht. Auweia, die Regale sahen wirklich reizend aus. Eins war richtig verkrustet untendrunter. Ekelhaft! Ich muss dringend noch den Boden putzen und die Gardinen müssen gewaschen werden. Hoffentlich geht dann endlich mal dieser Geruch weg!

Nach und nach gelang es mir, das Zwergenzimmer halbwegs wohnlich zu gestalten. Ich holte mir Apfelsinen- und Weinkisten vom Markt und baute daraus ein Tischchen und ein Regal, klebte Poster und Fotos an die Wände und startete die Lila-Offensive. Lila war Ende der 70er-Jahre die absolute Modefarbe. Ich färbte alles, was sich nicht dagegen wehrte: Gardinen, Bettzeug, Kissenbezüge, Latzhosen, T-Shirts, Blusen, Hosen, Stoffwindeln. Ja, Windeln. Um den Hals gewickelt, am besten in Kombination mit einem Palästinensertuch, waren sie der letzte Schrei. Von meinem ersten Au-pair-Gehalt kaufte ich lila Lackfarbe und strich damit Möbel und Wände. Danach war der faulige Geruch endgültig aus meinem Zimmer verschwunden, stattdessen roch alles nach Farbe. Ich war sehr zufrieden mit meinem neuen Zuhause, musste mich aber erst einmal an meine Nachbarschaft gewöhnen. Der Pariser Dachboden hatte es in sich. Tür an Tür, Wand an Wand wohnten dort oben Menschen, die unterschiedlicher nicht sein konnten. Au-Pair-Mädchen, Kellner, Studenten, Supermarktangestellte, Schauspielerinnen, Straßenkünstler, Arbeiter, Arbeitslose, Asylanten – ein unglaublicher Melting Pot, der ganz zufällig entstand. Das Einzige, was alle diese Menschen unfreiwillig miteinander teilten, waren die Toiletten. Zwei Stehklos: kleine, dreckige, fensterlose und stinkende Kammern mit einem Loch im Boden und einem Spülkasten mit Abzugskette. Ein Relikt aus dem 19. Jahrhundert, das ich aber notgedrungen in Anspruch nahm, wenn ich nachts mal rausmusste. Mein erstes Mal habe ich bis heute lebhaft in Erinnerung. Ich stolperte in stockfinsterer Nacht durch den Flur und tastete mich an der Wand entlang zum Lichtschalter. Als ich ihn endlich fand und drückte, erstarrte ich vor Schreck und schrie wie am Spieß: Direkt vor mir, so dicht, dass unsere Nasen sich beinahe berührten, stand eine junge Frau. Sie war nur mit einem kurzen T-Shirt bekleidet, trug untenherum nichts und schrie genauso laut wie ich.

»Hi. My name is Mabel«, sagte sie schließlich stockend, nachdem wir uns beide halbwegs von dem Schock erholt hatten, »and who are you?«

»Hey, I'm Bettina, the new Au-pair from downstairs«, stotterte ich. So lernte ich nach und nach einen Teil meiner Mitbewohner und Mitbewohnerinnen kennen, wurde auch hier und da mal zum Tee eingeladen, merkte aber bald, dass ich als Au-pair nicht so richtig zur Dachbodengemeinschaft dazugehörte. Schließlich lebte ich ja hauptsächlich unten in der Luxuswelt der Le Ducs, in deren Küche es eine Hintertür gab, die zum »escalier de service«, dem düsteren Dienstbotentreppenhaus, hinausführte. Ich brauchte nur eine Etage hinaufzugehen, und schon war ich in meinem Zimmerchen. Vom Rest dieses Treppenhauses bekam ich nichts mit, da ich immer, auch spätabends, mit dem Aufzug zum Appartement fuhr und dann leise durch die Wohnung zum Hinterausgang schlich. Das ging leider nicht lange gut.

25. September 1978
Gerade habe ich etwas äußerst Erfreuliches erfahren:
Le Ducs meinten, ob es mir sehr viel ausmachen würde,
abends spät nicht mehr durchs Appartement zu kommen, sie würden leider jedes Mal wach. Mist! Ich hab's
mir fast schon gedacht, es knackt und kracht nämlich
wirklich immer unheimlich laut. Gestern ist sogar die
Kleine davon wach geworden. Alors, vivement l'escalier
de service … auf ins Dienstbotentreppenhaus. Mir wird
jetzt schon schlecht, wenn ich daran denke, nachts da
hochzugehen. Wenn ich niemanden finde, der mich
hochbegleitet, werde ich wohl viele Nächte bei Heike
verbringen – oder sie bei mir.

Heike und ich wurden unzertrennlich. Sie begleitete mich oft nachts die unheimliche Hintertreppe hinauf und schlief bei mir, oder ich leistete ihr Gesellschaft, wenn ihre Familie am Wochenende im Landhaus war und sie sich in der großen Wohnung verloren fühlte. Die Hälfte unserer Au-pair-Nächte schliefen wir auf der Behelfsliege im Zimmerchen der anderen. Tagsüber und abends eroberten wir in jeder freien Minute Paris mit all seinen Attraktionen. Kinos, Theater, Museen, Galerien, Cafés, Restaurants, Diskotheken – nichts war vor uns sicher. Vor allem die Programmkinos hatten es uns angetan, und wir staunten immer wieder darüber, wie unerschöpflich das Angebot an großartigen Filmen war. Resnais, Lelouch, Truffaut, Godard, Chabrol, Fellini, Bertolucci, Visconti – wir waren geradezu süchtig nach den Meisterwerken der berühmten Regisseure, die wir bis dahin nur vom Hörensagen gekannt hatten. Manchmal sahen wir am Wochenende drei Filme nacheinander, und für jeden von ihnen mussten wir ewig Schlange stehen, um an Karten zu kommen. Hinterher waren wir völlig erschlagen und zutiefst beeindruckt von dem Gesehenen.

26. November 1978

Bei eisiger Kälte stellten wir uns stundenlang an einem Kino in der Rue de la Harpe an, um dann die Spätvorstellung von Remember My Name mit Geraldine Chaplin und Anthony Perkins zu sehen. Ein ganz toller Film! Er hat mich so beeindruckt, dass ich die ganze Nacht davon geträumt habe und auch heute noch andauernd daran denken muss. Eine total außergewöhnliche Liebesgeschichte, sehr kompliziert, aber sehr sehr schön, unheimlich gut gespielt von zwei supernetten Schauspielern und mit zum Glück positivem Ende. Ich habe mich natürlich wieder in den Mann verliebt und werde wahnsinnig, wenn ich daran denke, dass es solche Männer tatsächlich auf der Erde gibt, nur ich sie leider Gottes niemals kennenlernen werde …

Jetzt liege ich hier in Erwartung von Kommendem,
meine Augen sind schwer wie Blei und ich will nur noch
schlafen.

Was Männer angeht, waren Heike und ich ständig auf der Pirsch. Wir schlugen uns die Nächte um die Ohren, meistens flanierend, beobachtend, allzeit bereit, den »Richtigen« zu begegnen. Schon bald entdeckten wir ein Café am Ufer der Seine, das fast die ganze Nacht geöffnet hatte. Es hieß La Perigourdine und war ein Sammelbecken für alle, die nachts noch nicht nach Hause wollten und sich stattdessen bei Livemusik und einem sündhaft teuren Getränk die Zeit vertrieben. Für Heike und mich war es ein faszinierender Ort, der uns immer wieder magisch anzog, obwohl wir ihn uns eigentlich gar nicht leisten konnten. Trotzdem kratzten wir unser Geld zusammen und hielten uns bis zum Morgengrauen an den günstigsten Getränken fest, die wir auf der Karte finden konnten (2 Gläser Milch für 30 Franc), und beobachteten die Menschen um uns herum. Da war zum Beispiel der Bandleader, ein gut aussehender Marokkaner mit samtweicher Blues-Stimme, der uns schon bald mit Küsschen begrüßte, wenn wir zu später Stunde eintrudelten. Wir verknallten uns aber nicht in ihn und auch nicht in den sehr flirtbereiten langhaarigen Schlagzeuger, sondern warteten auf »Muskel-Johnny« und Raymond, die immer erst um drei Uhr nachts aufkreuzten. Johnny war sehr groß, hatte wilde schwarze Locken und eine Figur wie Popeye, Raymond war klein und blond, ebenfalls gut gebaut und hatte bestechende Ähnlichkeit mit dem jungen Robert Redford. Sobald das auffällige Paar das Café betrat, kochte die bis dahin manchmal schon leicht schläfrige Stimmung schlagartig wieder hoch. Die beiden waren offensichtlich Stammgäste, bekamen sofort ihre Drinks in die Hand gedrückt und gesellten sich zur Band.

Meist war es Muskel-Johnny, der als Erster zum Mikrofon griff und den Laden mit ein paar Elvis-Titeln zum Toben brachte. Spätestens bei »Love Me Tender« schmachtete er in unsere Richtung und amüsierte sich sichtlich darüber, dass wir kichernd rot anliefen. Noch aufregender wurde es, wenn Raymond nach zwei Bourbon loslegte. Seine Version von »My Way« hätte selbst Frank Sinatra neidisch gemacht. Wenn er mit seinen stahlblauen Augen alle noch halbwegs nüchternen Frauen bezirzt hatte, zog er sich auf dem Höhepunkt des Songs sein T-Shirt aus und legte einen braun gebrannten, perfekt durchtrainierten Oberkörper frei. Heike und ich konnten uns nicht einigen, welchen der beiden wir heiraten wollten, waren aber sicher, hier in der Hitze der Nacht der großen Liebe sehr nahe gerückt zu sein. Wir vermuteten, dass die beiden entweder steinreiche Popstars oder Schauspieler waren, die es ganz eindeutig auf uns abgesehen hatten.

3. Dezember 1978

Gestern wieder big Stimmung im Perigourdine, wir bekamen gleich einen sehr günstigen Platz neben dem Schlagzeug. Um drei Uhr kamen Raymond und Muskel-Johnny. Ray zog die totale Show ab, und der Höhepunkt: Er suchte sich ausgerechnet Heike als Zielscheibe aus. Erst stand er dicht neben ihr, sang auf sie ein und zog dabei demonstrativ sein T-Shirt bis zur Brust hoch. Das Lustigste war, dass Heike ahnungslos vor sich hin sah und erst überhaupt nichts davon merkte. Auf einmal spürte sie, dass alle Augen auf sie gerichtet waren, blickte hoch und erschrak sich tödlich. In diesem Moment zog er ihr plötzlich sein T-Shirt über

*den Kopf, was sie zum tomatenroten Ausflippen brachte
und das ganze Café zum Brüllen vor Lachen. Das wird
sie wohl nie vergessen.*

Nach diesem legendären Auftritt kamen die beiden endlich an unseren Tisch.

»Ladies«, sagte Johnny auf Englisch mit breitem amerikanischen Akzent, »wir können es nicht mehr länger mit ansehen, dass ihr nur Milch trinkt.« Er winkte dem Kellner und bestellte vier Cocktails. Nachdem sich unsere Verlegenheit gelegt hatte, kamen wir ins Gespräch – und wurden leider schnell desillusioniert. Unsere strahlenden Helden waren nicht das, was wir in ihnen hatten sehen wollen.

»Wir sind Stripper in einer Bar am Pigalle«, sagte Raymond grinsend, »und nebenbei singen wir. Früher in Chicago hatten wir sogar mal 'ne eigene Band.« Als sie unseren entsetzten Gesichtsausdruck sahen, konnten sie sich vor Lachen gar nicht mehr einkriegen.

»Was habt ihr denn?«, fragte Johnny prustend. »Habt ihr euch gar nicht gefragt, warum wir immer um Punkt drei Uhr nachts kommen? Unsere Show ist um halb drei zu Ende, danach müssen wir uns noch ein bisschen entspannen.«

»Wollt ihr uns heiraten?« Raymond legte seinen Arm um Heike, die augenrollend zurückwich. Wir tranken hastig unsere Cocktails aus und verabschiedeten uns. Von jener Nacht an sahen wir unsere »Popstars« mit anderen Augen. Wenn Raymond mal wieder zu »My Way« mit seinem verschwitzten T-Shirt wedelte, prosteten wir ihm lächelnd mit unserer Milch zu und fühlten uns wie Verbündete.

Die Einsicht, dass unsere Menschen- und Männerkenntnis zu wünschen übrig ließ, hielt uns nicht davon ab, uns ständig neu zu verlieben: egal, ob in unsere Kinohelden Helmut Berger, Anthony Perkins, David Carradine, Dirk Bogarde oder auch in französische Theatergrößen, die wir live auf der Bühne der berühmten Comédie-Française erlebten. Am Bühnenausgang zu warten und um ein Autogramm zu bitten, war uns peinlich, stattdessen schlichen wir manchmal schon morgens in aller Herrgottsfrühe in den Tuilerien herum, um mit etwas Glück einen unserer Angebeteten vorbeijoggen zu sehen.

Die Suche nach den richtig coolen, hippen und gleichzeitig vertrauenswürdigen Pariser Jungs gestaltete sich jedoch schwieriger als erhofft. Wir lernten zwar immer wieder neue Typen kennen, doch brachten uns einige davon in brenzlige Situationen. Zum Glück hat meine Mutter, mit der ich einmal in der Woche immer zur selben Uhrzeit zum Telefonieren verabredet war, davon nichts mitbekommen.

23. Januar 1979
Wir machten an der Bar Bekanntschaft mit dem Barkeeper, einem Iren, und dem Typ, der die Gäste empfing, einem Amerikaner. Die beiden waren ganz sympathisch und gaben uns einen Kir Royal aus. Dann aßen wir sehr lecker und tranken eine ganze Flasche Rotwein dazu. Danach waren wir nicht mehr so voll da und haben natürlich ununterbrochen gekichert. Frank, der nettere Typ, kam an unseren Tisch und fragte, ob wir nicht Lust hätten, nach dem Essen noch mit ihnen in ein Jazzlokal nebenan zu kommen. Wir sagten, ja, warum nicht, und er führte uns gegen halb eins in eine irische Pinte nebenan, wo von Jazz zwar keine Spur war, wir aber noch Weißwein spendiert bekamen. Als die Pinte zumachte, gingen wir einfach hinter ihm und seinem

Freund her. Es war ganz klar, was die vorhatten, aber wir sagten uns, wir gehen einfach mal mit, um zu gucken. Abhauen können wir immer noch. Sie führten uns durch düstere Hinterhöfe hinterm Café de la Gare in eine kafkaeske Wohnung, wo außer einigen kaputten Stühlen und zwei riesigen Matratzen nichts drin war. Wirklich das Allerletzte! Wir mussten die ganze Zeit lachen, sie ließen einen Joint rumgehen, machten ergebnislose Annäherungsversuche und entschlossen sich dann resigniert, es aufzugeben. Der Barkeeper wurde richtig ekelhaft, hatte Fischaugen und sagte wütend zu seinem Freund: » Well, just get off those fucking girls, put them at the door!« Unmöglich! Wir gingen dann alle wieder, der Fiese haute ab, und der andere, der mich wirklich ganz nett zu finden schien, brachte uns noch zu Fuß nach Hause. Er war übrigens 32. So 'nen Kater wie am nächsten Morgen hatte ich schon lange nicht mehr. War ein bisschen blöd mit diesen beiden Typen, aber was soll's, wir sehen sie ja hoffentlich nie wieder.

Allein die Vorstellung, meine Tochter hätte sich während ihrer Auslandsaufenthalte auf vergleichbare Situationen eingelassen, jagt mir eine Gänsehaut über den Rücken. Immer wenn sie sich tagelang nicht meldete, wurde ich nervös und malte mir das Schlimmste aus, wohl wissend, dass all meine mütterlichen Warnungen im Zweifelsfall ins Leere gehen würden. Wie oft hat meine Mutter mir damals eingeschärft, immer auf den »kleinen Mann im Ohr« zu hören und zu unbekannten männlichen Wesen Distanz zu halten. Natürlich haben Heike und ich gewusst, dass wir uns in Gefahr begaben, als wir den beiden Männern hinterherstolperten. Aber genau das war es ja, was wir suchten. Das wilde, gefährliche Leben, die Welt da draußen, die Grenzbereiche – eben all das, wovor unsere Eltern uns immer gewarnt hatten. War es Zufall, göttliche Fügung oder einfach Glück, dass uns niemals etwas passierte? Oder strahlten wir vielleicht instinktiv etwas aus, das die Männer letztendlich davon abhielt, grob übergriffig zu werden? Ich weiß es nicht. Uns beiden ist nie der Gedanke gekommen, dass eins unserer kleinen Abenteuer böse enden könnte, wir hatten einfach keine Angst. Mit unserem knallroten Lippenstift, den viel zu dunkel geschminkten Augen und unserem ständigen koketten Gekicher waren wir mit Sicherheit keinen Deut besser als die Mädchenclique meiner Tochter, wenn sie sich noch zu Schulzeiten am Wochenende aufgetakelt Richtung Reeperbahn aufmachte.

»Geht's nicht ein bisschen dezenter?«, fragte ich dann skeptisch mit Blick auf ihre Aufmachung.

»Wieso denn?«, fragte sie dann genervt. »Du bist doch auch immer geschminkt.«

Die schlimmste Situation, in die unser Leichtsinn uns in Pariser Zeiten brachte, war die Bekanntschaft mit zwei französischen Geschäftsleuten, die in einem Restaurant am Nebentisch saßen, als wir ausgelassen und feucht-fröhlich unser bestandenes Französisch-Diplom feierten. Sie flirteten mit uns und boten schließlich an, uns im Auto nach Hause zu bringen. Wir stiegen ein, ich vorne, Heike hinten. Während wir fuhren, merkte ich plötzlich, dass der Fahrer eine völlig andere Richtung einschlug als besprochen.

»Hey«, rief ich, »wir müssen ins Quartier Latin, wo willst du denn hin?«

»Wir wollen euch mal was zeigen«, sagte der Mann grinsend. Nervös drehte ich mich zu Heike um und sah, dass sie gerade mit ihrem Nebenmann knutschte.

»Heike«, sagte ich und spürte Panik in mir aufsteigen, »an der nächsten roten Ampel steigen wir aus!«

»Okay«, gluckste Heike und lachte über ein Kompliment, das ihr zwischen zwei Küssen ins Ohr geflüstert wurde. Die Ampel kam.

»Und los!«, rief ich, öffnete ruckartig die Tür und sprang aus dem Auto. Die Ampel wechselte auf Grün, der Wagen fuhr weiter und ließ mich auf der Kreuzung zurück. Mutterseelenallein irgendwo im nächtlichen Paris, kein Mensch, kein Auto weit und breit, leider auch keine Heike. Bis heute kann ich das Gefühl in mir abrufen, das mich beschlich, als ich hilflos auf die bedrohlich wabernden Nebelschwaden im gelblichen Licht der Straßenlaternen am Ufer der Seine starrte, die mir sonst immer so romantisch vorgekommen waren. Mein Herz raste und in meinem Kopf überschlugen sich die Gedanken. Wie um Himmels willen sollte ich Heike und die beiden Männer wiederfinden? Ich kannte ja nicht einmal deren Namen. Durch den Schleier der in mir aufsteigenden Tränen blickte ich auf den trostlosen Blumenstrauß in meinem Arm, den einer der beiden Charmebolzen aus einer Vase geklaut und mir beim Verlassen des Restaurants in die Hand gedrückt hatte. Ich dachte krampfhaft nach. Wo war die nächste Polizeiwache? Zum ersten Mal bekam ich Angst, nackte Angst, dass meiner Freundin etwas Schlimmes zustoßen könnte. Da vernahm ich plötzlich ein Motorengeräusch, von links näherten sich Scheinwerfer. Ein Wunder. Sie waren zurückgekommen.

»Steig ein!«, schnaubte der Mann hinterm Steuer mir wütend durch die geöffnete Beifahrertür zu. »Wir bringen euch jetzt nach Hause, lasst euch das eine Lehre sein.«

»Kindersicherung!«, keuchte Heike, nachdem die beiden uns vor meiner Haustür abgesetzt hatten. »Ich habe ja versucht auszusteigen, aber es ging nicht.« Bis heute bin ich mir nicht sicher, ob die Männer, wahrscheinlich beide Familienväter, uns wirklich nur einen Schrecken einjagen wollten oder genervt von uns abließen, weil wir ihnen zu kindisch waren.

Unsere Männerbekanntschaften liefen immer nach demselben Muster ab. Wir takelten uns auf, setzten uns in irgendein Café und zündeten uns eine unserer eleganten langen, dünnen Zigaretten Marke St. Moritz an. (Bis heute ärgere ich mich darüber, dass ich mich bis zum Abitur tapfer als Nichtraucherin behauptet hatte und dann in Paris mit fast 19 Jahren doch den Glimmstängeln verfiel. Wie viel Geld und Entwöhnungsstress wären mir erspart geblieben, wenn ich gar nicht erst damit angefangen hätte.) Die Zigaretten gaben uns das Gefühl, mondän und erwachsen zu sein, und wir nahmen Blickkontakt zu unserer Umgebung auf. Sobald uns die » Richtigen « ansprachen, begann das Spiel: lachen, reden, trinken, herumflanieren, flirten. Wenn wir am Ende des Abends noch in eine der angesagten Pariser Diskotheken eingeladen wurden, werteten wir den Abend als rundum gelungen. Abschiedsknutschen kam nur infrage, wenn die Jungs auf der Männer-Bewertungs-Skala von 1 bis 10 mindestens eine 7 erreichten. Alles, was über heiße Küsse hinausging, ließen wir nicht zu, was bei den meisten unserer Zufallsbekanntschaften auf Unverständnis stieß. Macho bleibt Macho …

24. Februar 1979
Nach der Disco so um halb fünf fuhr uns Xavier nach Hause und wollte natürlich – wie könnte es auch anders sein – noch mein Zimmer sehen. Nach einigen Diskussionen sah ich mich gezwungen, ihn mitzunehmen. Heike fühlte sich nämlich zu der äußerst intelligenten Bemerkung veranlasst, ich hätte Angst, allein mit ihm zu sein. Er fragte natürlich, warum ich denn Angst vor ihm

*hätte. Das wäre das erste Mal, dass er einem Mädchen
Angst machte. Wir quälten uns also durchs escalier de
service rauf und gingen in mein Zimmer, natürlich 'ne
saublöde Stimmung. Wir tranken Tee und redeten rum.
Ich auf dem Boden, er auf dem Bett. Das Ganze wurde
etwas aufgelockert dadurch, dass er mit einer Nadel
meine Eiterblase am Finger aufstach. Wahnsinn. Etwas
Eiter in den Tee gefällig? Haha.*

*Jedenfalls ging er nach einer Zeit lang, ohne dass das
geringste bisschen war. Lustigerweise war er nach einer
Minute wieder da und meinte: » On aurait quand même
pu se faire la bise ...« (» Wir hätten uns wenigstens
noch ein Küsschen geben können«) – woraus sich dann
natürlich etwas mehr entwickelte. Ich war dann noch
ein bisschen mit ihm zusammen, bis es mir zu brenzlig
wurde und ich sagte, ich wolle jetzt schlafen. Er machte
mir zwar den intelligenten Vorschlag, er könne ja bei
mir schlafen, ohne dass was wäre, nur so, ganz korrekt.
Ich lehnte aber ab. Also nur Küssen und nichts weiter.
Gegen sechs Uhr ging er dann auch wirklich.*

*Mal schaun. Ich bin inzwischen wirklich so weit, solche
Sachen nicht mehr ernst zu nehmen. Das bringt's hier
echt nicht. In gewisser Hinsicht sind die Jungen oder
Männer – zumindest in Paris – alle gleich. Und das
kotzt mich an. Das ist wirklich schwärzeste Phallokra-
tie, das absolute Gegenteil von Emanzipation, wie es
sich ja auch überall in den Familien zeigt. In dieser Beziehung sind wir doch wesentlich weiter – zum Glück.*

Je länger ich darüber nachdenke, umso mehr schätze ich
meine damalige Einstellung. Was ich zuerst für peinlich-
naives Kleinmädchengetue hielt, kann man auch als früh
emanzipiertes weibliches Selbstverständnis sehen. Warum
sollten wir denn jedem Drängen auf Sex nachgeben, nur

weil die französischen Männer das für »naturgewollt« erklärten? Dass der »phallokratische« Typ jeden Kuss selbstverständlich als Vorspiel für den Geschlechtsverkehr deutete, wollte mir und meiner Freundin ganz und gar nicht einleuchten. Wir nahmen uns das Recht heraus, unseren Spaß zu haben – und ihn da enden zu lassen, wo wir es wollten. Immer wieder versuchten Männer uns einzureden, unser Verhalten sei »unnormal«, und es gehöre sich nicht für eine Frau, den Mann zuerst anzutörnen und dann zurückzustoßen. Manchmal hatten wir tatsächlich ein schlechtes Gewissen, aber gleichzeitig war uns klar, dass jemand, der sich nie wieder meldete, weil aus ein paar Küssen nicht mehr geworden war, es nicht wert war, noch einen Gedanken an ihn zu verschwenden.

Im Nachhinein bin ich stolz auf uns. Jahrzehnte vor der #MeToo-Ära waren wir Vertreterinnen einer Generation von jungen Frauen, die sich nicht mehr fremdbestimmen ließen und selbst entscheiden wollten, was mit ihrem Körper geschieht. Die religiöse Prägung und der »kleine Mann im Ohr« trugen natürlich ihren Teil dazu bei. Das Ergebnis war eine interessante Mischung aus Moral und Feminismus, die uns Halt und Selbstbewusstsein verlieh und uns vor verstörenden Erfahrungen bewahrte. Zurückgebeamt ins Jahr 1978, würde ich mich vor dem Hintergrund meiner heutigen Erfahrung wieder genauso verhalten. Nur keine Angst, Nein zu sagen. Es gibt genug Männer auf der Welt, die es wert sind, sich das Ja für sie aufzusparen. Sogar in Frankreich.

Zum Beispiel Yves. Wir hatten uns seit unseren heißen Küssen in den verschneiten französischen Alpen nicht mehr wiedergesehen. Seinen Besuch im Wuppertaler Reihenhaus hatte ich ja erfolgreich abgewehrt. Trotzdem waren wir im romantischen Briefkontakt geblieben – bis zu meinem Aufbruch nach Paris. Dass es mich als Au-pair ganz in seine Nähe verschlagen hatte, verschwieg ich ihm, denn er sollte nicht denken, ich sei seinetwegen nach Paris gekommen. Trotzdem wollte ich ihn gern wiedersehen, wusste aber nicht, wie ich es anstellen sollte. Meine jüngere Schwester löste das Problem. Sie traf sich mit ihm, als sie in Paris auf Klassenreise war, und erzählte ihm alles. Es kam, wie es kommen musste, nur ganz anders.

4. März 1979
Ich war gerade beim Fensterputzen, da klingelte es.
Ich mache auf, steht da ein blonder Junge vor der Tür,
den ich zuerst gar nicht erkannte. Nach kurzem Stutzen
kriegte ich einen leichten Schock, als ich sah, dass es
Yves war. Jawohl! Mit kürzeren Haaren, modischer
Cordhose, Jacke und Schal. Ungewohnt schick also.
Er sagte Bonjour und guckte. Ich wusste wirklich nicht,
was ich sagen sollte. Er fragte, ob ich Zeit hätte, die ich
natürlich nicht hatte, und sagte, als ich nach einer
Erklärung verlangte, er befände sich an einem großen
Wendepunkt seines Lebens. Ich dachte mir sofort, dass
mit Suzanne Schluss sein musste. Also: wir verabredeten
uns für drei Uhr nachmittags vor dem Haus und er ging
wieder. Ich hatte ja die ganze Zeit immer noch das
Gefühl, als könnte diese Geschichte einfach noch nicht
abgeschlossen sein.

Was ich mit Yves in den darauffolgenden Monaten und auch in den Jahren danach erlebte, passt in kein französisches und auch in kein abgedroschenes Mann-Frau-Klischee. Zwischen uns entwickelte sich eine innige und sehr vertraute Beziehung, eine Liebesgeschichte, die aber das Gegenteil von allem war, was ich bis dahin mit männlichen Wesen erlebt hatte. Auch danach ist mir nie wieder etwas Vergleichbares begegnet. Bis auf den üblichen französischen »bisou« kam es nie wieder zu einem Kuss oder irgendeiner anderen körperlichen Berührung. Alles, was wir taten, war reden, reden, reden. Stunden- und nächtelang saßen wir nebeneinander, in Cafés, in Nachtclubs, auf Partys, in meinem Zimmer, in seinem Auto oder auf Parkbänken und unterhielten uns über das Leben, über die Zukunft, über den Sinn des Ganzen, über uns und über den Bann, der auf uns lag und verhinderte, dass wir uns jemals wieder so nahe kamen wie damals im Rausch der ersten Begegnung. Wir mochten, ja wir liebten uns, aber wir schafften es einfach nicht, uns zu berühren. Eines Tages offenbarte er mir, dass er nicht so genau wisse, ob er mehr auf Frauen oder Männer stehe. Was für ein Schock!

»Manchmal bin ich ganz verzweifelt«, sagte er, als wir wieder einmal um fünf Uhr morgens in seinem kleinen Peugeot vor meiner Haustür saßen, Patti Smith hörten und in den sich allmählich rosa färbenden Himmel über Paris blinzelten. »Ich glaube, ich bin bisexuell. Manchmal habe ich aber auch das Gefühl, asexuell zu sein. Irgendwie bin ich anders als alle, die ich kenne.« Wie gerne hätte ich ihn in diesem Moment in den Arm genommen, aber ich war wie versteinert. Immerhin war mir klar, warum es zwischen uns für den Rest des Lebens platonisch zugehen würde.

Nachdem das Tabu gebrochen war, nahm Yves Heike und mich gelegentlich mit in Pariser Clubs, die wir sonst nie kennengelernt hätten. Leicht verruchte Etablissements, in denen sich alle trafen, die »anders« waren. Für uns anfangs eine prickelnde, aber auch verwirrende Erfahrung.

7. März 1979
Um 21 Uhr Rendezvous mit Yves. Er kam in einem
schwarzen Plastikmantel und weißem Seidenschal mit
Lurexstreifen. Kein Kommentar. Wir fuhren also zu
viert in eine Diskothek am Montmartre. Zu diesem
Laden könnte ich zehn Seiten schreiben, belasse es aber
lieber bei zwei Sätzen, mehr ist er, glaube ich, wirklich
nicht wert. Pervers, dekadent, voller Schwulen, Lesben,
Transvestiten – Scheißmusik, hauptsächlich primitive
Leute. Erster Satz war das. Ganz gut fand ich, dass man
für 35 Franc so viel trinken konnte, wie man wollte,
und außerdem alle möglichen Sachen zum Essen ange-
boten wurden von den süßen Transvestiten, von denen
einer uns übrigens zu einem Kreisch-brüll-Lachanfall
veranlasste, nachdem er sich auf einen kleinen Disput
mit Heike eingelassen hat, die ihre Füße auf den Tisch
gelegt hatte. Die Diskussion endete abrupt, da er ihr
eine schallende Ohrfeige gab, woraufhin alle ringsherum
vor Lachen auf der Erde lagen und sie selbst völlig per-
plex dasaß. Lange nicht mehr so gelacht. Das war der
zweite Satz.

An dieser Stelle muss ich mich entschuldigen und auch
schämen für meine damalige Ignoranz. Homosexuelle,
Transvestiten, die ganze LGBTQ-Welt war mir bis dahin
völlig fremd. Weder meine Eltern noch sonst irgendjemand hatte mir je davon erzählt. Zwar gab es mit Sicherheit auch im überschaubaren Wuppertaler Kosmos Menschen, die ein unangepasstes Leben führten, aber unsere
Wege hatten sich bis dahin nie gekreuzt. Wie auch?
»Man« hielt sich fern von allem, was als unmoralisch
galt. Kein Wunder also, dass Heike und ich zunächst mit
dem, was uns da im schummrigen Licht zwischen roten
Samtvorhängen entgegenflimmerte, total überfordert

waren. Federboas, grotesk geschminkte Männer in High Heels, eng umschlungene knutschende Kerle in Lack und Leder auf der Tanzfläche – das war im ersten Moment zu viel für uns. Es war uns sicher anzusehen, wie befremdet wir waren, wie sonst ist die Ohrfeige zu erklären.

Die Beziehung zu Yves hat in mir vieles ausgelöst, unter anderem fühle ich mich seit dieser Zeit zu Menschen hingezogen, die jenseits der Norm leben. Und damit meine ich nicht nur die sexuelle Ausrichtung. Ich mag alles, was schrill und unkonventionell ist, ich bewundere Menschen, die sich trauen, ihr Anderssein auszuleben. Wahrscheinlich, weil ich selbst so »normal« bin. Ich kann zwar nicht aus meiner Haut, aber ich lasse mir privat und beruflich gern erzählen, was alles möglich ist.

Abgesehen von der fast grenzenlosen Freiheit, die ich voll auskostete, lernte ich als Au-pair aber auch, Verantwortung zu übernehmen. Auch wenn ich bis morgens um fünf gefeiert hatte, musste ich vormittags pünktlich zur Stelle sein, um die süße, aber hyperaktive kleine Pauline abzuholen und die Kinder mit Essen zu versorgen. Aus diesem »Job« ist eine lebenslange Freundschaft entstanden. Bis heute bin ich mit der ältesten Tochter Sophie, die in London lebt und drei erwachsene Töchter hat, in relativ engem Kontakt. Gern tauschen wir uns über die damalige Zeit aus und uns fallen immer wieder lustige Begebenheiten ein. Für die Kinder war es damals natürlich aufregend, mich ab und zu in meinem »Dienstmädchenzimmer« zu besuchen. Einmal muss Sophie mein Tagebuch in die Hände gefallen sein, denn auf den letzten Seiten hat sie einen Eintrag hinterlassen, den ich erst viel später entdeckte, als ich schon lange wieder in Deutschland war:

Chère Tina, quelques conseils:
Arrête d'autant fumer
Arrête de te regarder si souvent dans une glace
Arrête de draguer à la Perigourdine et ailleurs
Arrête de penser à Klausi, car tu n'as aucune chance!
A part ça, tu peux faire ce qui te plaira, mais **attention!**!
aux mauvais tours que la vie peut te jouer!
Sophie

Liebe Tina, hier ein paar Ratschläge für dich:
Hör auf, so viel zu rauchen
Hör auf, so viel in den Spiegel zu gucken
Hör auf, im Perigourdine und anderswo herumzu-
baggern
Hör auf, an Klausi zu denken, denn du hast keine
Chance!
Abgesehen davon kannst du machen, was du willst,
aber **Vorsicht!**! vor all den bösen Streichen,
die das Leben dir spielen kann!
Sophie

Habe ich diese weisen Ratschläge einer 13-Jährigen an ihre 18-jährige Betreuerin beherzigt? Natürlich nicht. Aber ich kann mich noch immer köstlich darüber amüsieren.

Wenn ich heute durch Paris spaziere – was leider viel zu selten der Fall ist –, spüre ich alles noch, als wäre es gestern gewesen. Das Wohlgefühl, die Gerüche, das Licht, sogar den Hunger. Heike und ich waren immer klamm. Am Wochenende, wenn wir keinen Au-pair-Dienst hatten, aßen wir manchmal nur abends, vor allem am Monatsende konnten wir uns kaum noch Baguette und ein Stück Käse leisten. Stattdessen gaben wir unser Taschengeld für Kultur, Klamotten und Kosmetik aus.

Gern schlenderten wir über die Pariser Flohmärkte, wo es immer etwas zu entdecken gab.

Neben all unseren kleinen amourösen Abenteuern gab es zahllose Begegnungen mit interessanten Menschen aus aller Welt. Eine Studentenclique aus Tel Aviv zum Beispiel, die uns in vielen intensiven Gesprächen klarmachte, was es bedeutet, in Israel zu leben und aus Familien zu stammen, die den Holocaust erlebt und größtenteils nicht überlebt haben. Nächtelang diskutierten wir mit Gleichaltrigen aus Algerien und Marokko über Vorurteile, Rassismus und Chancengleichheit. Die deutsche Jugend sei verwöhnt, oberflächlich und unpolitisch, mussten wir uns oft vorhalten lassen. Außerdem hätten wir alle ein schlechtes Gewissen wegen unserer Vergangenheit. Wir verteidigten uns zwar, hatten diesen Argumenten aber nicht viel entgegenzuhalten. Tatsächlich hatten wir über unser Schulwissen hinaus einen relativ begrenzten politischen Horizont. Meine Empörung über die Ungerechtigkeit der Welt war mit 19 deutlich weniger ausgeprägt als noch fünf Jahre zuvor.

Das änderte sich, als im März 1979 ein Sprengstoffanschlag auf ein jüdisches Restaurant die französische Hauptstadt erschütterte. Es gab viele Verletzte, aber zum Glück keine Toten. Wenige Tage danach gab es eine riesige Demonstration gegen Antisemitismus, an der auch unsere israelischen Freunde teilnahmen.

Möglicherweise stand das Attentat im Zusammenhang mit der Ausstrahlung der Serie *Holocaust* im französischen Fernsehen, die kurz zuvor auch in Deutschland für großes Aufsehen gesorgt und zu rechtsextremistischen Anschlägen geführt hatte. Die preisgekrönte Serie setzte sich auf bis dahin nicht da gewesene massenwirksame und emotionale Weise mit Antisemitismus und Judenvernichtung im Dritten Reich auseinander und hatte nachhaltige politische Diskussionen zur Folge. Auch Heike und mich wühlte das Thema sehr auf.

29. März 1979

Heute Abend kam wieder Holocaust im Fernsehen, der letzte Teil. Heike und ich haben ihn mit Le Ducs zusammen gesehen. War sehr beeindruckend. Auf uns hat die Serie so eine Wirkung gehabt, dass wir zwei Stunden lang diskutiert haben und zu dem Schluss gekommen sind, dass man gegen das Unglück und die Ungerechtigkeit auf der Erde ankämpfen muss und am besten zur Entwicklungshilfe geht. Neueste Theorie: Volksschul- oder Gymnasiallehrerstudium, dazu lateinamerikanische Sprachen und dann ab in ein südamerikanisches Entwicklungsland. Es wird überall auf der Welt Hilfe gebraucht. Und wir sind uns darüber klar geworden, dass uns irgendein schöngeistiger Beruf, der uns interessiert, nicht aus dem eintönigen, ichbezogenen Teufelskreis heraushilft, der uns jetzt schon unzufrieden und gelangweilt werden lässt. Man muss ein Ziel, einen Sinn vor Augen haben und anderen helfen. Ich frage mich nur, ob man dafür unbedingt in einen anderen Erdteil muss oder ob es nicht ganz in unserer Nähe auch Unglück gibt, gegen das man angehen muss.
Diese Pläne sollte man weiter ausarbeiten, vielleicht liegt da des Rätsels Lösung, und man findet endlich einen Weg, der einem richtig erscheint. Ich bin wirklich im Moment völlig desorientiert, nicht zufrieden mit mir selbst und ständig auf der Suche. Wenn ich doch bloß wüsste, was das Richtige für mich ist! Was überhaupt DAS Richtige ist.
So hat Holocaust also etwas Wichtiges bewirkt – unsere eingerostete Gedankenmühle in Gang gebracht und unser Gewissen angerührt.

So waren wir damals: hin- und hergerissen zwischen Flirt- und Feierlaune, der Leichtigkeit des Seins und der immer wieder aufkommenden Frage nach dem Sinn des Lebens und der Sorge um die ungewisse Zukunft. Überhaupt hatte ich viel mehr Fragen als Antworten und das diffuse Gefühl, etwas an meinem Leben ändern zu müssen.

Wenn ich heute auf das Jahr in Paris zurückblicke, sehe ich es als meinen ersten wichtigen Schritt hinaus ins Leben. Meine Erfahrungen dort haben meinen Horizont erweitert und mir gezeigt, dass es viel Menschliches auf dieser Welt gibt, von dem in meinen Wuppertaler Dunstkreis bis dahin noch wenig durchgedrungen war. Das Jahr hat mich reifer gemacht, aufmerksamer und nachdenklicher. Ich habe gelernt, mich in einem sprachlich und kulturell ungewohnten Umfeld souverän zu bewegen. Und, ganz wichtig: Was die Kunst des Küssens angeht, machte mir nach Paris so schnell keiner mehr was vor.

Meine Pariser Aufzeichnungen enden übrigens keineswegs mit einer weltanschaulichen Bilanz, sondern erstaunlich lapidar:

3. Juni 1979

Von Jungen hab ich in Deutschland erst mal Erholung nötig. Gestern war ich nur ein bisschen im Jardin du Luxembourg spazieren, das war alles. Heute endlich mal bis zwölf Uhr ausgeschlafen, ansonsten nichts gemacht, außer Platten aufgenommen, Zimmer aufgeräumt, geduscht, angezogen, Fuß- und Fingernägel manikürt, Tagebuch geschrieben. Es ist unglaublich heiß draußen, eine drückende, schwüle Hitze. Also, jetzt werde ich schon mal anfangen, einen Koffer zu packen. Scheiße!

» Als ob ich nie weg gewesen wäre ... «

Fremd in der Heimat

10. Juni 1979
Jaja, so ist das Leben. Hier bin ich also wieder und alles
ist beim Alten. Es ist fast schon so, als ob ich nie weg
gewesen wäre. Les habitudes, die Gewohnheiten ...
Um raus, wirklich rauszukommen, muss man, glaub
ich, richtig endgültig abhauen, ganz weit weg. Und ich
bin mir noch nicht mal sicher, ob das Weglaufen wirk-
lich so viel ändert. Im Grunde bleibt man selbst doch
immer gleich.

Man kennt das: Wann immer man von einer längeren
Reise oder einem Auslandsaufenthalt nach Hause zurück-
kehrt, erscheint einem zunächst das Gewohnte fremd.
Die Wohnung, die Möbel, selbst das Licht und die Luft –
was vorher selbstverständlich war, nimmt man für einen
Moment anders wahr. Aber schon am nächsten Tag ist
alles wie immer.

Als ich aus Paris zurückkam – meine jüngere Schwester und meine Cousine hatten mich abgeholt, und der
kleine Kadett war mit meinem Koffer und allem, was ich
im Laufe der Monate auf diversen Flohmärkten erstanden hatte, bis oben hin vollgepackt –, war ich zunächst in

Hochstimmung. Meine Eltern und Freunde empfingen mich herzlich, alle waren glücklich, mich wieder in ihrer Mitte zu haben.

Meine Erwartungen an die Heimat waren hoch. Ich fühlte mich sehr erwachsen und reich an Lebenserfahrung und wollte auch dementsprechend behandelt und ernst genommen werden. Doch schnell wurde mir klar, dass daraus nichts werden würde. Niemand in meiner Umgebung benahm sich mir gegenüber anders als vorher: dieselben Sprüche, dieselben Verhaltensmuster, dieselben Gewohnheiten. Hatte die Welt in Wuppertal stillgestanden, während ich fort war? Ich fühlte mich wie zurückversetzt in eine Zeit, von der ich glaubte, sie hinter mir gelassen zu haben. Warum bemerkte denn niemand, dass ich nicht nur acht Kilo zugenommen, sondern mich auch innerlich verändert hatte? Allmählich begriff ich: Das Einzige, was anders war als vorher, war meine Sicht auf die Dinge. Im Tal war alles wie immer, auch das, wovor ich weggelaufen war. Die vereinnahmende Fürsorge der Eltern, die Zankereien mit der Schwester, die feuchtfröhlichen Abende mit der Clique – selbst der Busfahrer war noch derselbe.

Ich war verwirrt und fühlte mich orientierungslos. Was erschwerend hinzukam, war der vorübergehende Ortswechsel ins Nachbarörtchen Neviges. Dort lebte die Mutter meines Vaters zusammen mit seiner unverheirateten Schwester in einer großen alten Villa.

»Tante Gisela braucht dringend mal Urlaub«, hatte meine Mutter gesagt. »Du hast doch im Moment nichts zu tun und brauchst Geld. Omama gibt dir 30 Mark am Tag, wenn du für drei Wochen zu ihr ziehst und sie versorgst.«

Ich war nicht begeistert. Zwar verbrachte ich gern mal ein paar Stunden mit meiner vornehmen 84-jährigen

Großmutter in ihrem großbürgerlichen Ambiente, aber als Kulisse, um aufregende Zukunftspläne zu schmieden, war diese Umgebung denkbar ungeeignet.

»Na gut«, seufzte ich. »Woanders könnte ich zwar bestimmt mehr verdienen, aber für den guten Zweck ...«
Ich packte meine Siebensachen und zog in meine neue WG. Keine zwei Wochen nach meiner Rückkehr aus der Stadt der Liebe fand ich mich zwischen Mahagonimöbeln, Orientteppichen und riesigen Ölgemälden mit bedrohlich auf mich herabsehenden Ahnen wieder. Meine Großmutter war eine distinguierte alte Dame mit strenger Frisur, dezent-eleganten Kleidern und fest zementierten Gewohnheiten. Morgens um 9 Uhr Frühstück mit Toast und Tee, um 11 Uhr ein Glas Rotwein (für den Kreislauf) und ein paar Kekse, um 13 Uhr Mittagessen mit einem Gläschen Rosé, dann Mittagsschlaf. Währenddessen erholte ich mich bei einer Zigarette und einem Kaffee, rekelte mich auf der plüschigen Couch im überdimensionierten Wohnzimmer herum und blätterte in einem der Bücher aus der umfangreichen Bibliothek. Punkt 16 Uhr war Teatime, dazu gab es Spritzgebäck und Zitronenkuchen. Danach las ich ihr vor oder wir plauderten. Sie wollte ganz genau wissen, was ich in Paris alles erlebt hatte, natürlich ausschließlich in kultureller Hinsicht. Omama war eine sehr gebildete Frau. Sie hatte in Lausanne studiert, was für ihre Generation ungeheuer emanzipiert war, und sprach fließend Französisch. Emotional hatte sie dafür leider gewisse Defizite, und ihre kühle, distanzierte Art hatte auch bei meinem Vater und seinen Geschwistern Spuren hinterlassen. Nach unserem Abendessen um 19 Uhr ging uns regelmäßig der Gesprächsstoff aus und mir fiel die hochherrschaftliche Decke auf den Kopf.

16. Juni 1979

*Das Versorgen von Omama und das bisschen Arbeit
machen mir gar nichts aus, bloß bekomme ich in diesem
düsteren riesigen Haus Depressionen. Schon am ersten
Abend, als ich so alleine im Fernsehzimmer saß, dachte
ich, wie sollst du das bloß drei Wochen aushalten. Um
halb zehn geht sie ins Bett und um Viertel nach SIEBEN
muss ich aufstehen. Horror! Vor allem, wenn man
außer Spülen, Essenkochen und Blumengießen nichts zu
tun hat! Oh, là, là. Gestern sah ich mir einen ganz witzigen John-Wayne-Film an, und um elf Uhr fing ein
Krimi mit Ingrid Bergman an, den ich sehr gerne sehen
wollte. Ich hatte aber Angst, denn ich sitze nicht gerne
nachts alleine in dem ungesicherten Fernsehraum. Gar
nicht so unberechtigt, wie sich heute herausstellte, vor
zwei Wochen wurde nämlich hier in der Gegend ein
Mädchen ermordet und verstümmelt. Den Mörder
haben sie noch nicht gefunden. Reizend. Ich bleibe
keine Minute mehr alleine da unten sitzen.*

Die Angst spüre ich bis heute. Überhaupt haben sich der
Geruch und die Geräusche dieses Hauses für alle Zeiten in
mein Gedächtnis eingebrannt. Das Knarren der Dielen
und das Klappern und Quietschen der Fensterläden, wenn
ich nachts in meinem großen Mahagoni-Bett wach lag und
meine Gedanken verrücktspielten. Was ich eines Nachts
für den sich anschleichenden Mädchenmörder hielt, entpuppte sich als leicht gruseliger Besuch der alten Dame.

»Hast du auch Geräusche gehört, mein Kind?« Wie
eine Figur aus einem Gemälde von Carl Spitzweg stand
sie vor mir, meine Omama, Schlafmütze auf dem Kopf,
Kerzenleuchter in der Hand. »Ich dachte mir, ich sehe
mal nach dem Rechten«, nuschelte sie mit zahnlosem
Mund. Ihr Gebiss ruhte nachts in einem Glas auf ihrem

Nachttisch. Jeder Einbrecher hätte bei ihrem Anblick sofort die Flucht ergriffen.

»Alles gut, Omama«, flüsterte ich, »geh wieder ins Bett, hier ist niemand.« Keine Ahnung, wie lange sie in dieser stürmischen Nacht noch durchs Haus geisterte, ich war erleichtert, einige Tage später in der Zeitung zu lesen, dass der Täter gefasst worden war.

Viele Wochen haben meine jüngere Schwester und ich in den darauffolgenden Jahren in Vertretung der Tante bei unserer Großmutter verbracht. Zunehmend keine leichte Aufgabe, nicht nur, weil die Zeit sich zog wie zähes Kaugummi, sondern auch, weil Omama immer hilfsbedürftiger wurde. Sie litt unter grünem Star, konnte also kaum noch etwas sehen, außerdem brauchte sie irgendwann auch Unterstützung bei der Körperpflege. Wir liebten diese Tätigkeiten nicht, erledigten sie aber mit einer Selbstverständlichkeit, die uns vor allem von unserer Mutter vorgelebt wurde, die sich nach dem Tod ihrer Mutter rührend um ihren Vater gekümmert hat. Jeden Tag kam er zu uns zum Mittagessen und sie wusch und bügelte seine Wäsche, meine Schwester und ich putzten seine Wohnung. Dass innerhalb einer Familie die Generationen zusammenhalten, war bei uns Ehrensache.

Ich habe das so an meine Kinder weitergegeben, genauso wie mein Mann. Bei ihm geht die Familienverbundenheit sogar so weit, dass wir in seinem Elternhaus leben. Seine Mutter und uns trennen zwar mehrere Etagen voneinander, aber wir haben dasselbe Dach über dem Kopf. Ein Mehrgenerationenhaus, wie es im Buche steht. Wir alle profitieren von diesem Miteinander. Als die Kinder klein waren, brauchten wir nie einen Babysitter zu engagieren, und meiner 93-jährigen Schwiegermutter bleibt bisher der Umzug ins Seniorenheim erspart. Als mein Schwiegervater an Parkinson erkrankte und Betreuung brauchte, konnte er auf uns zählen, und – wie meine Großmutter damals auf mich – auch auf seine Enkel. Bis heute verbringen unsere Kinder gerne Zeit mit ihrer Oma, ob nun beim gemeinsamen Essen, beim Gläschen Sekt oder beim Ansehen alter Fotos. Ich habe sogar manchmal das Gefühl, dass die beiden ihrer Großmutter so manches Geheimnis anvertrauen, das sie uns vorenthalten, bei ihr aber bestens unter Verschluss wissen.

»Oma und Opa sind viel cooler als ihr!« Diesen Satz haben wir uns so manches Mal anhören müssen, wenn die Kinder mal wieder zu laut gefeiert hatten oder frühmorgens mit ihren Freunden polternd durchs Treppenhaus gestiefelt sind. Meine Schwiegermutter stand dann zwar gelegentlich im Bademantel vor der Wohnungstür, um nachzusehen, was sich da draußen tat, kommentierte das Geschehen aber meistens nur mit dem Satz: »Wir waren ja auch mal jung.« Um hier einer Glorifizierung vorzubeugen, muss allerdings gesagt werden, dass ihre diesbezügliche Toleranz – wie so oft – erst jenseits der 80 so richtig aufblühte. Mein Mann hat in seiner Jugend seine Eltern weniger verständnisvoll erlebt.

Was die Generationengemeinschaft angeht, lagen die Dinge in Wuppertal ähnlich. Meine Schwester lebte mit ihrer Familie in unmittelbarer Nachbarschaft zu unserem Elternhaus und kümmerte sich so lange wie möglich um unseren früh verwitweten Vater, auch während seiner fortgeschrittenen Demenz. Als er nicht mehr in der Lage war, eigenständig zu Hause zu leben, holte ich ihn zu ihrer Entlastung in ein Pflegeheim nach Hamburg.

Die Eltern im Alter in der Nähe zu haben, ist nicht nur praktisch, es fördert auch den so wichtigen Austausch der Generationen. Wem sonst sollen wir all die Fragen stellen nach dem, was einmal war, wenn nicht denen, die die alten Zeiten noch selbst miterlebt haben?

Trotzdem möchte man sich mit Anfang zwanzig natürlich nicht ausschließlich mit Rentnern umgeben. Sosehr ich meine Großmutter auch mochte, die Wohngemeinschaft mit ihr machte mich auf Dauer trübsinnig. So hatte ich mir meine Zukunft nicht vorgestellt.

22. Juni 1979

Mir stinkt's hier alles echt schon wieder. Ich will wieder nach Paris! Die Leute da sind irgendwie interessanter, lebendiger als hier. Sie haben einen breiteren Horizont. Man hat da wenigstens das Gefühl, intensiv zu leben, was ich hier absolut nicht habe. Es ist alles so maßlos traurig, öde und langweilig. Ich bekomme hier wirklich schwere Depressionen. Aber erst, seit ich in Neviges bin. Seltsam. Alles erscheint mir sinnlos, total sinnlos. Wenn ich morgens aufwache, denke ich, Scheiße, schon wieder ein neuer Tag. Das ist doch nicht normal. Was kann ich nur dagegen tun? Ich meine ja immer, mir fehlt einfach eine große Liebe. Wenn ich die doch nur finden könnte …

Paris – Neviges. Das war wie ein Kulturschock. Kein Wunder, dass ich mit dem so völlig veränderten Lebenswandel nicht zurechtkam. Ich fühlte mich extrem eingeengt, kontrolliert und bevormundet. Je mehr Zeit ich zum Nachdenken hatte, umso größer wurde meine Unzufriedenheit. Und schon war sie wieder da, die Sehnsucht nach der großen Liebe. Immer wenn ich nicht mehr weiterwusste und keine Möglichkeit hatte, mich abzulenken, musste als Projektionsfläche der namenlose Unbekannte herhalten, der Mann meiner Träume, der – davon war ich überzeugt – eines Tages alle Probleme hinwegwischen und mich für immer glücklich machen würde. Bis dahin musste ich mich wohl oder übel mit Kompromisslösungen zufriedengeben, die Paris ja in Hülle und Fülle zu bieten gehabt hatte, aber Neviges? Hier durfte ich nicht mal Klausi empfangen.

Ein einziges Mal hatte ich ihn am späteren Abend in den Garten bestellt, im festen Glauben, meine Großmutter schlummere bereits tief und fest. Kaum hatten wir das erste Gläschen Wein geleert, öffnete sich im oberen Stockwerk ein Fenster und ein zipfelbemützter Kopf schaute heraus.

»Kind?«, rief meine Omama und versuchte blinzelnd, irgendetwas zu erkennen. »Ich habe Stimmen gehört, ist da noch jemand außer dir?« Ich verdrehte die Augen und versuchte Klausi zu signalisieren, dass er sich tot stellen sollte. Er verstand mich nicht.

»Ich bin ein Freund von Tina«, rief er fröhlich zu ihr hinauf. »Sie haben ja 'ne schicke Hütte hier!«

»Wie bitte?«, fragte sie verwirrt. »Was meinen Sie? Hütte? Wo ist hier eine Hütte, wir haben keine Hunde …« Ich musste einen hysterischen Lachkrampf unterdrücken.

»Alles gut, Omama«, sagte ich beruhigend, »mein Besuch wollte gerade gehen, er hat mir nur schnell was vorbeigebracht.« Klausi sah mich feixend an.

»Mit dieser Bemerkung hast du dich so was von disqualifiziert«, zischte ich ihm zu.

»Hab ich jemals gesagt, dass ich in deine komische Familie einheiraten will?«, sagte er grinsend, gab mir einen flüchtigen Kuss und schwang sich auf sein Mofa.

»Nun stell dich doch nicht so an«, sagte meine Mutter, als ich mich beklagte. »Die paar Wochen wirst du ja wohl überleben. Du hattest doch gerade jede Menge Unterhaltung, das muss erst mal reichen. Überleg dir doch mal lieber, wie es weitergehen soll.« Warum müssen Eltern immer mit dem Finger in der Wunde bohren, auch wenn sie sehen, dass man leidet? Ich fasse mir da an die eigene Nase, denn auch ich stelle gern unbequeme Fragen in unpassenden Momenten.

»Hast du dir denn schon überlegt, ob und wann du deinen Master machen möchtest? Wann endet denn da eigentlich die Bewerbungsfrist? Hast du dich mal nach einem Job umgesehen?« Warum zerstöre ich manchmal eine schöne, harmonische Atmosphäre, indem ich diese Themen anspreche, obwohl mir doch klar sein müsste, dass meine Kinder sich selbst darüber den Kopf zerbrechen? Ist das Kontrollzwang? Oder die Sorge, die Sprösslinge könnten vom Weg abkommen und irgendwann mittel- und orientierungslos durchs Leben irren? Ein bisschen mehr Vertrauen in junge Menschen Mitte zwanzig wäre wahrscheinlich angebracht. Aber manchmal kann ich als Mutter nicht aus meiner Haut.

Mein 19-jähriges Ich hätte sich auch mehr Feingefühl von Elternseite gewünscht. Denn natürlich quälte mich die Ungewissheit, was meine Zukunft anging. Heike und ich wollten gern zusammenbleiben und hatten als Studienort Münster angepeilt, aber keine konkrete Vorstellung, was wir eigentlich studieren und später beruflich machen wollten. Dolmetscherinnen? Lehrerinnen? Irgendwas mit Medien? Ich wusste, dass mir Fremdsprachen leichtfielen, und dass ich mich ganz gut ausdrücken konnte, aber wie sollte ich diese beiden Stärken beruflich umsetzen?

2. Juli 1979
War in Münster bei der Studentenberatung. Ich entschloss mich, außer Romanistik bzw. Spanisch noch Semitische Philologie zu studieren, d. h. Hebräisch und Arabisch. Das hat mich ja schon immer interessiert, vor allem Hebräisch. Außerdem ist es mal was anderes als das Übliche. Ich werde ja sehen, wie sich das entwi-

ckelt. Eventuell entscheide ich mich eben doch für eine Dolmetscherausbildung, damit kommt man wahrscheinlich wirklich weiter.

Ich versuche mir vorzustellen, wo ich wohl gelandet wäre als Dolmetscherin für Hebräisch und Arabisch. Vielleicht hätte mich ja ein viel interessanteres Leben erwartet als das heutige? Große internationale Konferenzen, Nahost-Politik, vielleicht ein Job bei der UNO? Ich glaube, nichts davon schwebte mir vor, als ich mich für Semitische Philologie einschrieb. Stattdessen hatte ich die spannenden Diskussionen und ausgelassenen Partys mit den israelischen Studenten und Studentinnen in Paris vor Augen. Ein Land, in dem so leidenschaftliche, engagierte Menschen leben, wollte ich näher kennenlernen. Aus beidem wurde nichts, denn die hebräische Sprache stellte sich als so schwer heraus, dass ich schon nach einem Semester aufgab, genauso wie Heike, die sich aus einer Laune heraus für Russisch entschieden hatte.

Aber der Reihe nach. Nachdem ich dem Nevigeser Exil entkommen war, bereitete ich mich intensiv auf den neuen Lebensabschnitt vor. Dazu gehörte erst einmal schnelles Geld, denn von der Unterstützung meiner Eltern allein konnte ich das Studium in einer anderen Stadt nicht finanzieren.

»Ich frage mal meinen Vater«, schlug meine Freundin Anna vor, »der kann immer ein paar Hilfsarbeiter gebrauchen.« Annas Vater war Geschäftsführer einer Härterei für Motorenzubehör. Für die einfachen Tätigkeiten wurden in den Semesterferien Studenten beschäftigt. Auf diese Weise verhalfen Anna und ihre Geschwister ihrem gesamten Freundeskreis zu lukrativen Jobs. Der Härterei verdanke ich nicht nur viel Geld, ohne das ich meine Lehr- und Wanderjahre weitaus spartanischer hätte gestalten müssen, sondern auch wertvolle Lebenserfahrung. Es war der Auftakt zu einer mehr als zehn Jahre währenden Parallelkarriere in Blaumann und Sicherheitsschuhen, mit der ich mir mein Studium sowie alle noch folgenden Urlaube und Auslandsaufenthalte finanzierte.

Ohne diesen Studentenjob hätte ich nie erfahren, was es bedeutet, in einer Fabrik seinen Lebensunterhalt zu verdienen. Morgens um halb fünf klingelte mein Wecker. Um Viertel nach fünf wurde ich an der Straße von einem älteren Kollegen aufgegabelt, der in der Nachbarschaft wohnte und ein Auto hatte. Um Viertel vor sechs Ankunft in der Fabrik, umziehen, Sachen im Spind verstauen, schnell noch einen Kaffee am Automaten ziehen, Karte abstempeln. Um Punkt sechs hatte man am Arbeitsplatz zu sein, um dort dann stundenlang kleine Ringe, Rädchen oder andere Eisenteile auf Stangen zu reihen und in Körbe zu sortieren. Die wurden dann mit dem Gabelstapler abgeholt, zum Industrieofen gebracht und dort gehärtet. So weit, so langweilig. Was diese Arbeit trotzdem faszinierend und abwechslungsreich machte, waren die Kolleginnen und Kollegen. Frauen und Männer jeden Alters aus italienischen und jugoslawischen Gastarbeiterfamilien. Die meisten von ihnen waren ungelernte Arbeiterinnen und Arbeiter, mit denen wir stundenlang Seite an Seite unseren Job verrichteten. Was hatten wir für einen Spaß! Das ging schon bei Arbeitsantritt los: Zuerst musste ein heißer Slibowitz heruntergekippt werden.

»Trink, mein Schatz, kriegst du gute Laune!«, lachte Ivanka, die rundliche, rotwangige Frau, mit der ich mir den Arbeitsplatz teilte. Sie goss den Schnaps aus einer Thermoskanne in einen kleinen Becher und knallte ihn vor mir auf die Holzpalette. »Wir in Kroatien verstehen was vom Fusel«, sagte sie schmunzelnd, »aber mach schnell, darfst du dich nicht erwischen lassen!« Man möge mir verzeihen, aber nach all den Jahren muss ich einfach mal ausplaudern, was innerhalb der Belegschaft als offenes Geheimnis galt. Der Selbstgebrannte vertrieb den meisten schon am frühen Morgen Kummer und Sorgen. Um nicht unangenehm aufzufallen, zwang ich mich zu diesem Ritual, auch wenn ich zunächst davon Kopfschmerzen bekam.

Meine absolute Lieblingskollegin war eine Italienerin namens Rosa. Sie war um die fünfzig, sah aber älter aus. Wie den meisten Arbeiterinnen sah man ihr die Spuren der jahrelangen harten Schufterei an. Rosa hatte kurz geschnittene grau melierte Haare, trug meistens ein Kopftuch und statt des Blaumanns eine bunte Kittelschürze. Hinter ihren dicken Brillengläsern funkelten verschmitzte hellblaue Augen, mit denen sie interessiert beobachtete, was die »Studierten« nebenan so trieben.

»Neiiiin, nicht DIESSSE«, rief sie mir zu, wenn ich mal wieder das Zahnrädchen falsch herum auf die Eisenstange gefädelt hatte, »musst du machen DIESSSE!« Routiniert zeigte sie mir, wie man es richtig machte. Viel mehr deutsche Sätze hatte sie nicht im Repertoire, das machte aber nichts. Ich liebte es, ihr zuzuhören, wenn sie laut und fröhlich auf Italienisch mit ihren Landsleuten palaverte und zwischendurch mal ein Liedchen trällerte. In den Pausen aßen wir unsere mitgebrachten Brote oder ließen uns von den Kolleginnen verwöhnen, die jeden zweiten Tag selbst gekochte Köstlichkeiten mitbrachten. Pizza, Cevapcici, Aivar, Salate, Lasagne – es gab alles, was die landestypischen Speisekarten so hergaben. Wenn keiner guckte, brachten uns die jungen Männer am Wochenende bei, wie man mit einem kleinen Gabelstapler, genannt »Ameise«, fährt.

Die vielen Wochen in der Fabrik – insgesamt komme

ich sicher auf ein bis zwei Jahre meines Lebens – haben mir nicht nur gezeigt, dass man auch mit bescheidenen Ansprüchen ein glückliches Leben führen kann. Ich habe an mir selbst beobachtet, dass diese eintönige, immer gleiche Tätigkeit in ihrer unumstößlichen Verlässlichkeit und ihrem träge dahinfließenden Rhythmus eine beruhigende Wirkung auf mich hatte. Was auch immer vorher gewesen war an Lebens- und Liebesdramatik, in der Fabrik verlor es schon nach kurzer Zeit an Bedeutung. Sobald ich mich in die Arbeitsabläufe einfügte, hörte ich einfach auf, darüber nachzudenken, was mich bedrückte. Ich funktionierte nur noch, lauschte dem Geschnatter, wärmte mich mit Slibowitz auf und grinste über die Machosprüche der Gabelstaplerfahrer. Morgens früh raus, abends früh ins Bett. Drei bis sechs Wochen am Stück war das gut auszuhalten – wie es sich anfühlt, so einen Job ein Leben lang zu machen, vermag ich nicht zu beurteilen.

Wenn ich mich irgendwann mit gut gefülltem Konto verabschiedete, sangen die lieb gewonnenen Kolleginnen und Kollegen mir gut gelaunt »Arrivederci« hinterher, wohl wissend, dass sie mich bald wiedersehen würden, ganz egal was in der Zwischenzeit in meinem so ganz anderen Leben passieren würde. Zu gerne wüsste ich, was aus Rosa, Ivanka, Luigi, Aldo, Radovan und den anderen geworden ist. Ich hoffe, es geht ihnen gut, ich habe sie alle sehr gemocht.

Die Zeiten im Blaumann, die sich wie ein blauer Faden durch meine Zwanziger ziehen, haben mich auf jeden Fall geprägt und sicher auch zu einer gewissen Bodenständigkeit beigetragen. Trotzdem war ich nach meiner intensiven Zeit an der Basis mehr als bereit, in mein Studentenleben zu starten.

Kapitel 8

»Es bedrückt mich, dass ich so ziellos herumstudiere«

Aufbruch an die Uni

15. Oktober 1979
Hier in Münster haben wir uns gut eingelebt. Wir zogen
in Zimmer 205, ziemlich großes Doppelzimmer, das wir
uns nach und nach ganz schön einrichteten. Am Anfang
fanden wir die gezwungene, leicht spießige Etagen-WG-
Atmosphäre etwas befremdend, und wir fühlten uns
verpflichtet, uns den Ritualen hier anzupassen. Die
Leute hier – besonders auf dieser Etage – kennen sich
alle schon ziemlich lange und haben einen fest eingefah-
renen Lebensstil. Man wird etwas schräg angesehen,
wenn man das nicht gleich bedingungslos mitmacht.

Zum Studentinnendasein gehörte nicht nur die Wahl der
Studienfächer, sondern auch die passende Wohnung.
Heike und ich träumten anfangs von einer unkonventio-
nellen kleinen WG und machten uns auf die Suche. Nach
etlichen Besichtigungsterminen war klar: Es würde dauern, bis wir das Richtige gefunden hatten. Mal gefielen
uns die Mitbewohnerinnen nicht, mal war es umgekehrt,
mal war die Wohnung zu dunkel, das Zimmer zu teuer,
das Bad zu schmutzig, die Lage zu schlecht – kurz gesagt:

Irgendwann gaben wir auf und zogen in ein Studentenwohnheim. Eine folgenschwere Entscheidung. Denn schon bald stellten wir fest, dass wir nicht so recht ins gewachsene Gefüge dieser XXL-Wohngemeinschaft passten. Schon kurz nachdem wir unser Doppelzimmer (das war Pflicht im ersten Semester, erst danach konnte man in ein Einzelzimmer »aufsteigen«) bezogen hatten, hatten wir unseren Spitznamen weg: die Puderdosen. Es dauerte nicht lange und wir verstanden, was damit gemeint war. Wir waren die einzigen Mädchen weit und breit, die schon morgens Make-up auflegten und sich Augen und Mund auffällig schminkten. À la française eben, in Paris waren wir damit nicht aufgefallen. Aber das war nicht das Einzige, was uns von den anderen unterschied.

20. Oktober 1979
Wir hatten zwischendurch leichte Schwierigkeiten mit
unseren Etagenmitbewohnern, weil wir uns ziemlich gut
mit ein paar anderen aus dem Haus verstehen, die
ETWAS anders geartet sind, eher unkonventionell. Sie
neigen ab und zu mal zum Ausflippen, was sich äußert,
indem sie uns zum Beispiel nachts um zwei, wenn wir
gerade ins Bett gegangen sind, zu 10, 12 Mann einen
Besuch abstatten, sich ihr Bier reinziehen und die Musik
(am liebsten totale Chaos-Musik) auf VOLLE Laut-
stärke drehen. Daraufhin fallen natürlich alle hier auf
der Etage postwendend aus ihren Betten und werden
leicht hysterisch. Sie neigen auch zu versteckten Dro-
hungen, was unsere Besucher natürlich sehr amüsiert
und uns in sehr kurzer Zeit zu einem »ausgezeichneten«
Ruf verholfen hat. Na ja.
Wir machten Schwierigkeiten dieser Art aber wieder
wett, indem wir letzte Woche eine Einweihungsfete

feierten, zu der wir beide Parteien einluden, was auch
bestens klappte. Die Folge war nur, dass wir 40 Leute
hier hatten, die das vorher hübsche Zimmer in ein
hübsches Chaos verwandelten.

Man muss wissen: So ein Studentenwohnheim ist ein
Mikrokosmos, ein bisschen wie die zusammengewürfel-
ten Gemeinschaften unter den Dächern von Paris, nur
komfortabler. Es war ein buntes Völkchen, das sich da in
fünf Häusern mit jeweils fünf Etagen in Doppel- und Ein-
zelzimmern versammelt hatte. Vom Erstsemester bis zum
40-jährigen Dauerstudenten, vom schüchternen Provinz-
häschen, das zum ersten Mal von zu Hause fort war, bis
hin zum stolzen Iraner, der vor den Ayatollahs hatte flie-
hen müssen und jetzt in Deutschland Medizin studierte,
gab es alles.

Was Heike und ich schnell herausfanden: Jedes Haus,
jede Etage in dieser studentischen Trabantenstadt war
anders. Es gab ruhige Zeitgenossen wie unsere direkten
Nachbarn, aber es gab eben auch das Gegenteil, die Etagen, die niemals schliefen, wo jeden Tag Partystimmung
herrschte. Und wenn diese beiden Bereiche aufeinander-
prallten, barg das, wie oben beschrieben, Konfliktpoten-
zial. Weil die Mitbewohner von den lustigen Etagen
schnell mitbekamen, dass wir auch gerne Spaß hatten,
wurden die Puderdosen bald zur Zielscheibe kindischer
Scherze. Da wurde zum Beispiel unter großem Gegröle
von einem der oberen Stockwerke mit einer Angel unsere
Unterwäsche vom Wäscheständer auf dem Balkon ge-
fischt. Bei jedem Verlassen des Hauses musste man darauf gefasst sein, von einer »Wasserbombe«, einer mit eis-
kaltem Wasser gefüllten Plastiktüte, getroffen zu werden.
Und der Gipfel der Gemeinheit: Wochenlang mussten
wir in den Gemeinschaftsduschen ekelhaften Fischge-

stank ertragen, bis wir entdeckten, dass jemand oben auf der Trennwand zwischen den Kabinen ein Fischstäbchen zerdrückt hatte. Jeder und jede neu Zugezogene musste sich erst einmal beweisen. Wir beiden Puderdosen taten das auf unsere Art und Weise. Ein wenig eingebildet signalisierten wir den anderen, dass wir die große, weite Welt bereits gesehen hatten und alles, was mit Ordnung, Regeln und übertriebener Reinlichkeit zu tun hatte, für spießig hielten. Regelmäßiges Abwaschen: spießig. Im Gemeinschaftsraum zusammen mit den anderen fernsehen: spießig. Nachtruhe: spießig. Die Vorstellung, zur Spießerin zu werden, war für mich in meiner Jugend der größte Albtraum. Dabei hatte ich gar keine konkrete Vorstellung davon, wofür dieser Begriff eigentlich stand. Meine Eltern empfand ich nicht als Paradebeispiel für Spießertum, obwohl ihr Lebensstil ja nun alles andere als wild und unkonventionell war. Ich glaube, ich wollte einfach kein Leben führen, das nach Plan verläuft, wollte nicht jung vergreisen, sondern spontan und offen bleiben, wollte nichts »müssen«, weil »man« das nun mal so macht. Dazu gehörte eben auch, sich ganz bewusst nicht an jede Regel zu halten.

Ich weiß noch, wie ich mit meinem Vater einmal erhitzt darüber diskutierte, warum überhaupt Gesetze notwendig seien.

»Wenn alle Menschen von Anfang an zu mündigen Bürgern erzogen würden, die sich freiwillig an einen Moralkodex halten, weil sie gar nichts anderes kennen«, rief ich, »wozu dann Gesetze und Verbote? Jeder würde sich intuitiv an den kategorischen Imperativ halten, und wir bräuchten keine Polizei, keine Gerichte und keine Gefängnisse mehr.«

»Du Kindskopf«, schimpfte mein Vater, »der Mensch ist nicht gut, das ist nun mal unsere Natur. Wir brauchen

Regeln, sonst schlagen wir über die Stränge und das Chaos bricht aus. Das wäre die totale Anarchie!« Ich schüttelte wütend den Kopf: »Macht und Geld korrumpieren die Welt. Wenn wir von klein auf andere Werte verinnerlichen würden, wäre uns das nicht wichtig, und wir hätten auch keinen Grund mehr, einander zu hassen und uns gegenseitig umzubringen.«

Natürlich endete auch dieses Streitgespräch wie immer damit, dass mein Vater darauf verwies, ich solle erst einmal erwachsen werden, dann würde ich das alles mit anderen Augen sehen. Das tue ich heute auch. Aber die Grundidee, bestehende Gesellschaftssysteme auf den Prüfstand zu stellen und über etablierte Regelwerke nachzudenken, ist durchaus auf dem Vormarsch. Man denke nur an das Modell der Gemeinwohl-Ökonomie. Eine ethisch orientierte Marktwirtschaft, die nicht mehr die Vermehrung von Kapital, sondern ein gutes Leben für alle Menschen zum Ziel hat – ein zukunftsweisendes Modell, das mir schon damals gefallen hätte.

Mit alldem hatte die »anarchische Geste«, schmutziges Geschirr tagelang in der Gemeinschaftsküche herumstehen zu lassen, natürlich herzlich wenig zu tun. Nachdem wir regelmäßig unsere verkrusteten Teller und Töpfe auf dem Fußboden vor unserer Zimmertür wiederfanden, haben wir uns diese kleine Ungezogenheit schnell wieder abgewöhnt.

Ich habe lange darüber nachgedacht, was ich heute unter dem Begriff »spießig« verstehe. Kleidungsstil, Einrichtung, mein Haus, mein Auto, mein Boot? Spießertum hat seinen Ursprung im Kopf, in Denkmustern, mit denen wir aufgewachsen sind. Klischees, Vorurteile, fest zementierte Ansichten, die gegen logische Argumente immun sind – ein Rest davon steckt in vielen von uns, auch wenn wir uns ein Leben lang dagegen wehren. Meine panische

Angst, mich selbst irgendwann bei gelebtem Spießertum zu ertappen, hat sich lange gelegt. Ich bekenne, dass ich Tischsets benutze und meine Schuhe vor der Tür ausziehe – hoffentlich ist das nicht der Anfang vom Ende ...

Im Nachhinein bin ich ganz froh, dass ich als Studentin nicht in einer dieser superlässigen privaten WGs gelandet bin, sondern da, wo das Leben tobte und Menschen aus den unterschiedlichsten Milieus und Ländern aufeinandertrafen. Mit einigen meiner damaligen Mitbewohner habe ich bis heute Kontakt. Man kann sich vorstellen, welche alten Geschichten zu später Stunde ausgepackt werden, wenn wir uns treffen ... die Themen unserer Hauptseminare sind es ganz sicher nicht.

Im Studentenwohnheim lebten wir uns schneller ein als an der Uni. Dort, an der ehrwürdigen Westfälischen Wilhelms-Universität, war alles ganz anders, als wir es uns vorgestellt hatten.

17. Dezember 1979
Ein paar Sätze zum Studium: Anfangs absoluter Frust.
Überlegungen, ob wir nicht sofort wieder aufhören sollten. Die Leute in Romanistik sind nämlich wirklich die typischen spießigen, braven, hohlen Tanten, die vom Schul- unmittelbar zum Uni-Stress übergegangen sind und sich noch schlimmer verhalten als die schlimmsten Streber bei uns an der Schule. Da passen wir einfach nicht rein. Ich werde mich auf jeden Fall für Oktober an der Kunstakademie bewerben und, wenn das klappt, Kunst und Deutsch auf Lehramt studieren, wenn nicht, dann Deutsch, Publizistik, Spanisch und Kunstgeschichte. Bei Hebräisch habe ich anfangs begeistert mitgemacht, inzwischen aber wieder fallen gelassen, weil es mir wirklich nichts bringt, man muss sehr viel dafür tun, um überhaupt mitzukommen. Die meisten Leute

sind Theologen oder waren schon mal länger in Israel,
haben also alle schon Vorwissen.
Es bedrückt mich ziemlich, dass ich jetzt so ziellos her-
umstudiere, sehr wenig tue und alles so an mir vorüber-
gleiten lasse, aber es ist ja klar, dass man sich nicht
gerade motiviert fühlt, wenn man weiß, dass man das
Fach sowieso bald wieder hinschmeißt.

Das Gefühl der Ziellosigkeit hat mich lange umgetrieben. Das gesamte Grundstudium über wusste ich nicht, was das Richtige für mich sein könnte. Eigentlich träumte ich von einer künstlerischen Karriere, aber da mir die Schauspielerei ja nun mal nicht lag und mir in der Studienberatung dringend vom Beruf der Theaterregisseurin oder Dramaturgin abgeraten worden war (»Als Frau haben Sie da überhaupt keine Chance, sich durchzusetzen, und Geld verdient man damit auch nicht«), blieb nur die Kunstakademie. Dass meine Eins in Kunst nicht ausreichen würde, um dort angenommen zu werden, ahnte ich, wollte es aber trotzdem versuchen. Ich belegte einen Aktzeichenkurs, versuchte mich im Fotografieren, malte kleine Aquarellbildchen und porträtierte meine Freundinnen – eine Kunst, in der ich völlig versagte. Parallel studierte ich relativ lustlos Germanistik, Romanistik und Kunstgeschichte, die Fächer, für die ich mich nach mehrfachem Wechsel schließlich als das kleinste Übel entschieden hatte. Es quälte mich, dass ich nicht wusste, was aus mir mal werden sollte und in welchem Beruf die Studiererei enden würde. Bis heute beneide ich Menschen, die schon als Kinder ganz genau wissen, was sie werden wollen, und die ihr Talent erkennen und konsequent pflegen, ob das nun die Kunst ist, die Mathematik oder der Gartenbau. Ich gehöre zu denen, die lange nach ihrem Platz im Leben suchen mussten. Wenn meine Kinder und deren Freunde und Freundinnen manchmal voller Selbstzweifel darüber klagen, dass sie ihren Weg noch nicht gefunden haben, höre ich mich manchmal sagen: »Der Weg ist das Ziel. Entspannt euch, ich wusste auch viele Jahre nicht, wo meine wahren Stärken liegen. Ihr werdet es schon irgendwann herausfinden.«

Wie unentspannt ich selbst mit Anfang zwanzig war, haben mir erst meine Tagebücher wieder vor Augen geführt. Ich hatte Angst vor der Zukunft, ich fand mich faul, unbegabt und unattraktiv. Hinzu kam, dass ich mich im zweiten Semester verliebte – mal wieder in den Falschen. Er war Grieche, hatte eine feste Freundin und war ein abgebrühter Frauenheld, der an jedem Finger eine andere Geliebte hatte. Ich war trotzdem ganz verrückt nach ihm. Das änderte sich leider nicht einmal, als ich ihn im Freibad in einer schamlos knappen Tanga-Badehose mit Leopardenmuster dabei erwischte, wie er gerade mit einer Kommilitonin von mir herumknutschte. Mehr Erwähnung ist er auch nicht wert ... nur vielleicht noch diese kleine Anekdote: Bei einer unserer ausgelassenen Wohnheim-Feten versuchte ich ihn zu beeindrucken, indem ich wie unser damaliges Idol Shakin' Stevens tanzte. Das ging leider schief. Mitten im Refrain von »Marie, Marie« stürzte ich und brach mir den Mittelfußknochen. Danach musste ich im Hochsommer sechs Wochen lang mit einem bis zum Oberschenkel eingegipsten Bein herumhumpeln, aber selbst das brachte mich nicht zur Räson und ihn nicht dazu, mich zu lieben.

Nicht der Männer wegen, sondern weil wir uns selbst zu dick fanden, starteten Heike und ich eines Tages unser Fasten-Experiment. Wir hielten uns dabei streng an das Buch *Wie neugeboren durch Fasten* von Ernährungs-Legende Dr. Hellmut Lützner. Wir begannen mit einem Obsttag, tranken dann zum Abführen in Wasser aufgelöstes, widerlich schmeckendes Glaubersalz und aßen von da an gar nichts mehr. Es funktionierte.

24. Mai 1980

Die letzte Woche war sehr anstrengend wegen der Fastenkur. Wir haben es tatsächlich durchgehalten, morgen ist der letzte Tag. Montag darf ich wieder Obst essen. Man bekommt ganz schön wackelige Knie dabei und fühlt sich ziemlich schlapp. Aber gestern zeigte sich ein absolutes Erfolgserlebnis: Die weiße Jeans, die ich seit über einem Jahr im Schrank liegen habe, weil ich sie einfach nicht mehr zubekam, passt mir wieder. Ich bin wirklich fast ausgeflippt, so habe ich mich gefreut. Heute Morgen habe ich mich gewogen, ich wiege nur noch 69 Kilo! Wenn ich bedenke, dass ich zwischenzeitlich 74 gewogen habe, kann man das wirklich als Erfolg bezeichnen. Ich hoffe, dass ich bis Montagabend nur noch 67 wiege, das wäre meine Idealvorstellung! Vorher hätte ich selbst nicht geglaubt, dass ich dazu fähig wäre, aber es geht – und es lohnt sich!

Die 67er-Marke habe ich tatsächlich noch gerissen. Eine vergleichbare Euphorie angesichts meines Spiegelbildes habe ich nur noch ein Mal erlebt: mit 44 Jahren, nachdem ich angefangen hatte zu joggen und innerhalb weniger Monate 15 Kilo abnahm. Ich laufe zwar heute mit 62 Jahren immer noch (auch wenn meine Kinder es »Schleichen« nennen), habe aber leider wieder exakt dasselbe Gewicht erreicht wie damals vor 18 Jahren, als meine Jogging-Karriere begann.

Warum nur finde ich mich mein Leben lang schon zu dick? Wahrscheinlich habe ich mir auch das von meiner Mutter abgeschaut. Ich habe sie immer als schlank empfunden, sie selbst war aber meistens unzufrieden mit ihrer Figur und machte ständig Diäten. Das subjektive Gefühl, der eigene Körper sei nicht gut genug, weil er nicht dem gängigen Schönheitsideal entspricht, kennen viele Frauen, selbst die mit Modelmaßen. Die Grenzen zwischen Fastenkur und Magersucht sind dabei leider fließend. Zum Glück wird die »Anti-Body-Shaming«-Bewegung stärker, und es gibt immer mehr selbstbewusste, starke junge Frauen, die dafür kämpfen, dass wir uns endlich von der klischeehaften Schönheit der Modemagazine lösen und lernen, uns so zu lieben, wie wir sind, egal ob mit Größe 36 oder 46. An guten Tagen gelingt mir das. An schlechten hasse ich mein überschüssiges Fett am Bauch, das mir nicht nur bei meinen Yoga-Übungen im Weg ist, sondern auch bei meiner sitzenden Fernsehtätigkeit sehr unvorteilhaft aussieht. Leider fürchte ich, dass ich das Herummäkeln an der eigenen Figur auch unbewusst an meine Tochter weitergegeben habe.

Egal ob jung oder alt: Wir können nicht alle aussehen wie Sylvie Meis und Heidi Klum. Diese Ladys sind extrem diszipliniert und verbringen viele Stunden am Tag damit, ihren Körper perfekt in Form zu halten, und essen kaum etwas. Das ist harte Arbeit. Wer so leben kann und will – nur zu. Ich gehöre nicht zu dieser Kategorie Frau und paddele trotzdem im Bikini auf meinem Stand-up-Board herum. Aber die Fotos, die mein Mann dabei von mir macht, lösche ich unverzüglich wieder.

Mich von meinen überschüssigen Kilos zu trennen, fiel mir leichter, als anderen Ballast abzuwerfen. Jedes Wochenende und auch die gesamten Semesterferien verbrachte ich zu Hause in Wuppertal. Ich nahm meine schmutzige Wäsche mit, verbrachte den Freitagabend meist mit den Eltern, feierte samstags mit meiner alten Clique und ging sonntags oft noch mit in den Gottesdienst, bevor ich zurück nach Münster fuhr. Im Gegensatz zu meiner Zeit in Paris war das kein richtiger Aufbruch zu neuen Ufern, es war eine halbherzige Angelegenheit. Ich spürte das und hatte das Gefühl, weder hier noch dort am richtigen Ort zu sein. Wo gehörte ich hin? Wer war mir wirklich wichtig? War ich dabei, mich weiterzuentwickeln, oder trat ich auf der Stelle? Fragen, die ich mir auch im Tagebuch stellte.

9. März 1980
Was mir in Wuppertal wieder mal aufgefallen ist: Die
Gespräche bleiben immer sehr an der Oberfläche.
Schule, Lehrer, Ferien, Sport – irgendwelche allgemei-
nen Themen, zu denen man viel sagen kann, ohne viel
zu denken. Eigentlich kommt es in unserer Runde in
letzter Zeit immer seltener zu ernsthafteren, tiefer
gehenden Gesprächen. Komisch, aber das fängt schon
an, mir zu fehlen – obwohl mir in Münster manchmal
die ewigen tiefsinnigen Gespräche mit Heike, Kati,
Ulrike oder auch ein paar von den Jungen auf den Geist
gehen. Weder das eine noch das andere befriedigt einen
auf Dauer.

Dass sich die Themen, die uns bewegen, allmählich verändern und sich neue Schwerpunkte und Interessen ergeben, ist normal. Aber es fällt manchmal nicht leicht zu erkennen, dass auch wir selbst uns verändern und uns trotz emotionaler Verbundenheit und Vertrautheit die Menschen, die uns schon ewig nahestehen, fremd werden. Deshalb scheint es manchmal besser, einen klaren Schnitt zu machen, wenn man wirklich aufbrechen will. Ich konnte mich dazu nicht durchringen, hing ich doch noch viel zu sehr an meiner Heimat und allem, was dazugehörte. Einerseits wollte ich unbedingt fort, andererseits wollte ich aber auch noch mit einem Fuß zu Hause bleiben. Ich war damit keine Ausnahme, viele Erst- und Zweitsemester machten es so. Aber die Reifen, die Klugen unter uns – so kam es mir jedenfalls vor – machten es anders, die waren angekommen in ihrem neuen Leben und hatten sich abgenabelt. Es hat mir wahrscheinlich nicht geschadet, den Absprung von zu Hause lange nicht zu schaffen, aber es hat den Prozess der Selbstfindung hinausgezögert.

Als wichtigen Schritt in Richtung Unabhängigkeit empfand ich den Führerschein, auch wenn ich kein Geld für ein eigenes Auto hatte. Der Weg dorthin war steinig – oder besser gesagt rillig. Als ich nämlich nach 20 Fahrstunden mit meinem Lehrer die letzte Fahrt vor der eigentlich am nächsten Tag anstehenden Prüfung machte, fiel mir am Straßenrand ein Verkehrsschild auf, dessen Bedeutung mir nicht klar war, obwohl ich es schon oft gesehen hatte.

»Was sind eigentlich Spurrillen?«, fragte ich den guten Herrn Brößling interessiert. »Sind das Tiere? Und wie sehen die aus?«

Obwohl ich konzentriert nach vorne schaute, bemerkte ich, dass dem Fahrlehrer kurz die Gesichtszüge entgleisten.

»Fräulein Schniewind«, keuchte er, »so was müssten Sie aber wirklich wissen! Das sind Rillen im Straßenbelag, vor denen man sich in Acht nehmen muss. Ich glaube, es ist besser, wir verschieben die Fahrprüfung und Sie nehmen noch ein paar Stunden.«

Vielleicht war seine Reaktion ja übertrieben, aber ich hörte auf Herrn Brößling – und bestand einige Wochen später mit Bravour.

11.Juli 1980
Gestern war's so weit: Morgens um 8 Uhr Theorie und
gegen 11 Uhr praktische Prüfung. Ich schaffte beides.
Der Prüfer war unheimlich nett und aufgeschlossen,
und ich brauchte nur eine knappe Viertelstunde zu fah-
ren, dann war alles geritzt. Ich war so unbeschreiblich
glücklich und erleichtert, dass ich DAS hinter mir hatte,
als wäre mir ein Felsblock von der Seele gefallen. Nach-
träglich muss ich aber sagen, ich hatte auch großes
Glück mit der Fahrschule. Es war zwar sehr teuer – ins-
gesamt hat mich der Spaß 1300,– DM gekostet –, aber
ich hab's wirklich gut gelernt.

Ich durfte so oft wie möglich mit dem Opel meines Vaters
fahren, um Routine zu bekommen. Mobil zu sein, ohne
auf den Busfahrplan angewiesen zu sein, war ein neues
Lebensgefühl. Ich kam mir wahnsinnig erwachsen vor.
Leider führten meine Ausflüge im sehr hügeligen Wuppertal gelegentlich zu Krisensituationen. Einmal würgte
ich den Wagen an einer extrem steilen Straße ab und
schaffte es trotz der hundertmal trainierten »Anfahren
am Hang«-Übung nicht, die Situation zu meistern. Der
Motor ging immer wieder aus. Da hupte irgendjemand
hinter mir ungeduldig.

»Führerschein im Sommerschlussverkauf erstanden,
oder was?«, rief der Fahrer des BMW-Cabrios hinter
mir, stieg aus und kam genervt nach vorn, um herauszufinden, mit was für einem Stümper er es zu tun hatte.

»Wollen Sie übernehmen?«, fragte ich und bemühte
mich, souverän zu wirken. Ich stieg aus und reichte ihm
den Autoschlüssel. »Ich habe vor einer Woche den Führerschein gemacht«, sagte ich, »in Münster. Da gibt's leider keine Berge.«

Überrascht sah der Wichtigtuer mich an, nahm mir

den Schlüssel aus der Hand und fuhr Vatis Opel galant aus der Gefahrenzone.

»Gern geschehen«, sagte er schmunzelnd, »so 'ne silbergraue Spießerkutsche wollte ich immer schon mal fahren ...«

Autofahren als Synonym für Freiheit und Erwachsensein – ist das heute Schnee von gestern? Die Fridays-for-Future-Generation fährt Fahrrad oder benutzt öffentliche Verkehrsmittel. Aber ein Roadtrip im VW-Bus quer durch Europa ist angesagter denn je ... auch heute sind junge Menschen widersprüchliche Wesen.

Kapitel 9

»Ob es wirklich an mir liegt?«

Auf der Suche nach dem Traumprinzen

10. April 1980
Ich glaube wirklich manchmal, der einzige Moment, in
dem ich wirklich glücklich und unbeschwert zufrieden
bin, ist, wenn ich mit einem Jungen zusammen bin. Des-
halb bezweifle ich auch, ob ich später ein Leben ohne
einen Mann, den ich liebe (und der mich liebt) über-
haupt ertragen könnte. Ich bin jetzt erst 20, habe schon
mit EINIGEN Jungen zu tun gehabt und noch nie Glück
gehabt, nicht bei einem! Ob es wirklich an mir liegt?
Ach, vergessen wir's, sonst fange ich gleich vor Selbst-
mitleid noch an zu heulen.

Heike und ich steigerten uns manchmal in nächtelangen
Gesprächen in eine von Frust und Sehnsucht geprägte
Weltuntergangsstimmung hinein, die sich nur durch
Kalorienzufuhr beenden ließ. Nach unserer Fastenkur
hatten wir schnell wieder ein paar Kilos zugelegt – kein
Wunder bei unseren Essgewohnheiten. Eines Nachts
lagen wir nach einer improvisierten Spaghetti-mit-Ket-
chup-Orgie völlig übersättigt auf unseren Betten und
überlegten mal wieder angestrengt, wie wir an den »richtigen« Mann gelangen könnten.

»Also, ich weiß ja ganz genau, wer mein Mr. Right wäre«, sagte Heike, »aber wie soll ich bloß an ihn rankommen, er ist einfach unerreichbar.« Seit sie den Film *La Boum* gesehen hatte, war sie in den französischen Schauspieler Bernard Giraudeau verknallt, ein wahnsinnig gut aussehender Typ, in den 80er-Jahren in Frankreich ein Superstar.

»Ich habe eine Idee!«, rief ich und musste einen Rülpser unterdrücken. »Wir tun so, als wären wir Journalistinnen, und versuchen, einen Interviewtermin mit ihm zu bekommen. Er muss dich nur einmal sehen, dann ist es sofort um ihn geschehen!«

»Gut, dass er mich im Moment nicht sehen kann«, stöhnte Heike und knöpfte ihre Hose auf. »Mein Bauch fühlt sich an, als wäre ich im fünften Monat schwanger.«

Wir tranken ein Glas Rotwein und wurden kreativ.

»Wir erfinden eine Frauenzeitschrift«, sagte ich. »Hol mal Papier und Stifte, wir müssen uns ein gutes Logo überlegen.« Unter viel Gelächter entwarfen wir einen Briefbogen, im Morgengrauen waren wir fertig. Die Zeitschrift hieß *Die Frau von morgen – Gefühle, Gerüchte, Geschichten*, der Briefkopf zeigte einen stilisierten Frauenkopf in Herzform. Wir waren sehr stolz auf unser Werk.

»Was machen wir denn mit der Adresse?«, fragte Heike. »Meinst du, die merken nicht, dass es sich um ein Studentenwohnheim in Münster handelt?«

»Ach was«, winkte ich ab, »die Mühe machen die sich nicht. Was glaubst du, wie viele Anfragen der bekommt. Jetzt brauchen wir nur noch einen originell formulierten Brief.«

Wir dachten uns irgendetwas Absurdes aus, warum wir unsere jungen, modernen Leserinnen unbedingt mit einem Gespräch mit Giraudeau beglücken wollten, und tippten den Text auf der Schreibmaschine ab.

»Du wirst schon sehen«, sagte ich zufrieden zu Heike, nachdem wir den Brief übernächtigt, aber in bester Laune eingeworfen hatten, »in ein paar Tagen haben wir einen Termin. Die wollen bestimmt die Herzen der deutschen Fans erobern.«

»Hmmm, ganz bestimmt«, sagte Heike und betrachtete versonnen das Foto ihres Angebeteten, das sie in ihrem Portemonnaie immer bei sich trug.

Überflüssig zu erwähnen, dass wir niemals etwas von Giraudeaus Management hörten. Sein Pech. Mit Heike als Frau hätte er richtig glücklich werden können.

Dieser Versuch, dem Schicksal auf die Sprünge zu helfen, war nur einer von vielen.

5. Mai 1980
Vor ein paar Tagen entdeckte Heike eine interessante
Anzeige in der ZEIT:
»Zur Führung meines frauenlosen Haushalts suche ich
JUNGE DAME AUS BESTEM HAUSE.
Mit viel Einfühlungsvermögen und Liebe zu vier
gesunden – auf dem Land frei aufgewachsenen Kin
dern – 4 bis 14 Jahre.
Aktive Mitarbeit ist selbstverständlich.
Großzügige, separate Wohnung.
Reitgelegenheit, Sie können Ihr Pferd mitbringen.«
Nach langem Hin und Her überredete Heike mich, mich
doch einfach mal darauf zu bewerben. Der Typ könnte
ja vielleicht mein Märchenprinz in verkappter Form
sein … Wir brauchten drei Stunden, um den Brief zu
entwerfen, ich legte drei Fotos bei und warf ihn gestern
ein. Ich finde das Ganze äußerst verrückt und sehr wit
zig, aber ein Versuch kann ja nie schaden.

Was um Himmels willen habe ich mir nur dabei gedacht? Ich hatte schon damals Angst vor Pferden, war bekanntlich als Haushälterin völlig ungeeignet, und die Vorstellung, in meinem jugendlichen Alter für vier fremde Kinder verantwortlich zu sein, hätte mich doch abschrecken müssen. Möglicherweise schwebte mir ein verwitweter Gutsherr Typ Helmut Berger im edlen Lodenmantel vor, der mit wehendem blonden Haar auf mich zugaloppiert kommen und mit melancholischem Blick um meine Hand anhalten würde. Aber wo bitte sehr blieben denn bei solchen Träumereien die Emanzipation und die Angst vor der Spießigkeit? So peinlich es mir auch heute ist, muss ich doch meinem 20-jährigen Ich verzeihen – und gleichzeitig dankbar sein, dass ich auch solche idiotischen Eskapaden im Tagebuch festgehalten habe, sonst hätte ich heute weniger zu lachen. Die postwendende Antwort des Unbekannten ersparte mir eine Zukunft als berittenes Kindermädchen mit Heiratsabsicht.

12. Mai 1980
Mister X aus der ZEIT hat geantwortet.
Kein Kommentar.
Sehr geehrte Frau Schniewind!
Haben Sie recht herzlichen Dank für Ihre ausführliche Bewerbung, die ich interessiert durchgearbeitet habe. Es waren über 50 Bewerbungen und es ist nur eine Position zu besetzen. Daher fiel es mir sehr schwer, eine Entscheidung zu fällen. Ich bedaure daher Ihnen mitteilen zu müssen, dass ich anders disponiert habe.

Dass auch diverse andere männliche Wesen in Bezug auf uns anders »disponierten«, ließ Heike und mich vermuten, dass wir uns entweder immer die falschen Jungs aussuchten, zu wählerisch oder einfach zu unattraktiv für die Männerwelt waren. Merkwürdigerweise waren fast alle unsere Freundinnen schon fest liiert. Sogar bei denjenigen, die gleichzeitig mit uns ins Studium gestartet waren, hatte sich schon nach kurzer Zeit etwas ergeben. Nur wir radelten nach jeder Party, jedem Discobesuch im Morgengrauen allein nach Hause. Mag sein, dass wir nach außen wie ein »Duo Infernale« wirkten, zwei eingebildete Ziegen, die zwar flirten wollten, aber kein Interesse an einer ernsthafteren Beziehung hatten. Durch unsere gemeinsame Zeit in Paris waren wir ein so fest eingespieltes Team, dass es für andere schwer gewesen sein muss, zu uns durchzudringen. Uns reichte ein Stichwort, ein Blick, manchmal nur eine hochgezogene Augenbraue, um uns zu verständigen und in Lachen auszubrechen. Das machte die Kontaktaufnahme für andere nicht leichter. Und wenn sich dann – wie bei folgender Begegnung – doch einmal einer traute, endete das oft im Desaster.

5. Juni 1980
Gestern waren wir in der Disco, und mir fiel in der Menge einer auf, der mir anders als die anderen erschien, groß, dünn, schwarzhaarig, ganz gut aussehend. Ich nahm mir vor, ihn unbedingt kennenzulernen, und es ergab sich dann auch eine Konversation ... nun, ich will mich jetzt nicht in Details ergehen – auf jeden Fall fiel ihm auf einmal während des Gesprächs etwas aus dem Mund! Er stürzte sich sofort auf den Boden und begann, zwischen den Beinen der Leute danach zu suchen – er hatte nicht bemerkt, dass ich bemerkt hatte, was er verloren hatte. Das heißt, zunächst wusste ich auch nicht, was es war, bis ich zufällig einen Blick auf den Barhocker neben mir warf und ich einen totalen Schock bekam, weil dort ein Schneidezahn lag! Ich war

*nach dieser Entdeckung wie gelähmt und unfähig, ihn
darauf aufmerksam zu machen. Ich konnte nur noch
mit letzter Kraft Heike ein Zeichen geben und mit ihr
nach draußen stürzen, wo ich erst einmal einen viertel-
stündigen hysterischen Lachanfall bekam.
Als wir wieder reinkamen, saß er immer noch da, Mund
zu, in sich zusammengesunken, starrer Blick – offensichtlich hatte er den Zahn noch nicht wiedergefunden.
Aber ein kurzer Blick auf den Barhocker zeigte mir, dass
er sich da auch nicht mehr befand ... Schrecklich. Ich
tanzte also erst mal ein Weilchen, und als ich mich
Bruno (so hieß er) wieder zuwandte, hatte er – oh Wunder – auf einmal wieder beide Schneidezähne im Mund.
Die Konversation konnte also weitergehen. Ich fand ihn
trotz Zahn noch attraktiv und knutschte später noch
mit ihm rum, hatte aber die ganze Zeit Angst, seinen
Zahn zu verschlucken. Na ja.*

Der Ärmste! Bruno schrieb mir nach diesem peinlichen
Vorfall noch über Monate seitenlange Liebesbriefe, die
ich leider nicht ernst nehmen konnte, weil ich immer den
Zahn vor Augen hatte und schon lachen musste, wenn
ich seine Schrift auf dem Briefumschlag erkannte. Sollte
er diese Zeilen jemals zu Gesicht bekommen, entschul-
dige ich mich hiermit für mein herzloses Verhalten. Ich
hoffe, seinen Mund schmückt heute ein makelloses Gebiss – das Alter dafür müsste er mittlerweile haben.
   Die Suche nach der großen Liebe bestimmte mein
Leben als Studienanfängerin offensichtlich mehr als die
politischen Ereignisse dieser Zeit. Die Gründung der
Grünen, die Wahl Ronald Reagans zum amerikanischen
Präsidenten, der Anschlag auf das Oktoberfest – nichts
davon findet in meinem Tagebuch von 1979/80 statt.
Zwar sahen Heike und ich im Gemeinschaftsraum

manchmal die Nachrichten, aber zu unseren Lieblingsthemen gehörte die Tagespolitik nicht. Mein Eindruck heute: Ich hatte wenig Ahnung, aber eine durch mein Bauchgefühl begründete linke Weltanschauung.

28. Januar 1980
Montagabend waren wir bei einer Diskussion im Hörsaal 1 zwischen Löwenthal und von Hassel über »Neue Medien«. Dieses Thema war allerdings eine Farce, da das Ganze nämlich vom RCDS veranstaltet war und mit 90 Prozent linksradikalem Publikum zur reinen Wahlveranstaltung ausartete. Die Zuhörer wurden schon vor Beginn der Veranstaltung völlig in Aufruhr versetzt, da wir alle »genötigt« wurden, unsere Mäntel draußen zu lassen und unsere Taschen durchsuchen zu lassen. Außerdem wurde jeder einzeln fotografiert, der den Saal betrat. Das ganze Gebäude um den Hörsaal herum war polizeilich abgesichert, und auch kleine Trupps von RCDS-Leuten mit Sprechfunkgeräten hatten eine »sehr wichtige« Funktion, die uns ein regelrechtes Gefühl der Sicherheit gab, haha. So kamen die sich jedenfalls vor. Ich kam mir eher vor wie bei einem Terroristen-Prozess. Aber die Wahrscheinlichkeit, dass einer von uns mit der Absicht dorthin gekommen war, Löwenthal umzubringen, war ja auch wirklich sehr groß, zugegeben ... Schwachsinn höchsten Grades. Das Aufeinanderprallen der MSB – RCDS und Löwenthal-Phrasen und Parolen war sehr witzig anzuhören. Es wurde viel Extremes geäußert, Löwi wurde natürlich ganz nett fertiggemacht. Am Anfang ließ ihn das ganz cool, doch mit der Zeit echauffierte er sich mehr und mehr. Ein paar von den MSB-Leuten waren unmöglich, niveaulose Phrasendrescherei, aber einige gaben auch absolut richtige und fundierte Argumente von sich. Am sympathischsten

waren mir immer noch die Juso-Kommentare, vernünf-
tig und nicht ganz so radikal. Aus diesem Grunde habe
ich auch bei den Studentenparlamentswahlen Jusos
gewählt.
Nach dieser äußerst aufschlussreichen Medien-Diskus-
sion waren wir noch im Odeon, wo wir gemeinsam den
Entschluss fassten, uns besser nicht politisch zu engagie-
ren.

Löwenthal, von Hassel, RCDS, MSB Spartakus – kurz
zur Erklärung: Der erzkonservative, kommunistenfeind-
liche Fernsehmoderator Gerhard Löwenthal und der ehemalige schleswig-holsteinische Ministerpräsident und
CDU-Bundesminister Kai-Uwe von Hassel waren offenbar vom Ring Christlich-Demokratischer Studenten
(RCDS) eingeladen worden, um über das Thema » Neue
Medien « zu diskutieren, was auch immer 1980 damit
gemeint war. Die Veranstaltung geriet aus den Fugen,
weil die Studentenorganisation der DKP, der Marxis-
tische Studentenbund Spartakus, zum Angriff auf das
Feindbild in Gestalt von » Löwi « geblasen hatte. Ich bin
sicher, dass auch wir nur deshalb dort waren. Krawall
und Action waren programmiert. Wie man meinem
Kommentar anmerkt, war ich von der Aggressivität der
MSB-Leute nicht begeistert, genauso wenig wie von der
Wichtigtuerei der RCDS-Vertreter. Wahrscheinlich war
es klug von mir, mich aus diesen agitatorischen Happe-
nings herauszuhalten, ich hatte einfach zu wenig Hinter-
grundwissen und auch keine Lust, mich parteipolitisch
zu engagieren. Aber die Wut über die Ungerechtigkeit der
Welt, über Kriege und Armut – diese Wut hatte ich noch
immer im Bauch.

29. Januar 1980
FRIEDEN SCHAFFEN
Wir
sagen wir
wollen ihn ja
den Frieden
aber DIE
wollen ja nicht
diese Schweine
Also
machen wir sie
kaputt
und dann
kann's losgehen
mit dem Frieden.

Ich habe sehr gerne gedichtet, und die Tagebücher sind gespickt mit meinen poetischen Versuchen. Über die meisten davon möchte ich den Mantel des Schweigens breiten. Aber dieses zeigt immerhin, dass ich mir durchaus noch dieselben Fragen stellte wie mit 14 Jahren. Ich fühlte mich auch zur Hausbesetzerszene hingezogen, die wir damals alle insgeheim bewunderten. Die Gleichaltrigen, die sich trauten, sich auf diese Weise mit Macht und Geld anzulegen, fand ich konsequent und mutig, auch weil sie den Gegenentwurf zum gefürchteten Spießertum lebten. Ich hätte mich nie getraut, es ihnen gleichzutun, dazu war ich viel zu bequem. Aber mit dem Herzen war ich auf ihrer Seite.

10. Februar 1980
Mittwochabend sollte die Solidaritätsfete gegen Miet-
erhöhung sein. Wir fuhren mit Thomas, Karl und noch
einer Horde von anderen aus dem Heim hin, mussten

aber leider feststellen, dass es total lahm war, kaum
Leute da, fieser, schmutziger Kellerraum. Wir fuhren
nach 10 Minuten wieder, machten noch einen Abstecher
zu den vier besetzten Häusern, sahen sie uns kurz an
und redeten ein bisschen mit den Leuten. Die Häuser
sind sehr schön, eine ideale Wohnmöglichkeit, wenn
diese Arschlöcher von der Stadt nicht darauf beständen,
gerade dort eine Straße zu bauen.

Auch wenn ich weder Häuser besetzte noch mich einer
Partei anschloss, begann ich mich 1980 auf andere Weise
gesellschaftspolitisch zu betätigen. Ich entdeckte das so-
ziale Engagement für mich und finde darin bis heute eine
gewisse Erfüllung.

Es begann eher zufällig. Eine Verwandte leitete seit
Jahren die Ferienfreizeiten der Deutschen Arbeitsgruppe
Guldberg-Plan für Kinder mit körperlicher oder geistiger
Behinderung. Sie war auf der Suche nach Betreuerinnen
und Betreuern und fragte meine jüngere Schwester und
mich, ob wir Lust hätten mitzufahren. Vier Wochen in
einem abgelegenen Feriendorf in Rheinland-Pfalz, Kost
und Logis frei, nur ein kleines Taschengeld, dafür aber
große Verantwortung für behinderte Kinder – diese Aussicht hätte uns abschrecken können, aber wir hatten
nichts Besseres vor und wollten uns ohnehin sozial engagieren. Außerdem liebten wir Kinder. Also sagten wir zu,
ohne eine konkrete Vorstellung davon zu haben, was uns
dort erwarten würde. Der Job stellte sich als härter heraus als gedacht.

15. August 1980
Insgesamt waren in dem Lager 22 Helfer und etwa 46
Kinder. Wir waren als Gruppe fast völlig auf uns allein
gestellt, mussten in Eigenverantwortung entscheiden,

*wie wir den Tagesablauf mit den Kindern gestalteten.
Ich kam zusammen mit zwei anderen Helfern in eine
Gruppe mit 6 Kindern, alles kleine Jungs zwischen 9
und 10 Jahren. Errol, durch einen Unfall querschnittsgelähmt, Ahmed, von Geburt an querschnittsgelähmt,
beide im Rollstuhl, Tolga, nur leicht behindert, etwas
halbseitig gelähmt. Außerdem noch Thomas mit Muskelschwund, der auch ständig auf seinen Rollstuhl angewiesen ist, und Dieter (seine Krankheit kenne ich nicht
mit Namen), er bewegt sich ruckartig, fällt oft hin und
hat starke Seh- und Sprachschwierigkeiten.
Die Kinder waren alle – genau wie gesunde Kinder in
dem Alter – ziemlich frech, aber wir kamen gut mit
ihnen zurecht. Errol musste dreimal am Tag gewickelt
werden, war aber sonst erstaunlich selbstständig, genau
wie Ahmed. Thomas konnte fast gar nichts selber, was
zu einem kleinen Teil wohl auch an seiner Bequemlichkeit und Trägheit lag, zum größten Teil aber natürlich
durch seine Krankheit kam, die ja immer schlimmer
wird und ihm wohl keine lange Lebensdauer mehr lässt.
Tolga war mein Lieblingskind, er war sehr sensibel und
schwierig, aber unheimlich süß und lieb. Er konnte
allerdings von einer Minute auf die andere von Zutrau-
lichkeit zu unkontrollierten Wutausbrüchen wechseln.
Er hatte aber so ein süßes Gesicht und so wunderschöne
Augen, dass man ihm einfach nicht richtig böse sein
konnte. Dieter war ein absoluter Gag. Er brachte einen
schon durch seine einmalige Gestik zum Lachen, und
wenn er den Mund aufmachte, kamen derartige Flüche
und Beleidigungen heraus, dass wir uns oft nicht mehr
halten konnten. Trotzdem war er irgendwie süß, weil er
auch sehr lieb sein konnte und sich viele Gedanken
machte, die er in irgendwelchen Fragen zum Ausdruck
brachte.*

Muskelschwund, offener Rücken, Halbseitenlähmung, Spastik, Autismus, Tourette, Downsyndrom – von alldem hatten wir vorher noch nie gehört. In unserem Umfeld gab es keine Menschen mit Behinderung. Trotzdem lernten wir schnell, mit ihnen umzugehen. Schon nach wenigen Tagen war das Hantieren mit Rollstühlen und Krücken, das Wechseln der Windeln und das An- und Auskleiden der Kinder für uns Routine. Die meisten von ihnen kamen aus sozial schwachen Familien und waren zum ersten Mal in ihrem Leben im Urlaub. Im Rahmen ihrer körperlichen Möglichkeiten tobten sie ausgelassen draußen herum und konnten ihr Glück kaum fassen: Picknick im Wald, Ausflug ins Freibad, Besuch in der Eisdiele – für all das fehlte den Eltern zu Hause die Zeit und das Geld. Was der Guldberg-Plan ihnen ermöglichte, war damals Pionierarbeit. Ich werde nie die Blicke vergessen, mit denen wir gemustert wurden, wenn unser bunt zusammengewürfelter Haufen da auftauchte, wo man behinderte Menschen nicht gewohnt war. Wie hätten sie auch ohne Hilfe dorthin gelangen sollen?

Unsere Gesellschaft ist bis heute nicht so inklusiv, wie sie sein könnte, aber damals war sie es noch gar nicht. Als 20-Jährige habe ich mich vorbehaltlos, vielleicht auch etwas naiv auf diese verantwortungsvolle Aufgabe eingelassen und dabei gelernt, wie wichtig es ist, keine Hemmungen und Berührungsängste im Umgang mit Menschen mit Behinderung zu haben. Wer sich auf seinen Instinkt und sein Bauchgefühl verlässt und den anderen auf Augenhöhe begegnet, wird keine groben Fehler machen. Falls doch, werden die Betroffenen einem das schon zu verstehen geben. Was wir bei unserem »ersten Mal« intuitiv richtig machten, bestätigen mir körperlich beeinträchtigte Menschen – darunter auch Stars wie der Comedian und Schauspieler Tan Çağlar, die Schwimmerin und

Goldmedaillengewinnerin Kirsten Bruhn oder der welt-berühmte Hornist Felix Klieser – in vielen Gesprächen immer wieder. Es geht hier um Menschenwürde, auf die jede und jeder ein Recht hat. Eine Erkenntnis, die mir auch in Bezug auf meinen demenziell veränderten Vater sehr geholfen hat.

Meine Schwester und ich haben unseren Betreuerin-nen-Job von Anfang an geliebt und sind von da an viele Jahre lang mitgefahren, später auch zu den Skifreizeiten des Guldberg-Plans.

Was hier der Ehrlichkeit halber auch erwähnt werden muss: So zuverlässig wir tagsüber arbeiteten, so übermü-tig vergnügten wir uns nachts. Bei Tageslicht waren wir Altruisten, im Mondschein Feierbiester. In meinem Tage-buch schrieb ich:

Nun zum amüsanten Teil: Nach zehn Uhr, wenn die Kinder im Bett waren, ging's los. Wir waren meistens ziemlich geschafft vom Tagesablauf und mussten uns irgendwie abreagieren. Wir setzten uns meistens mit ungefähr zehn Leuten zusammen und verbrachten immer sehr exzessive Abende bzw. Nächte, die in einem der Häuser begannen, sich dann in die »Pinte« verlager-ten und schließlich bei Matze, dem Sohn des Wirts, im Bus endeten (er wohnte nämlich in einem alten Reise-bus, den er sich eingerichtet hatte). Diese Nächte waren immer sehr sehr lustig, und wir kamen natürlich nie vor zwei, drei Uhr ins Bett, oft kochten wir nachts um zwei noch Spaghetti oder Reis und fraßen uns voll. Verständ-lich, dass wir beim Wecken um sieben Uhr nicht direkt kerzengerade im Bett saßen. Aber ohne diesen nächtli-chen Teil wäre das Lager nur halb so gut gewesen, es hätte einfach etwas gefehlt.

Die Kneipe des Feriendorfs wurde abends zum Hexenkessel. Wir tanzten ausgelassen zur Musik aus der Jukebox (»Remember Russia« von Fischer-Z und »Bobby Brown« von Frank Zappa liefen in Dauerschleife) und ließen Bierstiefel mit der damals angesagten Mischung aus Cola und Asbach Uralt herumgehen. Gelegentlich gesellte sich auch die Jugend aus den benachbarten Dörfern zu uns und feierte mit. Einer der jungen Männer war stolzer Besitzer eines Alfa Romeo Spider, in den wir uns zu acht quetschten und im Dunkeln kreischend über die Stoppelfelder kurvten.

Manchmal veranstalteten wir unter großem Gejohle nächtliche Rollstuhl-Rennen – eine Riesengaudi. Neben dem Spaßfaktor konnten wir dadurch nachvollziehen, wie schwierig es ist, sich geschickt und schnell auf zwei Rädern zu bewegen. Alles eine Sache der Übung – bis heute komme ich in einem Rollstuhl relativ zügig vom Fleck.

Und die Liebe? Die kam natürlich auch nicht zu kurz zwischen Rollstühlen und Rock 'n' Roll. Sehr zur Freude der Kinder, die ein feines Gespür dafür entwickelten, wer in der Nacht zuvor mit wem angebändelt hatte, und sich einen Spaß daraus machten, uns aufzuziehen.

Ich bin meiner Großcousine, die leider nicht mehr lebt, bis heute dankbar dafür, dass sie mich so jung an dieses Ehrenamt herangeführt hat. Die Erfahrung hat meinen Blick geschärft und mein Herz erwärmt für alle, die nicht auf der Sonnenseite des Lebens geboren wurden.

Kapitel 10

» Warum braucht man bloß diese Sehnsucht? «

Weltschmerz und Sinnsuche

15. Oktober 1980
Irgendwie komme ich mir total oberflächlich und blöde
vor. Ich fühle mich unausgefüllt, schlapp, träge. Wir
hängen nur rum, schlafen lange, essen, trinken, rauchen,
quatschen, sehen fern, gehen Kaffee trinken und ab und
zu mal in die Uni. Zum Kotzen. Wie kommt es nur, dass
man so entsetzlich träge und nur unter Druck in der
Lage ist, etwas zu leisten? Ich glaube, das liegt auch viel
an der gegenseitigen Beeinflussung. Wenn die anderen
nichts tun, tue ich auch nichts. Ich komme mir wirklich
manchmal vor wie so 'ne blöde Tussi – nichts als Klei-
dung, Jungen und Schminke im Kopf. Möglichst oft
weggehen, Leute kennenlernen … Es muss sich was
ändern. Ich muss mehr tun, sonst verblöde ich noch.
Schließlich kann ich es nicht zu meinem Hauptberuf
machen, den Mann meines Lebens zu suchen. Es klappt
ja sowieso nicht.

Je länger ich in Münster wohnte, umso unzufriedener
war ich mit mir selbst und hatte immer stärker das Gefühl, planlos im Leben herumzuirren. Meiner Freundin

Heike ging es genauso. Sie zog eines Tages für sich Konsequenzen und beschloss, das Studium abzubrechen und in Bayern eine Ausbildung zur Hotelkauffrau zu machen.

»Ich halte das nicht länger aus, nicht zu wissen, wohin diese Studiererei beruflich führen soll«, eröffnete sie mir eines Abends. »Ich brauche was Konkretes. Nach der Lehre kann ich die Hotelfachschule besuchen und danach überall im Ausland arbeiten. Das ist doch eine interessante Perspektive.« Ich war traurig, meine engste Vertraute und Weggefährtin zu verlieren. Für mich war es keine Option, das Studium aufzugeben, auch wenn ich die Beschäftigung mit der Weltliteratur noch mit keiner beruflichen Verwertung in Verbindung bringen konnte.

Einerseits deprimierten mich meine Lieblingsschriftsteller Thomas Mann, Friedrich Hölderlin und Fjodor Dostojewski, andererseits eröffneten sie mir neue geistige Dimensionen. Ich las viel, füllte mein Tagebuch abwechselnd mit literarischen Zitaten und eigenen Gedichten und wurde immer unzufriedener. Auf mir lastete der selbst auferlegte Druck, etwas leisten, etwas aus meinem Leben machen zu müssen. Dem Anspruch, den ich selbst an mich hatte, konnte ich nicht gerecht werden. Mir fehlte Heike, mit der ich sonst diese Probleme bis ins kleinste Detail ausdiskutiert hatte. Meine anderen Freundinnen ließ ich nicht so tief in meine Seele schauen. Stattdessen ging ich im Tagebuch mit mir selbst hart ins Gericht.

13. Dezember 1980
Ich bin schon irgendwie komisch. Manchmal hasse ich mich. Ehrlich. So inkonsequent, widersprüchlich, lasch, faul und oberflächlich! Immer finde ich Entschuldigungen, vor anderen und vor mir selbst, um mich zu rechtfertigen. Immer soll es so aussehen, als sei ich im Recht,

obwohl ich so genau weiß, wie oft ich unrecht habe.
Wie unsicher, unreif und ungefestigt ich bin. Mit mei-
nem vielen Reden überspiele ich alle Zweifel, decke alle
Unstimmigkeiten zu, so lange, bis ich selbst glaube, dass
alles bestens ist.
Oh lieber Gott, schenke mir die Fähigkeit zur Selbstkri-
tik, zum Nachdenken über meine eigenen Fehler anstatt
über die der anderen. Vor allem die Kraft, etwas zu
ändern. Nicht phlegmatisch dahinleben, ohne zu mer-
ken, wie ungenutzt die Zeit verstreicht, sondern etwas
tun, bewusst leben, um zurückblicken zu können mit
dem Gefühl, nicht umsonst gelebt zu haben. Nicht jeden
Morgen gähnend und unzufrieden aufstehen, um mal
wieder einen Tag herumzubringen, sondern froh und
voller Lebensmut, bereit, immer wieder aufs Neue zu
versuchen, GUT zu sein.
Denken heißt verändern, hat Brecht gesagt. Sich selbst
und andere. Ach, wenn ich das nur könnte. Ich will so
schrecklich gern die Zeit, die Chance nutzen, die mir
gegeben ist …

Sie macht mich nachdenklich und sie beschämt mich
auch ein wenig, die junge Frau, die diese Zeilen geschrieben hat. Wie lange habe ich mir solche Fragen eigentlich
nicht mehr gestellt? Und sollte ich sie mir heute, mit
62 Jahren, nicht viel häufiger stellen als damals, als das
ganze Leben noch vor mir lag? Habe ich meine Chance
genutzt, mich selbst und die Welt zu verändern? Je mehr
ich darüber grübele, desto mehr wird mir klar, dass da
noch viel Luft nach oben ist. Manchmal habe ich das
Gefühl, ich lebe heute sorgloser in den Tag hinein als
vor 40 Jahren. Zum Beispiel, wenn meine Kinder (beide
Frühaufsteher) morgens um 9 Uhr anrufen und mich aus
dem Tiefschlaf holen.

»Wie, ihr liegt noch im Bett?«, muss ich mir dann in strafendem Tonfall vorhalten lassen. »Guck doch mal raus, die Sonne scheint, mach was aus deinem freien Tag!« Verkehrte Welt. Genau das habe ich mir früher von meinen Eltern anhören müssen. Wahrscheinlich bin ich aus Trotz zur Langschläferin geworden. Kann es sein, dass der innere Zwang, meinem Leben einen Sinn geben zu müssen, gar nicht so sehr aus mir selbst heraus kam, sondern das Resultat meiner Erziehung war? Meine Selbstzweifel und Schuldgefühle hatten ja auch viel mit meinem Glauben zu tun.

Ich schwankte hin und her zwischen der festen Überzeugung, dass der da oben es schon richten und mir helfen würde, mein Leben in den Griff zu bekommen, und den immer wieder aufsteigenden Zweifeln an allem, was ich in der Sonntagsschule gelernt hatte. Jedes Mal, wenn ich in Wuppertal war, vor allem in den Semesterferien, während ich in der Härterei arbeitete, fiel mir auf, wie wenig die stark reglementierte Art meines Vaters, seinen Glauben zu leben, mit Lebensfreude zu tun hatte. Er wirkte oft unzufrieden und fühlte sich in seinen Fähigkeiten unterschätzt, was ihm vor allem in seinem Beruf zu schaffen machte. Eine große Karriere als Architekt blieb ihm verwehrt. Woran das lag, vermag ich nicht zu beurteilen. Vielleicht hat er sich selbst im Weg gestanden. Sosehr ich ihn für seine Intelligenz bewunderte und ihn liebte, konnte ich doch vieles an seinem Verhalten nicht nachvollziehen. Ich bezweifle, dass ich mich damals getraut habe, ihm gegenüber so direkt auszusprechen, was ich im Tagebuch festhielt.

9. Juni 1982

Vati stützt sich zwar auf sein Gottvertrauen, aber trotzdem ist er nervlich völlig fertig und deprimiert und zweifelt an sich selbst. Hinzu kommt dieses seltsame Glaubensverständnis, das seiner Natur entspricht und ihm sein Leiden als besonders gottgefällig, weil märtyrerhaft oder so, erscheinen lässt. Es gibt Menschen, die sich in ihr Leid förmlich hineinsteigern und meinen, es aus irgendeinem Grunde verdient zu haben. Ich meine, alles müsste doch viel besser gehen, wenn er sich mehr auf sich und sein eigenes Selbstvertrauen verlassen würde und er versuchen würde, mit eigener Kraft und Optimismus da rauszukommen. Aber das ist eben sehr viel schwieriger, als immer zu sagen: Wir müssen auf den Herrn vertrauen, seine Wege sind schwer, aber richtig.

Das ist jetzt wahrscheinlich wieder ketzerisches Gedankengut, aber ich denke manchmal so. Vor allem, wenn ich mir meinen Vater ansehe – ich kann nur sagen, seine Lebensart und -einstellung ist für mich kein Vorbild. SO möchte ich nicht leben. Er strahlt so wenig Zufriedenheit und Lebensfreude aus. So wenig Enthusiasmus, Unternehmungsgeist und Energie – er lebt sein ganzes Leben lang in furchtbar engen, gewaltsam festgelegten Bahnen. Aber er tut das eben nicht freiwillig und von ganzem Herzen aus sich heraus, sondern irgendwie gezwungenermaßen, weil er meint, er müsste das, weil der Glaube es von ihm verlangt. Sein Leben ist für ihn ein ständiger Kampf gegen seine eigentliche Natur. Er weiß, dass er eigentlich gerne ganz anders sein würde – und allein dieses Bewusstsein empfindet er, glaube ich, als Sünde und leidet darunter.

Warum ist das alles so schwer?

Vor dem Hintergrund, dass mein Vater am Ende seines Lebens an Demenz erkrankte, erscheinen mir meine damaligen Überlegungen besonders interessant. Denn es war auffällig, wie emotional und hemmungslos fröhlich er wurde, als sein Verstand sich allmählich verabschiedete. War das seine eigentliche Natur? Ist er vielleicht sogar dement geworden, weil er zeitlebens glaubte, etwas in sich unterdrücken zu müssen? Etwas, das er »Sünde« nannte? Mich selbst hat dieses vage Gefühl, nicht gottgefällig zu leben, ja auch lange gequält, wie sich ganz klar an meinen Gedanken ablesen lässt. Meiner Mutter habe ich es zu verdanken, dass sich bei mir die positive Sicht aufs Leben durchgesetzt hat. Sie war ganz anders geprägt als mein Vater, was man ihrer pragmatischen Lebenseinstellung auch anmerkte. Sie kam nicht aus großbürgerlichem Haus, ihr Vater war Buchhalter, ihre Mutter Hausfrau. Ich erlebte meine Großeltern mütterlicherseits als herzlich und liebevoll. Im Gegensatz zu Omama konnte man mit ihnen herrlich kuscheln und Quatsch machen. Dass sie in einer kleinen Altbauwohnung ohne Bad mit dem Klo auf halber Treppe lebten, störte uns Kinder nicht. Wir nahmen das als genauso selbstverständlich hin wie die Villa in Neviges. Mein Opi war ein eigenwilliger Typ mit besonderem Humor. Wenn wir zu Besuch waren, verließ er abends immer bei Einbruch der Dunkelheit das Haus.

»Wohin gehst du, Opi?« Die Antwort war immer dieselbe.

»Ich gehe die Laternen anzünden«, sagte er mit verschmitztem Lächeln und entschwand. Wir waren fast schon erwachsen, als uns endlich ein Licht aufging. Die einzige Lampe, die er allabendlich anzündete, war seine eigene, am Stammtisch in der Kneipe um die Ecke. Was Opi in unseren Augen auch zu einer schillernden Figur machte, war die Überlieferung, er sei früher Kommunist gewesen und habe stets den Hitlergruß verweigert.

»Kinder, kauft Seife, der Krieg ist verloren!«, soll er bei Kriegsausbruch gesagt haben. Den Satz habe ich noch heute im Ohr, so oft hat meine Mutter ihn zitiert. Er selbst sprach nie über diese Zeit, nur der Erste Weltkrieg kam hin und wieder zur Sprache, aber auch nur, wenn er schon ein paar Schnäpschen intus hatte.

»Daaamals«, so begann er seine Ausführungen dann mit schwerer Zunge, und wir alle wussten, was folgte: die detaillierte Schilderung der Schlacht von Verdun und die Erinnerung daran, wie er im Schützengraben verschüttet worden war und schwer verletzt überlebt hatte. Seit dem Tod meiner Omi – sie starb leider schon mit 75 Jahren an einem Schlaganfall – kam mein Großvater jeden Mittag zu uns zum Essen.

»Hello!«, rief er immer zur Begrüßung durchs Haus, um anzukündigen, dass er jetzt da war. Auf dieses Ritual folgten zwei weitere: Zuerst packte er diverse Lebensmittel aus und stellte sie in unseren Kühlschrank.

»Die laufen heute ab«, murmelte er. Es war völlig sinnlos zu versuchen, ihn davon zu überzeugen, dass man Butter, Milch und Joghurt auch noch etliche Tage nach dem Mindesthaltbarkeitsdatum verzehren konnte, ohne sich daran zu vergiften. Danach holte er sich ein Fläschchen Underberg aus dem Schrank und leerte es in einem Zug. Zwei Stunden später, nach Mittagessen, Zigarre und Doornkaat, verabschiedete er sich mit den Worten »Ich hau ab!«.

Mein Vater und sein Schwiegervater kamen zwar so einigermaßen miteinander aus, wurden aber nie die besten Freunde. Zu unterschiedlich waren ihre Lebensauffassungen. Opi war nämlich nicht nur Kommunist, sondern auch überzeugter Atheist. Da prallten Welten

Posen konnte
ich schon früh

Sommerferien
an der Ostsee

1966

Mami und Vati

1970

Ich hatte es faustdick hinter den Ratten-schwänzen

1973/74

Bezopfte Schwestern: Dagi und ich

1975

In der Küche zuhause

Schnipp, schnapp,
Haare ab: Willkommen
in der Pubertät ↓ ↓ ↓

Vornamen / Prénoms / Christian names

Bettina

Geburtstag / Date de naissance / Date of birth

-5.

Geburtsort (Land, Kreis) / Lieu de naissance / Place of birth

Wuppertal-Elberfeld

Größe / Taille / Height

178 cm

Farbe der Augen / Couleur des yeux / Colour of eyes

braun

Unveränderliche Kennzeichen
Signes particuliers / Unchanging marks

keine

Nr. H 0506175

2

UNGÜLTIG

Bettina Schmwind

Unterschrift des Inhabers / Signature du titulaire / Signature of bearer

Nr. H 0506175

3

← *Urlaub*

*Must-haves: Schlaghose,
Clogs, Schlapphut*

1976

*Mami und
mein dick-
köpfiger
Opi*

Schüleraustausch in
Saint-Etienne

Schick gemacht

1977/78

Bin ich jetzt
wirklich
volljährig?

Eine Rose für Mami: Abschie[d] am Wuppertale[r] Bahnhof

1978

Große Freiheit: Mein erster Campingurlaub mit Freunden

Blick aus meinem
Pariser Dachfenster

Winzig, aber
gemütlich:
Mein chambre
de bonne ➤➤➤

Als
Au-pair
in Paris

Oh, là, là

1978

Eigenhändige Unterschrift des Inhabers

mit vollem Vor- und Zunamen

Münster, den 30.8.79 Tag der Aufnahme

Der Rektor
der Universität

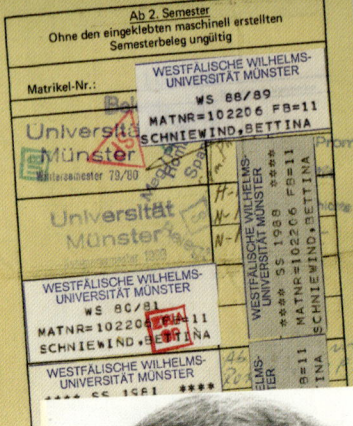

Ab 2. Semester
Ohne den eingeklebten maschinell erstellten
Semesterbeleg ungültig

Matrikel-Nr.:

WESTFÄLISCHE WILHELMS-
UNIVERSITÄT MÜNSTER
WS 88/89
MATNR=102206 FB=11
SCHNIEWIND,BETTINA

WESTFÄLISCHE WILHELMS-
UNIVERSITÄT MÜNSTER
WS 8C/81
MATNR=102206 FB=11
SCHNIEWIND,BETTINA

WESTFÄLISCHE WILHELMS-
UNIVERSITÄT MÜNSTER
**** SS 1981 ****

WESTFÄLISCHE WILHELMS-
UNIVERSITÄT MÜNSTER
MATNR=102206 FB=11
SCHNIEWIND,BETTINA

Wo lernt man heute
eigentlich noch
was? **1979**

Studenten-
wohnheim-Idylle

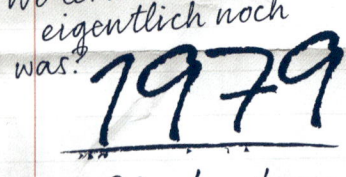

FKK-Saison

1980

Treuer Begleiter:
Mein Pali-Tuch

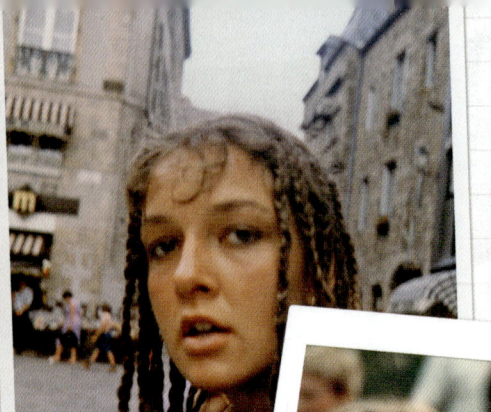

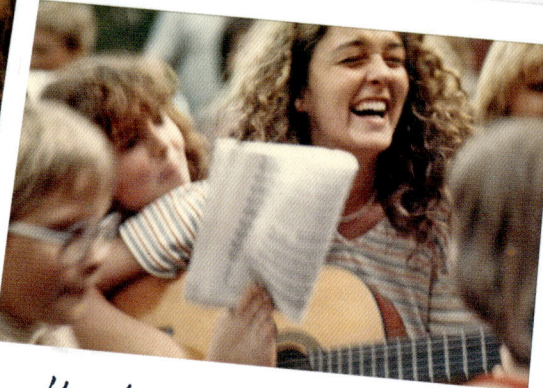

Nicht ohne meine Gitarre: Straßenmusik in der Bretagne

Heute hier, morgen dort

Rollstuhl-Rennen

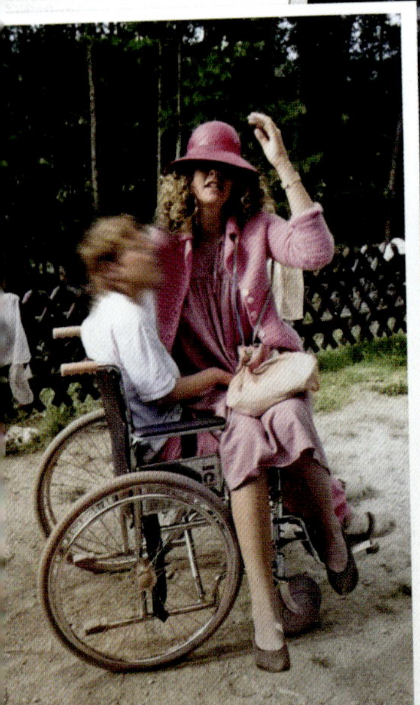

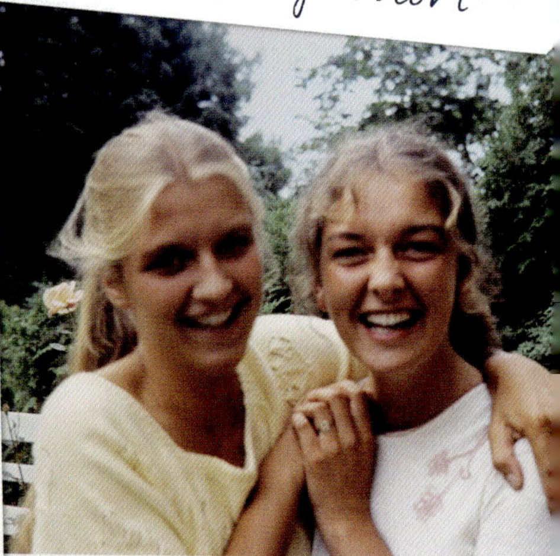

Brave Mädchen

Wieder unter den
Dächern von Paris

1982

Verträumt

Cool

Wohlerzogen

1983/84

*Wichtige Lebens-
erfahrung: Meine
Arbeit als Betreuerin
behinderter Kinder*

1985

Ungehorsam

Auf
unserer
Terrasse

Frühstück
im Loft

New York City!
Blick vom
World Trade
Center

1987

Meine erste »richtige«
Wohnung in Berlin

988/89

Schulterpolster,
fette Kette,
Baskenmütze –
alles kommt
wieder!

1990

Schicksalhafter
Südfrankreich-Urlaub

Und wenn sie nicht
gestorben sind, dann
leben sie noch heute ..

Ich will ihn
nämlich
heiraten

aufeinander, über die sich nur schwer diskutieren ließ. Als mein Großvater mit 89 Jahren starb, konfrontierte mich sein Tod mit existenziellen Fragen.

21. September 1982

Opi ist gestorben. Heute. Er war 10 Tage im Kranken-
haus. Zum Glück fühlte er sich nur schlapp, hatte aber
keine Schmerzen. Er ist heute Morgen ganz ruhig einge-
schlafen. Natürlich sind wir alle traurig, aber für ihn
war's der schönste Tod. Im Grunde war er bis wenige
Tage davor noch gut drauf. Seinen Dickkopf und seinen
klaren Geist hat er bis zum Schluss behalten. Wir hatten
ihn alle sehr lieb, obwohl er so ein schwieriger Mensch
und so ein Hartkopf war.
Jetzt gibt es ihn nicht mehr, komisches Gefühl. Was
wohl jetzt mit ihm passiert? Er hat ja jegliche Beziehung
zum Glauben immer strikt abgelehnt, wo kommt er nun
hin? Eine verloren gegangene Seele, würde man in der
Versammlung sagen – aber wohin denn verloren?
Oh, wenn DU da oben uns doch nur ein bisschen wis-
sen lassen würdest, was DANACH kommt. In letzter
Zeit weiß ich manchmal gar nicht mehr so richtig,
woran ich glauben soll, es kommt mir alles oft so
lächerlich vor. Diese Feierlichkeit, dieser weinerliche,
märtyrerhafte Ernst und dann ewig dieser erhobene
mahnende Zeigefinger, diese ewige Demut und Reue
und das Sünderbewusstsein, das Bitten um Vergebung
und die Buße und ALLES! Manchmal habe ich eine
regelrechte WUT auf das alles. Lieber Gott, vergib mir
für das, was ich denke, aber ich kann manchmal nicht
anders.
Da ist es schon wieder. Warum um Vergebung bitten
dafür, dass man seinen angeborenen Verstand benutzt?
Zweifel kommen nun mal vom Verstand her, es sind

Fragen, Bedenken, Überlegungen, die man anstellt –
über den Glauben genauso wie über andere Dinge.
IMMER, in allen Lebenslagen wird von einem verlangt,
seinen Verstand zu schärfen, ihn überall anzuwenden
und ihn weiterzuentwickeln. Nur wenn es um den Glau-
ben geht, dann soll er auf einmal ausgeschaltet werden.
Aber wie denn bloß? Warum kann man denn nur Ver-
stand und Glauben nicht irgendwie vereinbaren? Dar-
auf kann keiner eine Antwort geben. Und das quält
mich.

Ich müsste lügen, wenn ich behaupten würde, heute,
40 Jahre später, auf all diese Fragen eine Antwort zu
haben. Am absurdesten erscheint mir die nach dem Ver-
bleiben der Seelen der Ungläubigen. Hölle? Fegefeuer?
Laut Bibel – und das ist auch die Version, mit der ich aufgewachsen bin – wird erst nach der Auferstehung der
Toten vor dem Jüngsten Gericht von Gott entschieden,
wer in den Himmel kommt und wer endgültig verloren
ist. Ich habe mir damals also völlig zu Recht Sorgen darüber gemacht, was bis dahin mit meinem Opi passiert.
Schlummern wir alle, die Gläubigen und die Atheisten, in
unseren Gräbern, bis der Herr kommt, uns unsere alten
Körper zurückgibt und dann die Spreu vom Weizen
trennt? Wenn ich es richtig erinnere, bekommen auch
Opi und Co. noch eine letzte Chance. Sie können nach
ihrer Auferstehung die Vergebung ihrer Sünden anneh-
men und auch auf Wolke sieben landen.
   Genau wie damals wehrt sich mein Verstand heftig
dagegen, diese kruden Vorstellungen vom Jenseits hinzu-
nehmen. Im Gegensatz zu meiner jugendlichen Verzweiflung und dem Schwanken zwischen Glauben und Verstand quälen mich aber diese Gedanken heute nicht mehr.
Nicht etwa, weil ich zur Atheistin geworden wäre. Meine

Überzeugung ist, dass es ein Wesen, eine Macht gibt, die über unsere menschlich-irdische Existenz hinausgeht, die größer ist als alles, was wir mit unserem Verstand erfassen können. Nennen wir es Gott. Zu ihm (oder ihr) bete ich und hoffe, dass unsere Seelen nach dem Tod in irgendeiner Form weiterexistieren. Diese Vorstellung haben ja sämtliche Weltreligionen gemeinsam – vielleicht nur Wunschdenken derer, die nicht akzeptieren können, dass mit dem Tod alles vorbei ist. Aber es ist ein tröstlicher Gedanke, dass es anders sein könnte. Möglicherweise ist der Glaube die größte und abwegigste aller Verschwörungstheorien – widerlegen lässt er sich aber auch nicht.

Meine jugendlichen Zweifel zeigen mir, dass meine christliche Prägung mir schon damals zu schaffen machte. Am liebsten hätte ich mich davon losgesagt, aber dazu fehlte mir der Mut. Und ich bin auch sicher, dass der Glaube ein stabiles Fundament fürs Leben sein kann. Werte und Moralvorstellungen – welche Religion auch immer ihnen zugrunde liegt – sind nicht die schlechtesten Voraussetzungen für ein funktionierendes Zusammenleben. Deshalb habe ich auch meine Kinder im Glauben an Gott und Jesus Christus erzogen und sie taufen und konfirmieren lassen. Meinem Mann bedeutet das alles nichts, er ist sehr rational und nüchtern, aber er leugnet die Existenz Gottes auch nicht. Jetzt sind unsere beiden Kinder erwachsen und müssen selbst entscheiden, woran sie glauben wollen.

»Du kannst nicht tiefer fallen als nur in Gottes Hand«, heißt es in einem Kirchenlied, das zu neuer Popularität gelangt ist, weil Bischöfin Margot Käßmann es vor Jahren bei ihrem Rücktritt zitierte. Schönere Worte kann ich nicht finden, um zu begründen, warum ich bis heute nicht vom Glauben abgefallen bin. Wer weiß, vielleicht sieht mir Opi ja gerade kopfschüttelnd über die Schulter und flüstert in reinstem bergischen Plattdeutsch: »Leck mech änne Tesch!«, weil er nicht fassen kann, dass ich mir jemals den Kopf über seine atheistische Seele zerbrochen habe.

Meine 22-jährige Seele jedenfalls fand keine Ruhe. Ich litt unter einer undefinierbaren Sehnsucht, die ich zwar nicht stillen, aber ziemlich genau beschreiben konnte.

30. September 1982

Warum braucht man bloß diese Sehnsucht? Ich meine, glücklicherweise stehe ich damit ja nicht alleine da. Gedanken dieser Art, nur besser in Worte gekleidet, ziehen sich schließlich durch die Weltliteratur der Jahrhunderte. Das tröstet mich. Was ich auch lese, immer wieder stoße ich auf ähnliche Empfindungen wie meine, egal welcher Schriftsteller oder welches Jahrhundert, alle hatten dieses Problem. Aber die haben das dann bewältigt, indem sie Bücher geschrieben haben, ihren inneren Wirrwarr zu kleinen oder großen Kunstwerken geformt haben – ich kann mir vorstellen, dass man daraus eine große Befriedigung ziehen kann, und dass einem dadurch ein großer Teil der Last von den Schultern genommen wird. Aber diese Art und Weise, mit innerer Unzufriedenheit fertigzuwerden, ist eben den Künstlern vorbehalten, als normal Sterblicher ist man dazu nicht in der Lage.

Wie gerne, wie furchtbar gerne würde ich auch etwas schaffen, etwas, das aus mir selbst herauskommt, in dem ich mich wiedererkenne und das gleichzeitig meinem Leben einen Inhalt und einen Sinn gibt. Denn im Grunde ist es doch nur das, was ich suche: etwas, für das es sich lohnt, zu leben.

Ich glaube wirklich, ALLE Menschen tragen diese Sehnsucht in sich, dieses vage Gefühl, dass dieses Leben, egal

wie der Einzelne es auch gestaltet, eigentlich anders ver-
laufen müsste, dass es nie vollkommen ist. Immer diese
innere Stimme, die einem sagt, dass etwas fehlt, dass
das, was ist, einfach nicht alles sein kann. Man will
immer ein Stückchen mehr, als man hat, egal wo man ist
und was man ist – und dass man den Punkt der absolu-
ten Erfüllung, der absoluten Zufriedenheit nie erlangt,
das macht einen kaputt.

Gott sei Dank habe ich mich nicht kaputt machen lassen,
stattdessen schmiedete ich neue Pläne. Mir wurde irgendwann klar, dass aus mir keine Künstlerin werden würde,
und ich beschloss, mich weder an der Kunstakademie
noch an einer Filmhochschule zu bewerben. Stattdessen
bemühte ich mich beim Deutschen Akademischen Aus-
tauschdienst um ein Stipendium in Frankreich, weil ich
glaubte, ein Ortswechsel würde mir mal wieder guttun.
Zusammen mit meiner Freundin Christiane wollte ich
ein Auslandssemester in Paris einschieben.

Wir hatten uns während unserer Au-pair-Zeit dort
kennengelernt und malten uns aus, wie mondän wir uns
an der Sorbonne machen würden. Leider bekam ich kein
Stipendium und Christiane erkrankte an Tuberkulose.
Also musste ich wohl oder übel erst einmal einige Wochen
in der Fabrik einplanen, um mir das teure Pflaster überhaupt leisten zu können, denn meine Eltern konnten
nicht mehr als die übliche monatliche Unterstützung bei-
steuern. Auch wenn es zu zweit lustiger gewesen wäre,
stimmte mich die Aussicht auf die erneute kleine Flucht
wieder fröhlicher. Mein letzter Eintrag, bevor ich mich
wieder aufmachte in die große, weite Welt:

12. Oktober 1982

So oft schlagen sich meine seelischen Tiefpunkte im Tagebuch nieder, warum also nicht auch einmal eine absolute Hochstimmung? Eben überkam mich ein völliges Glücksgefühl. Ich fühle mich einfach super. Sitze hier mit Kopfhörer und starker Musik im Kopf und könnte schreien, jauchzen vor Glück. Suuuuuuper! Ich fühle mich EINMALIG!!! Alles ist toooolllll.

Kapitel 11

»Ich bin kein Mensch, der gut allein sein kann«

Einsam unter Millionen

1. November 1982
*Jetzt bin ich die zweite Woche hier in Paris und ich bin
ganz alleine. Das ist für mich eine völlig neue Erfahrung, bisher war ich noch niemals ganz alleine
irgendwo. Eigentlich ist es ja gar nicht so furchtbar
schlimm, nur das Gefühl, in dieser Riesenstadt mit ihren
Millionen Menschen als winziges Stäubchen von niemandem vermisst, von niemandem beachtet zu werden,
ist doch etwas beklemmend. Es muss sich alles erst ein-
pendeln, Leute kennenlernen, sich an der Uni zurechtfinden, Zimmer streichen und einrichten – das geht eben
alles nicht so schnell.*
*Wenn ich so alleine hier sitze, kommen mir irgendwie
Zweifel, ob es wohl richtig war, hierherzugehen? Ich
lerne, was es heißt, einsam zu sein, auf sich selbst
gestellt, sicher – aber musste ich dafür nach Paris
gehen? Vielleicht. Denn zu Hause bin ich nie einsam. Es
ist ja immer jemand da.*
*Ich glaube, wenn ich zurückkomme, werde ich an Erfah-
rung um einiges reicher sein und werde in Münster vieles
zu schätzen wissen, das ich bisher übersehen habe.*

Mein geliebtes Paris! Ich hatte unbedingt wieder dorthin gewollt und große Hoffnungen in diesen erneuten Ortswechsel gesetzt, war doch die Au-pair-Zeit die bisher beste meines Lebens gewesen. Doch kaum war ich angekommen, stellte sich heraus, dass dieses Mal alles anders war.

Dabei waren die Voraussetzungen optimal. Ich wohnte im selben Haus wie vier Jahre zuvor, sogar auf demselben Dachboden. Le Ducs hatten mir ein »Zimmer gegen Arbeit« vermittelt. Das Zimmer gehörte zu einem großzügigen Appartement, in dem sich die Praxis einer Psychiaterin namens Françoise befand. Ich durfte dort Küche und Bad benutzen und musste als Gegenleistung ab und zu abends auf ihre kleine Tochter aufpassen und ihre Privatwohnung putzen, die sich nur ein paar Häuser weiter befand. Um noch ein bisschen nebenbei zu verdienen, nahm ich gern Babettes Angebot an, auch bei ihr einmal in der Woche sauber zu machen. Ich hatte also Anschluss an »meine« Familie und kannte mich im Stadtteil Quartier Latin bestens aus. Außerdem konnte ich zu Fuß zur Sorbonne laufen, an der ich mich für Vorlesungen und Seminare in französischer Literatur eingeschrieben hatte. Auch an der berühmten Hochschule für Kunstgeschichte, der École du Louvre, belegte ich Vorlesungen, die sich gut mit meinem Studium in Münster ergänzten.

Alles lief also so weit nach Plan – bis auf die Einsamkeit. Sie traf mich unvorbereitet wie ein Hammerschlag. Aus zwei Augen betrachtet statt aus vier wie damals mit Heike, erschien mir Paris auf einmal völlig anders, riesengroß, fremd und geradezu bedrohlich. Das Gedränge, die Hektik, die vielen Menschen, die Pfiffe und anzüglichen Blicke der Männer – was ich als 18-Jährige als aufregend und amüsant empfunden hatte, jagte mir jetzt Angst ein. Plötzlich hatte ich Heimweh, ein Gefühl, das mir bis dahin fremd gewesen war, und ich sehnte mich nach jemandem, mit dem ich mich austauschen konnte.

Vor allem in den ersten Wochen war ich schlapp und antriebslos, so sehr litt ich unter dem Alleinsein. Jeden Morgen, wenn ich in meinem kahlen und auch recht kalten Zimmerchen aufwachte und durch das geöffnete Dachfenster die Geräusche der Großstadt zu mir heraufschallten, überkam mich eine große Traurigkeit. Ich blieb bis mittags im Bett liegen, betrat dann durch die Dienstbotentür auf Zehenspitzen das Appartement und schlich leise ins Bad, denn im Flur saßen meist ein paar Patienten, die auf ihren Termin bei Françoise warteten. Ihre leeren Blicke (kein Wunder, es war ja eine psychiatrische Praxis) stimmten mich auch nicht fröhlicher. Genauso wenig wie meine französischen Kommilitonen und Kommilitoninnen an der Uni, auf die ich gehofft hatte. Niemand interessierte sich für mich, und ich empfand alle als arrogant und abweisend. Selbst die Kontaktaufnahme zu den paar Leuten, die ich noch aus meiner Au-pair-Zeit kannte, gestaltete sich schwierig, da ich nur abends das Praxis-Telefon benutzen konnte, wenn dort niemand mehr war.

Die beiden einzigen Menschen, mit denen ich mich regelmäßig unterhielt, waren anfangs Sophie, die mit ihren mittlerweile 17 Jahren schon eine fast ebenbürtige Gesprächspartnerin war, aber nur wenig Zeit hatte, weil sie von der Schule stark beansprucht wurde, und die kleine Cécile. Françoises vierjährige Tochter war mir von ihrer Mutter als schwierig und launisch beschrieben worden, aber mir gegenüber verhielt sie sich ganz anders. Wir schlossen einander sofort ins Herz. Die Momente, in denen wir Arm in Arm im Bett lagen und sie andächtig meinen selbst erdachten Gutenachtgeschichten lauschte, waren die einzigen, in denen ich mich glücklich fühlte. So

hatte ich mir mein Auslandssemester eigentlich nicht vorgestellt ...

Als ich mich endlich mal zu einem Kinobesuch auf-
raffte – mangels Begleitung saß ich fast allein in einem
kleinen Programmkino und hatte mir ausgerechnet die
Helmut-Käutner-Schmonzette *Monpti* aus dem Jahr
1957 mit Romy Schneider und Horst Buchholz ausge-
sucht –, machte das meinen Weltschmerz nur noch
schlimmer.

20. November 1982

Bin TOTAL deprimiert. Schrecklich. Kommt alles von
dem Film. Heute Mittag bin ich frohgemut aufgestan-
den, hab mich gewaschen, war zufrieden und bin zum
Palais Chaillot gefahren, um mir Monpti mit Romy
Schneider und Horst Buchholz anzusehen. Ein Film von
Helmut Käutner. Der Film (nach einem Roman von
Gábor von Vaszary) war super, aber schrecklich traurig
am Ende. Ich hätte beinahe geheult. Genau wie die
Bücher von Vaszary, zwischendurch zum Schreien lus-
tig, aber insgesamt mit einer melancholischen, pessimis-
tischen Tendenz. Aber soo schöööön ... schluchz. Romy
und Horsti waren noch sehr sehr jung und haben
unwahrscheinlich gut gespielt. Ach, seit diesem Film ist
nichts mehr mit mir los. Ich bin total niedergeschlagen.
Zu allem Überfluss spielte er auch noch im Quartier
Latin, im Luxembourg und so, und sie hatten beide ein
kleines Zimmerchen unterm Dach und waren sooo
alleine ... genau wie ich. Im Moment fühle ich mich
nämlich wieder furchtbar allein. Heute ist wieder so ein
Tag, an dem ich noch mit keinem Menschen gesprochen
habe.

Ich habe mir *Monpti* noch mal angesehen und war überrascht, dass ausgerechnet dieser Film so eine starke Wirkung auf mich gehabt hat, da er so gar nicht ins Schema der Werke passt, die mich damals sonst begeisterten. *Hiroshima, mon amour* von Alain Resnais zum Beispiel, *Diva* von Jean-Jacques Beineix, *Der Stand der Dinge* von Wim Wenders, *Der Nachtportier* von Liliana Cavani oder *Deep End* von Jerzy Skolimowski – lauter gefeierte Kultstreifen, deren Liste ich hier endlos fortsetzen könnte. Aber wahrscheinlich traf die traurige, altmodische Liebesgeschichte zwischen Romy und Horst genau die Stimmung, in der ich mich in jenem melancholiegetränkten November 1982 befand.

Mein Verhältnis zu meiner Arbeitgeberin und Vermieterin Françoise war längst nicht so herzlich wie das zu meiner alten Au-pair-Familie. Sie war eine kühle, distanziert wirkende Blondine mit straff zurückgekämmtem, im Nacken zu einem Knoten zusammengezwirbeltem Haar. Mit ihren blauen Augen sah sie mich immer mit einem durchdringenden und zugleich leicht spöttischen Blick an, der mir irgendwie unangenehm war. Von Céciles Vater war sie geschieden und offenbar Single, beim Aufräumen entdeckte ich manchmal Spuren von Männerbesuchen. Als ich einmal morgens zum Putzen kam, erschrak ich mich fast zu Tode, weil in ihrem Bett noch ein bärtiger, vor sich hin schnarchender Liebhaber lag. Ich fragte mich, wie diese völlig emotionslos wirkende Person psychisch kranken Menschen eine Hilfe sein konnte, aber wahrscheinlich lag gerade in dieser Unnahbarkeit ihre Stärke.

Das einzige Wesen, dem Françoise' Behandlung offensichtlich nicht guttat, war ihre Katze, ein verhaltensgestörtes Tier namens Poire. Wie ein weißer Blitz fegte sie ununterbrochen laut miauend von einer Ecke der riesigen

Wohnung in die andere. Nur wenn ich die Spülmaschine ausräumte, kam sie plötzlich zur Ruhe, um sich dann mit einem geschickten Sprung in die Maschine hineinzubefördern, aus der sie ohne Kampf nicht wieder herauszubekommen war.

Poire bescherte mir nicht nur diverse Kratzer und Niesanfälle (ich weiß seitdem, dass ich eine Katzenallergie habe), sondern auch die traumatische Erinnerung an eine Nacht, in der ich bei Cécile schlief, weil Françoise einen »Auswärtstermin« hatte, was auch immer das bedeutete. Als ich ins Bett ging, hatte ich die verrückte Katze seit Stunden nicht gesehen. Sie war nirgendwo auffindbar, auch nicht in ihrer geliebten Spülmaschine. Erst als ich am nächsten Morgen die Tür zum Balkon öffnete, entdeckte ich sie: zitternd und halb erfroren hockte sie in einer Ecke. Sie hatte die ganze Nacht dort draußen verbracht, zu allem Überfluss hatte es auch noch geschneit.

»Was ist denn mit Poire los?«, fragte Cécile, als sie mich und die Katze auf der Wohnzimmercouch vorfand. Mit hochrotem Kopf hielt ich Poire in einer Decke eingewickelt in meinen Armen, in denen sie erschöpft schlummerte, nachdem ich ihr warme Milch eingeflößt und sie trocken geföhnt hatte.

»Sie ist ein bisschen erkältet, mein Schatz«, sagte ich. »Jetzt träumt sie von einem lustigen Mäuseballett, genau wie die Katze in der Geschichte, die ich dir gestern Abend erzählt habe.« Zum Glück gab sich das Kind damit zufrieden – und so hat nie jemand davon erfahren, dass ich beinahe ein Haustier auf dem Gewissen gehabt hätte.

Mein Einsamkeitsfrust entwickelte sich glücklicherweise nicht zum Dauerzustand, er legte sich irgendwann, zumindest vorübergehend.

2. Dezember 1982
Eins hat sich verändert: mein Zimmer. Endlich. Ich
habe es im Schweiße meines Angesichts gespachtelt und
weiß gestrichen – und heute habe ich es einigermaßen
eingerichtet. Eigentlich ist es jetzt schon ganz gemütlich.
Folglich ist es auch nicht mehr so deprimierend, alleine
hier zu sitzen und zu meditieren. Es macht schon was
aus, ob man sich in einer Rumpelkammer oder in einem
einigermaßen geschmackvoll eingerichteten Zimmer
befindet.

Mein »chambre de bonne« unterschied sich nicht groß
von der Kammer, in der ich als Au-pair gewohnt hatte,
nur dass ich sie dieses Mal nicht lila, sondern weiß strich.
Das Stehklo auf dem Flur war unverändert ekelhaft, nur
die Nachbarn hatten gewechselt. Weil es abends und
nachts schon empfindlich kalt wurde, besorgte Françoise
mir einen elektrischen Heizkörper. Was mir vorher nicht
klar gewesen war: Ich hockte deutlich mehr Stunden in
dieser Dachkammer als beim letzten Mal. Damals hatte
ich den Großteil meiner Zeit im Appartement der Le
Ducs verbracht – wenn ich nicht gerade mit Heike auf
Achse war. Nun verbrachte ich meine Freizeit oft damit,
dass ich schreibend oder lesend an dem kleinen Schreibtisch saß und dabei auf meinem alten Kassettenrekorder
die Mixtapes hörte, die meine Schwester mir zusammen-
gestellt und als Trost nach Paris geschickt hatte.
Erfreulicherweise gelang es mir nach und nach, alle
alten Bekannten ausfindig zu machen und mich mit ihnen
zu treffen, was das Leben gleich viel abwechslungsreicher
machte. Da war zum Beispiel Jérôme, der dunkellockige
Schwerenöter, den Heike und ich in unserer ersten Pariser Nacht kennengelernt und zu dem wir locker Kontakt
gehalten hatten. Hocherfreut meldete er sich auf meine

Postkarte hin, wir verabredeten uns zum Essen und hatten uns viel zu erzählen. Seine Versuche, mich zu bezirzen, gingen merkwürdigerweise ins Leere. Ohne Heike als Dritte im Bunde fehlte offenbar die prickelnde Spannung, und ich fand ihn nicht mehr so attraktiv. Ebenfalls ganz anders als erwartet verlief das Wiedersehen mit Yves, der sein Studium beendet hatte, nun ständig auf Reisen war und kaum Zeit für mich hatte. Bei einem unserer wenigen Rendezvous wurde klar, dass er sich noch immer nicht entschieden hatte, ob er sich mehr zu Frauen oder zu Männern hingezogen fühlte. Mir gegenüber verhielt er sich seltsam distanziert, und ich vermisste unsere frühere Vertrautheit.

Zu einem meiner besten Freunde wurde Joe, ein amerikanischer Musiker, den ich durch meine jüngere Schwester kennenlernte. Er war ein paar Jahre älter und einen Kopf kleiner als ich, stammte aus Virginia und hatte ein einnehmendes, lebensfrohes Wesen. Ich liebte seinen amerikanischen Akzent, wenn er Französisch sprach und versuchte, mir Amerika, Frankreich und den Rest der Welt zu erklären. Joe spielte fantastisch Gitarre und hatte eine wunderbare Country-Stimme. Ich fand es bezaubernd, wenn er sang und mich dabei verschmitzt anlächelte. Trotzdem gab ich seinem Drängen, es doch mal mit ihm zu versuchen, nicht nach … bis auf eine Ausnahme.

8. Dezember 1982

Über Alleinsein oder Langeweile kann ich mich in letzter Zeit wirklich nicht mehr beklagen. Ich bin ständig auf Achse.
Gestern Abend hatte ich mich mit Joe für »German lessons« verabredet. So gegen sieben Uhr kam er zusammen mit Hendrik hier an und teilte mir mit, dass sie seit

elf Uhr auf Ricardos Hochzeit seien und mich jetzt dort-
hin mitnehmen wollten. Natürlich hatte ich nichts dage-
gen, und wir fuhren also los, nach Saint-Leu-la-Forêt,
ca. 30 km von hier. Es waren nicht viele Leute da, außer
der Braut und einem anderen Mädchen nur Männer, die
über meine Ankunft anscheinend sehr erfreut waren. Es
wurde ein lustiger Abend, alle hatten schon einen sitzen,
ich bald auch und amüsierte mich köstlich. Bloß gegen
Ende des Abends wurde mir etwas komisch, ein Walzer
gab mir den Rest und ich schlief bei Joe auf dem Schoß
ein. Es war ja abzusehen, ich wusste es schon von
Anfang an, es war immer so ein Knistern zwischen uns.
Ich wusste, dass er gern wollte, und ich wollte es auch
gern mal ausprobieren. Irgendwie reizte er mich. Es war
dann auch quite good. Aber ich weiß genau, dass mir
diese Knutschereien und Fummeleien, die sich aus
irgendwelchen Situationen heraus ergeben, nichts mehr
bringen. Zärtlichkeit als rein zweckmäßige, mechani-
sche Sache ohne Gefühl ist nichts mehr für mich. Ich
kann's einfach nicht mehr – früher machte mir das über-
haupt nichts aus. Obwohl ich mich natürlich nach Zärt-
lichkeit sehne, verzichte ich lieber auf oberflächliches
Zusammensein, in der Hoffnung, irgendwann doch mal
das richtige Gegenüber zu finden.

Es blieb tatsächlich bei dem einen Mal. Alles andere hätte
unsere Freundschaft gefährdet. Auch sonst hielt ich mich
eher zurück, die Männerbekanntschaften blieben meist
auf intellektueller oder auf Kumpelebene. Ich hatte schon
genug mit mir selbst zu tun, da konnte ich nicht auch
noch Liebeskummer gebrauchen.

Durch Joe lernte ich jede Menge »Internationals« kennen, die zum Studieren oder Jobben in Paris waren, oder
auch nur auf der Durchreise. Holländer, Amerikaner,

Italiener, Spanier – irgendwann hatte ich ein ganzes Netzwerk von jungen Menschen, mit denen ich auch nachts furchtlos durch Paris streifen konnte. Unsere Stammkneipe war das La Palette in der Rue de Seine im legendären Künstlerviertel Saint-Germain-des-Prés. Dort haben in den 1930er-Jahren schon Picasso und Cézanne ihren Wein getrunken, auch Hemingway, Chirac, Jim Morrison und Julia Roberts sollen mal vorbeigeschaut haben. Ich liebte das Ambiente in dieser historischen Brasserie, dort mischte sich alles, ob mit oder ohne Rang und Namen. Der Laden war immer brechend voll, egal zu welcher Tages- und Nachtzeit, und es war ohrenbetäubend laut. Einer der Kellner, ein Mittfünfziger mit dunklem Schnurrbart, der aussah wie die Karikatur eines französischen Schlawiners, war verknallt in mich und begrüßte mich jedes Mal mit lautem Hallo. Immer wenn ich zur Toilette musste, rief er mir in gebrochenem Deutsch hinterher: »Bettina, muss deine kleine Katze Wasser trinken?« Das war mir sehr unangenehm, vor allem wenn ich mich in Herrenbegleitung befand.

15. Dezember 1982

Montag war ich in der »Palette«, wo der Kellner Jean-François sich natürlich sofort auf mich stürzte. Er ist zwar ein absolutes Original, aber ich muss sagen, dass es mir allmählich etwas auf den Geist geht, wenn er ständig seine Liebeserklärungen durchs ganze Lokal brüllt. Am Montag war's richtig peinlich – ich war mit vier Jungen da, die er wie den letzten Dreck behandelte, stinkunfreundlich, nur mich hofierte er absichtlich auffällig. Ich kam mir sehr blöd vor.

Als ich vor ein paar Jahren nach langer Zeit mal wieder in Paris war, steuerte ich natürlich auch das La Palette an, bekam aber leider keinen Platz. Ein kleines bisschen habe ich ihn da herbeigesehnt, den ungehobelten Schnauzbart. Er hätte bestimmt einen Tisch für mich freigeräumt. Überhaupt kam mir so vieles wieder in den Sinn, als ich durch die Gassen schlenderte. Ich konnte mich plötzlich wieder an viele Begegnungen, Gesichter, sogar Gespräche erinnern. Wenn ich mit der Clique von Joe herumhing, ging es meistens um Musik, die Liebe oder ferne Länder. Wir alle hatten vor, später viel zu reisen und die Welt zu erkunden. Und natürlich waren wir alle – und zwar ausnahmslos – auf der Suche nach der großen Liebe. Es wäre so praktisch, aber auch viel zu einfach gewesen, wenn wir sie untereinander hätten finden können.

Meine »Sister in Crime« war in diesen Monaten die fünf Jahre jüngere Sophie. Für sie war ich die große Schwester, mit der sie ausgehen konnte, wohin sie wollte, weil ihre Eltern mir vertrauten.

»Los, meine Große«, sagte sie oft samstagabends, wenn ich nichts anderes vorhatte, »meine Eltern sind ausgeflogen, wir takeln uns auf und machen Paris unsicher.«

Wie gut, dass Jean und Babette nicht alles mitbekamen, was ihre minderjährige Tochter und ihre »Aufpasserin« so alles anstellten. Als wir vor Kurzem telefonierten, erzählte Sophie mir von einer Begebenheit, die ich schon längst verdrängt hatte.

»Erinnerst du dich an die Jungs, die wir mal im Perigourdine kennengelernt haben?«, fragte sie. »Den Langhaarigen fand ich so süß, und du standest auf den Kleinen mit den vielen Tattoos.« Ich dachte krampfhaft nach.

»Davon steht nichts in meinen Tagebüchern«, sagte ich.

»Kein Wunder«, lachte Sophie, »die Sache endete ja

auch megapeinlich. Wir haben die mit in unsere Wohnung genommen und die Hausbar meines Vaters leer getrunken. Daraufhin ist der Langhaarige mit dem Sessel umgefallen und hat dabei die Stereoanlage mitgerissen. Wir haben uns kaputtgelacht und uns dann irgendwann todmüde auf alle Schlafzimmer verteilt, weil wir dachten, meine Eltern kämen erst am übernächsten Tag wieder.«

Allmählich klingelte es bei mir. In den frühen Morgenstunden waren Jean und Babette überraschend zurückgekommen und hatten zuerst mich und den Tätowierten in ihrem Ehebett entdeckt. Oh mein Gott, was für ein schrecklicher Moment!

»Hör auf!«, sagte ich zu Sophie, die sich am anderen Ende der Leitung über diese Geschichte vor Lachen kringelte.

»Ja, und zwei Tage später hat meine Mutter dann gemerkt, dass Schmuck aus ihrer Schatulle fehlte. Das können ja nur unsere Boys gewesen sein.« Wie gut, dass Sophie nicht sehen konnte, wie ich gerade noch mal vor Scham dunkelrot anlief.

»Ein Wunder, dass sie danach überhaupt noch mit mir gesprochen haben«, murmelte ich.

»Ach was, die haben dir sofort verziehen, sie lieben dich einfach heiß und innig. Und außerdem waren die beiden ja auch mal jung und alles andere als Unschuldsengel.«

Ich bin nicht ganz sicher, ob Sophie etwas übertrieben hat, aber so ähnlich wird es damals gewesen sein. Man muss ja nicht jedes unangenehme Detail im Tagebuch festhalten …

Insgesamt betrachtet war meine Zeit in Paris 1982/83 vielschichtiger als vier Jahre zuvor. Sosehr ich das Ausgehen und Feiern genoss, mochte ich es doch auch, mich zurückzuziehen und zu philosophieren.

2. Februar 1983

Heute habe ich in der Vorlesung was gehört, woran ich immer denken muss. Balzac hat gesagt: »Le rêve est toujours un piège.« (»Der Traum ist immer eine Falle.«) Er beschreibt in La peau de chagrin, wie ein junger Mann in seinem Zimmerchen unterm Dach in Paris vor sich hin träumt und die Dächer von Paris als Wüstenlandschaft sieht. Er lebt in seinen paar Quadratmetern vor sich hin und schafft sich – zumindest für eine Zeit lang – ein kleines Paradies in seinem Kopf. Könnte mir gut genauso gehen. Wenn man hier in dem Zimmer sitzt, ist Paris sooo weit unten. Ganz weit weg – man ist hier in seinen vier Wänden und kann sich alles vorstellen, an alles denken, ganz wie man will. Vor sich hin träumen – das ist ja ganz schön, aber ich glaube, ich schwebe nicht in der Gefahr, in diese »piège« zu fallen, weil für mich dieses Träumen und »sich von der Realität Absondern« zwar immer für eine Zeit lang befriedigend und schön ist, aber nicht für länger, weil mich dann wieder die Begierde nach draußen treibt, etwas zu erleben, zu sehen, unter Menschen zu gehen ... die Angst, etwas zu verpassen.

Beides trage ich bis heute in mir, auch wenn ich, wie über so vieles, darüber lange nicht nachgedacht habe. Ich bin gern unter Menschen, aber ich brauche auch die introvertierten Stunden, in denen ich ungestört vor mich hin träumen und über das Leben sinnieren kann. Angst, etwas zu verpassen, habe ich auch noch immer, allerdings geht es dabei nicht um Discobesuche, Galas oder Promi-Events. Vielmehr sitze ich manchmal am Ostseestrand und blicke aufs glitzernde Meer, bin aber gleichzeitig betrübt, dass ich in diesem Moment den Geburtstag einer Freundin versäume. Oder ich sitze mit Mann und Freunden in Hamburg in einem Restaurant, bin aber in Gedanken an der See, weil dort ausgerechnet heute das Wetter viel besser ist und gerade die Sonne blutrot am Horizont versinkt.

»Sei doch einfach mal mit dem zufrieden, was du im Augenblick hast«, sagt mein Mann dann oft zu mir, weil er an meinem leicht abwesenden Blick sieht, woran ich gerade denke. Manchmal fällt mir das schwer. Und ich finde für mich und meine gelegentlich wilden und wirren Gedanken- und Gefühlswelten ja auch stets Schwestern und Brüder im Geiste – heute genauso wie damals.

10. Februar 1983

Höre gerade » Lights in the Night« von Flash and the Pan, genial. Dieser Satz »If the bottle doesn't get me, the thinking will ...« – einfach zu hart. Genauso ist es. Und noch etwas, das ebenso von mir in meiner Mansarde exakt nachempfunden wird: »Ah! Comme une existence peut devenir orageuse entre les quatre murs d'une mansarde!« (Balzac) (»... wie stürmisch doch das Leben werden kann innerhalb der vier Wände einer Mansarde!«)

Das wurde zwar ein paar Hundert Jährchen vor » Lights in the Night« geschrieben, aber was soll's. Empfunden haben die Menschen wohl immer gleich, das hat mit Fortschritt sehr wenig zu tun. Das fasziniert mich immer wieder aufs Neue. Ob im 17., 18., 19. oder 20. Jahrhundert, die gleichen Menschen, die gleichen Gefühle, Gedanken – nur die Art und Weise, das auszudrücken, was sie bewegte, hat sich geändert.

Eigentlich eine Binsenweisheit, in der aber viel Wahrheit steckt. Ob ich nun Balzac, Goethe oder Kafka lese, ob ich Nirvana höre oder die Rolling Stones oder einen Song von Max Giesinger – die Message, die hinter allem steht, ähnelt sich: Ich bin allein und sehne mich nach Glück.

Kann ich eigentlich heute gut allein sein? Für ein paar Stunden oder auch mal ein, zwei Tage ist das kein Problem. Da ich oft von vielen Menschen umgeben bin, genieße ich auch mal die Stille, zum Beispiel um zu lesen oder zu schreiben. Mein Mann und ich können auch gut zusammen und doch jeder für sich sein. So wie jetzt gerade: Während ich das hier schreibe, arbeitet er in seiner Werkstatt und sägt Holz zurecht. Ich muss ihn nicht sehen oder sprechen, um zu wissen: Er ist da.

Viele Menschen entdecken den Reiz des Alleinseins erst in fortgeschrittenem Alter. Auch in meinem Freundeskreis gibt es den einen und die andere, die sich gerne mal ohne Begleitung auf Yoga-, Meditations- oder Fastenreise begeben, um wieder zu sich zu finden. Das habe ich noch nie ausprobiert, weil ich bisher kein Bedürfnis danach verspürt habe. Bedeutet das, dass ich mit mir und meiner inneren Mitte im Einklang bin? Oder habe ich Angst, zu lange mit mir allein zu sein, weil ich dann auf »komische Gedanken« kommen könnte? Ich weiß es nicht. Wenn ich sehe, was meine Pariser Dachkammer-Solitude manchmal für erstaunliche Blüten getrieben hat, ist es vielleicht besser, wenn man mich nicht zu lange mir selbst überlässt. Einsamkeit kann auch zu Überheblichkeit führen.

5. März 1983

Ich weiß, ich könnte, ich müsste mehr leisten. Lesen, arbeiten, denken, analysieren, lernen. Es ist seltsam, aber mir genügt es, die Dinge, die mir wichtig erscheinen, zu streifen, mir einen ungefähren, oberflächlichen Eindruck davon zu verschaffen. Ich brauche nicht weiter vorzudringen, weil ich glaube, relativ schnell zu verstehen, begreifen, urteilen zu können, sodass jedes weitere Engagement überflüssige Energievergeudung wäre. Warum Kraft, Zeit, Gedanken verschwenden für etwas, das mir schon beim ersten Hinsehen in seinen Konturen relativ klar ist? Wirklich tief eindringen möchte ich nur in die Dinge, die mir unentbehrlich erscheinen.

Ich beneide sie nicht einmal, die Leute, die über alles bzw. vieles bis ins kleinste Detail Bescheid wissen. Denn ich weiß, würde ich ebenso viel Kraft in meine »Bildung« investieren, wäre ich ihnen ebenbürtig, wenn nicht überlegen, denn ich besitze die Fähigkeit dazu. Und dieses Wissen genügt mir – alles andere ist im Grunde überflüssig.

Hallo, junge Frau Schniewind? Leiden wir da gerade an Selbstüberschätzung? Für wie genial hielt ich mich denn damals? Was für eine Hybris, die entweder auf zu viel Wein oder zu viel Einsamkeit oder beides zurückzuführen ist. Richtig ist, dass ich das Talent habe, Zusammenhänge schnell zu erfassen, logisch zu denken und Dinge auf den Punkt zu bringen, was mir beruflich sehr zugutekommt. Ich muss mich ständig mit neuen, oft auch komplizierten Themenbereichen beschäftigen, um meinen Gesprächspartnerinnen und -partnern die richtigen Fragen stellen zu können. Falsch ist, dass ich selbst in der Lage wäre, mich zur Expertin in diesen Themenbereichen hochzuarbeiten. Professorin der Naturwissenschaften, Gefäßchirurgin, Astronautin, Psychologie-Koryphäe? Um so viel Wissen anzuhäufen, bin ich erstens zu faul und zweitens nicht intelligent genug. Das hätte mir mit 23 Jahren eigentlich auch schon klar sein müssen, zumal Selbstzweifel mir damals ja durchaus nicht fremd waren. Buchen wir es als – wahrscheinlich um drei Uhr nachts – eilig hingekritzelte arrogante Randbemerkung ab.

Dass meine letzten beiden Monate in Paris recht gesellig verliefen und meine Einsamkeitsgefühle sich verflüchtigten, habe ich hauptsächlich meiner französischen Freundin Amélie zu verdanken. Sie studierte Deutsch auf Lehramt, wohnte noch bei ihren Eltern in einem Pariser Vorort, suchte aber ein Zimmer in Paris. Wir kannten uns flüchtig, weil sie Jahre zuvor ein paar Monate in Münster verbracht hatte, um ihr Deutsch zu verbessern. Als zufällig das Mansardenzimmer neben meinem frei wurde, zog sie dort ein. Von da an änderte sich vieles: Wir gründeten eine Art Frauen-WG, kauften zusammen ein und kochten auf ihrem kleinen Elektrokocher.

Amélie, mit der ich bis heute Kontakt habe, ist temperamentvoll, lacht und redet laut und viel und ist sehr gastfreundlich. Sie nahm mich mit zu ihren Eltern, sogar beim Abschlussball ihres Bruders durfte ich dabei sein. Wir verbrachten ganze Nächte mit Diskussionen über den Sinn des Lebens und französische Literatur, und manchmal tranken wir einen Pastis im legendären Café de Flore oder im Aux deux Magots, um uns wie die französischen Existenzialisten zu fühlen, denen dort so manche philosophischen Erkenntnisse gekommen sein sollen.

Jeden Montag erledigten wir zusammen die banalen Dinge des Alltags: Wir putzten unsere Mansarden, brachten den Müll runter und wanderten mit prall gefüllten Plastiktüten zum Waschsalon. Ein Ort, den man kennengelernt haben sollte. Nirgendwo sonst traf man so viele unterschiedliche Menschen wie in diesem lang gestreckten schmalen Raum in der benachbarten Rue St. Jacques, in dem mindestens 20 Waschmaschinen und ebenso viele Trockner vor sich hin rotierten. Studenten, Arbeiter, Obdachlose, aber auch Geschäftsreisende, Künstler oder

Schausteller gaben sich dort ein Stelldichein, und wir konnten uns gar nicht sattsehen und -hören an diesem bunten Völkchen inmitten bunter Wäschehaufen.

»Was wohl dieser gut gekleidete Typ da vorne gleich aus dem Trockner fischt?«, fragte Amélie und deutete auf einen schlanken dunkelhaarigen Anzugträger, der sich schon beim Starten der Waschmaschine extrem ungeschickt angestellt hatte.

»Meinst du, der ist auf der Durchreise?«, überlegte ich. »Irgendwie sieht er aus wie jemand, der es sich leisten kann, seine Sachen im Hotel reinigen zu lassen.«

Als Monsieur verstohlen seinen Trockner ausräumte, kam etwas anderes zum Vorschein, als wir erwartet hatten: lauter Frauenklamotten, Spitzendessous, Blusen, Minikleider, alles in Rosa und Creme.

»Mon Dieu!«, flüsterte Amélie. »Entweder er hat 'ne Geliebte oder er zieht die Sachen heimlich selbst an.«

Den peinlichsten Waschsalonmoment bescherte ich mir allerdings selbst. Ich hatte meine Plastiktüten viel zu voll gepackt und schleppte sie schwitzend die Straße entlang, da rempelte mich kurz vor dem Ziel eine vorbeieilende Frau an. Ich stolperte und fiel hin, beide Tüten flogen in hohem Bogen aufs Trottoir und gingen kaputt. Entsetzt sah ich, wie sich meine getragenen Slips, BHs und T-Shirts auf der Straße und dem Bürgersteig verteilten, und versuchte auf allen vieren fremde Passanten davon abzuhalten, die Sachen für mich aufzusammeln.

»Non, non, arrêtez, merci« (»Nein, nein, hören Sie auf, danke«), keuchte ich und klaubte zusammen, was ich erreichen konnte. Die Situation war mir extrem unangenehm, zumal natürlich ausgerechnet in diesem Moment mehrere attraktive Männer vorbeikamen. Glamourös geht anders.

Als meine Pariser Zeit sich dem Ende zuneigte, hatte

Amélie leider gerade Semesterferien, Sophie war mit ihren Eltern und Geschwistern im Urlaub und Joe war auf Tournee mit seiner Band. Und ich war wieder allein. So schließt sich der Kreis und meine Aufzeichnungen enden eher nachdenklich als fröhlich.

30. März 1983
Ich beende dieses Tagebuch in einer recht negativen
Stimmung. Seltsamerweise ist mein Stimmungsbarome-
ter hier in Paris äußerst schwankend, das habe ich vor-
her eigentlich noch nie so feststellen können. Aber
bestimmt hängt das auch mit dem Alleinsein zusammen.
Mein augenblicklicher Zustand ist so ähnlich wie ganz
am Anfang. Wegen der Ferien war ich in der letzten
Woche viel alleine, obwohl ich wirklich sämtliche mir
zur Verfügung stehenden Kontakte ausgenutzt habe. Es
ist offensichtlich wirklich so: Ich bin kein Mensch, der
gut allein sein kann. Ab und zu mal gerne, das brauche
ich sogar, aber sobald es sich über mehr als zwei Tage
und Abende erstreckt, werde ich depressiv. Eigentlich
bin ich sowieso nur immer dann gut drauf, wenn ich
mit anderen Leuten zusammen bin, wenn ich reden und
lachen kann. Alleine hab ich zwar auch ab und zu ein
paar gute Momente, aber seltener.
Bald, sehr bald ist mein Paris-Aufenthalt nun zu Ende.
Das stimmt mich natürlich einerseits melancholisch,
aber andererseits bin ich auch irgendwie froh, mal wie-
der einem halbwegs normalen Lebenswandel entgegen-
sehen zu können. Es ist komisch, aber irgendwie liegt
Deutschland für mich momentan in nebliger Ferne, so
als ob ich schon Jahre nicht mehr dort gewesen wäre.
Ich werde mit Sicherheit Schwierigkeiten haben, mich
an meinen Münsteraner und Wuppertaler Lebensrhyth-
mus wieder zu gewöhnen.

Kapitel 12

» An mir ist sowieso alles Zwiespalt «

Philosophische Denkübungen

4. November 1983
In meiner neuen Wohnung fühle ich mich sehr wohl,
alles hell, sauber und relativ geräumig. Bloß der lange
Heimweg ist nervend, besonders spätabends, wenn man
allein auf der Straße ist. Aber damit werde ich mich
wohl abfinden müssen.
Das Semester hat sich ganz gut angelassen bisher, mein
Stundenplan steht endlich fest, und ich hoffe sehr, die
beiden Hauptseminarscheine, die ich mir vorgenommen
habe, machen zu können. Das Schlimme am Studium
ist, dass ich jedes Mal, wenn ich beginne, mich mit
etwas näher zu befassen, mit Schrecken feststelle, wie
unendlich viel mir an Wissen fehlt. Einerseits eine ermu-
tigende Erkenntnis, die mich zum Arbeiten und Lernen
aktiviert, andererseits aber auch deprimierend, weil ich
genau weiß, dass ich es NIE schaffen werde, alles zu
wissen, was ich wissen müsste. Vor allem im Hinblick
auf das Examen, das ich irgendwann mal zu machen
gedenke, nicht gerade beruhigend …

Zurück in Münster, hatte ich nicht viel Zeit, mich der
Sehnsucht nach der französischen Lebensart hinzugeben.

Ich zog in ein Mini-Appartement in einem moderneren Studentenheim, das zwar etwas außerhalb lag, mir dafür aber mehr Platz, ein eigenes kleines Badezimmer und eine winzige Küchenzeile bescherte. Ich stellte meinen Schreibtisch ans Fenster und freute mich über den Blick auf Wiesen und Felder, der mich nicht nur beim Tagebuchschreiben inspirierte. Meine jüngere Schwester, die mittlerweile in Münster Architektur studierte, bezog ein identisches Studio im Stockwerk über mir, sodass wir viel gemeinsam unternehmen konnten, ohne uns auf die Nerven zu gehen.

Im Gegensatz zu dem Wohnheim, in dem ich vorher gelebt hatte, war dieses völlig anonym. Man lebte mit den anderen Tür an Tür, ohne einander zu kennen. Gemeinschaftsräume gab es nicht, bis auf die Waschküche und die »Bierpumpe«, eine Kellerkneipe, die von den Bewohnern selbst betrieben wurde. Anfangs mieden wir diese nach Alkohol riechende, verräucherte Bar, die nur an zwei Wochentagen geöffnet und immer überfüllt war, und trafen uns lieber mit unseren Freunden in der Altstadt oder auf den bewährten Hochschulfeten. Eines Abends aber waren wir zu faul, um uns noch aufs Fahrrad zu schwingen, und beschlossen, der Bierpumpe eine Chance zu geben. Wir bahnten uns einen Weg durchs Gedränge und bestellten uns zwei Bier.

»Seid ihr neu hier?«, brüllte der bärtige Typ hinter der Theke uns zu und versuchte angestrengt, Boy George zu übertönen, der gerade in ohrenbetäubender Lautstärke »Do You Really Want to Hurt Me« sang.

»Vor vier Wochen eingezogen«, rief ich. »Ist das hier immer so laut?« Neben uns spielten ein paar Leute Billard, der Rest saß rauchend und trinkend um ein paar Bierfässer herum, die als Tische dienten. Eine Unterhaltung war, wenn überhaupt, nur schreiend möglich.

»Ja«, rief der Barmann lachend, »ist auch besser so, das Gelaber der durchgeknallten Gäste hier willst du gar nicht hören.« Wir verzogen uns in eine Ecke und betrachteten skeptisch die anderen Kneipenbesucher. Sie schienen sich fast alle zu kennen und schafften es irgendwie trotz des Geräuschpegels, sich miteinander zu verständigen. Als irgendwann »Eye of the Tiger« von Survivor lief, sprangen die meisten auf und fingen an zu tanzen.

»Komm«, sagte meine Schwester, »wir tanzen auch, ist doch langweilig, hier nur rumzusitzen.«

»Neu hier?«, schrie uns ein Mädchen mit auffällig roten Haaren und runder Brille durch die Rauchschwaden zu, die die Tanzenden umnebelten. »Ich glaub, du wohnst auf meiner Etage«, rief sie und zeigte auf meine Schwester. Als die Musik irgendwann etwas leiser war, kamen wir mit ihr und ein paar anderen Mitbewohnern ins Gespräch. Sie hieß Jessy und studierte Jura, neben ihr saßen Karl (Elektrotechnik), Rudi (BWL) und Anne (Geografie).

»Der Laden hier ist zwar weder schick noch cool«, sagte Jessy achselzuckend, »aber praktisch. Wenn einem die Decke auf den Kopf fällt, kann man mal eben auf ein Bierchen hier runtergehen und trifft immer jemanden zum Quatschen oder Tanzen.« Nach dem dritten Bier hatten wir schon das Gefühl, dazuzugehören, und nach dem fünften hatten wir einen neuen Nebenjob. Matze, der vollbärtige Barkeeper, bot uns nämlich seinen an.

»Ich ziehe Ende des Monats aus«, sagte er, »habe gerade Examen gemacht. Wir sind eine Gruppe von sechs Leuten und teilen uns den Kneipendienst auf. Mit 20 Prozent sind wir am Umsatz beteiligt, dafür müssen wir selbst die Getränke einkaufen und am nächsten Tag die Kneipe putzen.«

»Wie viel verdient man da so am Abend?«, fragte ich.

»Kommt ganz darauf an, wie lange du durchhältst«, sagte Matze grinsend. »Du entscheidest, wann hier Feierabend ist.«

Ich weiß nicht, wie viele Nächte meine Schwester und ich uns hinterm Tresen der Bierpumpe um die Ohren gehauen haben, aber es hat sich auf jeden Fall finanziell gelohnt. Wenn man starke Nerven hatte, sich weder durch das zehnte Mal »Carbonara« von Spliff noch durch den zum zwölften Mal mit schwerer Zunge vorgetragenen Liebeskummer der letzten Gäste mürbe machen ließ und gnadenlos einen Schnaps nach dem anderen ausschenkte, konnte man an einem einzigen Abend um 30 Mark reicher werden – und das war für uns damals sehr viel Geld. Unangenehme Zwischenfälle gab es nur selten. Bis auf jene Nacht, in der zwei Stammgäste beim Billardspielen übel aneinandergerieten. Als eine verbale Auseinandersetzung aus akustischen und alkoholbedingten Gründen offenbar nicht mehr möglich war, griff der eine plötzlich zur weißen Kugel und schleuderte sie seinem Gegenüber mit voller Wucht an den Kopf. Der andere schwankte kurz, guckte verblüfft, fiel zu Boden und blieb blutüberströmt liegen.

»Oh mein Gott!«, schrie ich. »Wir müssen sofort ins Krankenhaus. Wer hat ein Auto? « Außer mir war natürlich niemand mehr in der Lage, sich hinters Steuer zu setzen. Ich blieb bei meinen Bar-Einsätzen immer nüchtern, um den Überblick über die Einnahmen zu behalten.

»Glück gehabt«, sagte der Arzt in der Notaufnahme, nachdem er die Platzwunde genäht hatte, und sah uns, ein trostloses Trüppchen mit hängenden Köpfen und hohem Promilledurchschnitt, mit missbilligendem Blick an.

»Sie sollten sich schämen«, murmelte er mit Blick auf den Täter, der am zerknirschtesten von allen war, »schließlich sind Sie alle angehende Akademiker. Für solche peinlichen Aktionen sollten Sie sich eigentlich zu schade sein.«

»Recht hat er«, stöhnte ich, als wir den frisch bandagierten Karl wieder ins Auto hievten. »Wenn so was noch mal vorkommt, kündige ich den Job.«

Natürlich bestand mein Studentinnenleben aus mehr als den Nächten im Keller des Wohnheims. Die Vorlesungen und Seminare machten mir größtenteils Spaß, ich liebte es, in die französische und deutsche Literatur abzutauchen. Wie zuvor schon in Paris las ich manchmal nächtelang Balzac, Stendhal, Goethe oder Thomas Mann und schwelgte in deren Gefühls- und Gedankenwelten, weil ich mich ihnen allen seelisch verbunden fühlte. Besonders beeindruckte mich der Roman *Schlussball* des heute völlig in Vergessenheit geratenen und aufgrund seiner Nazi-Vergangenheit umstrittenen Schriftstellers Gerd Gaiser.

24. Oktober 1983

Fantastische Gedanken. Eine zugleich knappe, alltägliche und doch unglaublich hintergründige Sprache. Das, was er sagt und WIE er es sagt, hat mich tief berührt und zum Nachdenken gebracht. Ich weiß nicht warum, aber seit dem Lesen dieses Romans habe ich einen Kloß im Hals. Er vermittelt einem so ein Gefühl – bitter, traurig, aber doch nicht hoffnungslos, ein Gefühl von » Weinen-müssen-aber-nicht-dürfen«. Da hat einer etwas erkannt, empfunden, was man selbst ahnt, aber doch nicht, oder noch nicht, wahrhaben will. Nämlich, dass das, worauf man hofft oder worauf man hinzuleben glaubt, nicht existiert, oder jedenfalls nicht in der Form, wie man es sich erträumt. Dass die Erfüllung des Lebens nicht »da draußen« liegt, auch nicht in den Idealen oder in der Art, wie man es »sinnvoll« zu gestalten

versucht, sondern in der Erkenntnis, dass man nun ein-
mal lebt und leben muss, auch wenn die Erfüllung, das
Glück niemals eintreffen. Die Erkenntnis allein kann
uns helfen, dass das Eigentliche, das Leben, das wirk-
lich zählt, nur in uns selbst sich abspielt und nicht
außerhalb. Wie man dieses innere Leben mit dem äuße-
ren verbindet, es gar mit ihm in Einklang bringt, ist
zweitrangig, es kann auch nie ganz gelingen. In uns ist
das, was zählt. Es zu verstehen und es akzeptieren zu
lernen, davon zu zehren, mehr als von allem anderen,
das ist es wohl, was uns helfen kann, die Dinge zu
bewältigen, die von außen an uns herantreten. Wir wer-
den nie ganz verstehen, was ist, und wir sollen es auch
gar nicht. Aber irgendwann müssen wir »abtreten«, und
wir sollten so leben, dass wir es jeden Tag könnten,
ohne enttäuscht darüber zu sein.

Ich habe im Nachhinein versucht herauszufinden, was an
diesem Buch von 1958 mich so bewegt hat. Es war wohl
der melancholisch-tiefgründige Grundton eines Mannes,
der sich nirgends dazugehörig fühlte und sich angewidert
von den oberflächlichen Glücksversprechen seiner Mit-
menschen abwandte. Auch ich wusste nicht, wohin ich
gehörte, weder in der Kunst noch als Frau. Stets spürte
ich zwei Seelen in meiner Brust. Einerseits hatte ich einen
Hang zu schwärmerisch-romantisierenden und philosophischen Texten, andererseits mochte ich auch das Klare,
Knappe und Zeitgemäße eines Heinrich Böll. Beim Kino
war es ähnlich: Ich konnte mich für avantgardistische
Werke wie die Filme von Jim Jarmusch begeistern, hielt
mir aber jeden Dienstagabend frei, um bloß keine Folge
von *Dallas* zu verpassen. (Ja, natürlich war auch ich in
Bobby Ewing verknallt.) Ich sehnte mich nach einer klas-
sischen Liebesbeziehung mit dem Traummann meiner

schlaflosen Nächte, las aber zeitgleich begeistert das feministische Plädoyer *Der Tod des Märchenprinzen* von Svende Merian. Ich feierte für mein Leben gern und tanzte in den Münsteraner Clubs bis zum Morgengrauen, verbrachte aber genauso viele Stunden entrückt lesend zwischen den kuscheligen lila Kissenbergen auf meinem Bett. Widersprüche über Widersprüche. Ich war eben eine Sehnende und Suchende, die ihren Platz noch lange nicht gefunden hatte.

22. Januar 1984

Heute gemütlicher Abend bei mir. Draußen Schneesturm, drinnen Kerzenlicht. Steve Forbert auf Kassette: »It Isn't Gonna Be That Way«. Bestimmt nicht. Alles ist in Wirklichkeit anders, als man es sich denkt. Aber WAS ist denn Wirklichkeit? Das, was man TUT, nicht das, was man DENKT? Oder? Aber im Grunde ist doch das Handeln selbst nur der geringste Bestandteil des Lebens, der Existenz. Den größeren Teil macht doch eigentlich das Nachdenken über das Handeln aus, sei es vor- oder nachbereitend. Wo also bleibt die Wirklichkeit? Sie besteht doch in tausend Formen in unseren Köpfen, jeder hat seine eigene Vorstellung davon und ist bemüht, sich selbst einen Platz in dieser Wirklichkeit zu verschaffen. Und wenn alles nicht so abläuft, wie man es für sich zurechtgedacht hat, dann liegt es daran, dass die anderen sich etwas anderes gedacht haben. Da treffen dann viele verschiedene »erdachte Wirklichkeiten« aufeinander, und das, was an konkretem Handeln dabei herauskommt, ist und muss ja logischerweise verwirrend sein und Probleme aufwerfen. Das nennt man dann »zwischenmenschliche Beziehungen«.

Mein Gott, ist das schwierig. In dieses Durcheinander, diesen Wirrwarr von Gedanken, Gefühlen, Vorstellun-

gen und sich daraus ergebender Handlungen kann doch
nie endgültige Klarheit gebracht werden. Dabei will
doch jeder Klarheit über das, was ist. Das Leben als sol-
ches verstehen, sich immer weiter vorarbeiten bis hin
zur absoluten Erkenntnis, ist das nicht schon immer das
Hauptziel der Menschen gewesen? Und ist es je erreicht
worden? Natürlich nicht. Denn das hieße ja, dass ein
Einzelner das Ganze verstehen könnte. Und das geht
deshalb nicht, weil das Ganze sich aus unendlich vielen
Einzelnen zusammensetzt. Jeder existiert für sich. Jedes
Leben wird für sich gelebt. Da gibt's keinen Zusammen-
hang, keinen tieferen Sinn, den man verstehen könnte.
Es wird immer anders sein, als man denkt – immer
wenn man glaubt, endlich verstanden zu haben, wird
etwas geschehen, was nicht ins Konzept passt.
It isn't gonna be that way.

Erstaunlich, welch tiefgründige Überlegungen eine einzige Liedzeile bei mir auslösen konnte. Was bedeutet
Wirklichkeit? Und wie groß ist die Schnittmenge zwischen meiner Wirklichkeit und derjenigen der anderen
Menschen? Diese Frage beschäftigt mich ehrlich gesagt
heute nur noch selten. Um Kopfzerbrechen zu vermeiden, gehe ich einfach davon aus, dass meine Wahrneh-
mung der Welt allgemeingültig ist. Meistens funktioniert
das ganz gut, was auch daran liegen könnte, dass ich
mich hauptsächlich mit Menschen umgebe, die auf meiner Wellenlänge sind. Nur ab und zu blitzen bei mir
Zweifel auf – zum Beispiel, wenn ein Wahlergebnis oder
eine politische Entscheidung so ganz und gar nicht meiner Vorstellung von dem entspricht, was gut für unser
Land und unsere Welt wäre. Ich sollte mich öfter aus
meiner Blase herausbegeben und den Dialog mit Anders-
denkenden suchen, anstatt auf sie zu schimpfen.

In meinem Beruf komme ich gelegentlich ins Schwanken, was die Frage nach der Subjektivität der Wirklichkeit angeht. Es ist nun einmal mein Job, mich mit Menschen zu unterhalten – aber ist denn ein Gespräch, das man vor laufenden Kameras führt, ein »echtes« Gespräch? Oder spielen alle Beteiligten nur ihre Rollen? Manchmal finde ich es erstaunlich, wie sehr sich prominente Menschen in solchen inszenierten Situationen mir gegenüber öffnen und tief in ihre Seele blicken lassen, obwohl ich doch eine fremde Person für sie bin. Bei keiner anderen flüchtigen Begegnung, sei es eine Party, eine Premierenfeier oder ein Abendessen, würde man so schnell und ohne Umschweife auf sehr Persönliches zu sprechen kommen. Woran liegt es, dass in so einem Interview offenbar andere Regeln gelten als in der Welt da draußen?

»Ich habe Ihnen gerade Dinge über mich erzählt, die nicht mal meine Frau weiß«, hat mal ein Schlagersänger zu mir gesagt. Ja, habe ich in diesem Moment gedacht, mir und mindestens 500 000 anderen Menschen, die uns gerade zusehen … Aber wahrscheinlich ist genau diese Pseudovertrautheit der Grund dafür, dass es nach wie vor Fernseh- und Radio-Talkshows und unzählige Gesprächs-Podcasts gibt. Sie bilden keine allgemeingültige Realität ab, aber die Zuschauenden und -hörenden können selbst entscheiden, wie weit sie sich mit dem Erzählten identifizieren oder sich davon distanzieren wollen.

Wie gut, dass ich mir solche philosophischen Fragen nicht vor jeder Sendung stelle, sonst hätte ich mich wahrscheinlich schon lange vom Scheinwerferlicht verabschiedet oder wäre in therapeutischer Behandlung.

Aber zurück in die Achtziger. Die Philosophin in mir machte immer dann zwangsläufig Pause, wenn der Ernst des Lebens anklopfte – in Form von Geldnot oder Zukunftssorgen. Ich wusste ja noch immer nicht so richtig, was ich mit meinem akademischen Wissen beruflich anfangen sollte. Eines Tages fragte mich ein Kommilitone, den ich aus dem Kunstgeschichtsseminar kannte, ob ich Lust hätte, beim *City-Magazin* mitzuarbeiten, einer Stadtzeitung, die ausschließlich von Studenten gemacht wurde.

»Man verdient zwar kein Geld, aber du kannst machen, was du willst, sogar das Layout deiner Artikel kannst du gestalten«, sagte er. »Wir brauchen dringend jemanden für die Kultur.« Ich war begeistert, auch wenn ich mir nicht sicher war, ob diese Aufgabe nicht eine Nummer zu groß für mich sein würde.

8. November 1983

Gestern war ich zum ersten Mal bei dieser Redaktionssitzung und habe so das Gros der City-Leute zu sehen bekommen. Sie machen zum Teil einen auf Anhieb sympathischen, zum Teil einen ziemlich selbstbewusst-schnodderig-arroganten Eindruck. Mich ließen sie ziemlich links liegen, nahmen zwar leicht gelangweilt zur Kenntnis, dass ich jetzt bei ihnen mitmachen will, aber das war's auch. Bei ihren Insidergesprächen merkte ich mal wieder, wie sehr ich doch bezüglich der Münsteraner »Szene« Outsider bin – hab keine Ahnung, was hier so läuft. Ich werde mir wohl schnellstens mal einen Einblick verschaffen müssen, falls ich bei denen was werden will. Aber so schnell sollte ich mich nicht entmutigen lassen, denn der Ein- bzw. Durchblick dürfte ja wohl mit der Zeit kommen. Was mich etwas gewundert hat, war, dass die überhaupt nicht wissen wollten, was ich so mache und wer ich bin, also meine Mitarbeit scheinbar als Tatsache hinnahmen, ohne irgendwelche Bedingungen oder Nachfragen. Vielleicht warten sie

aber auch erst mal ab, was und wie ich so schreibe,
bevor sie sich darüber äußern.
Jedenfalls ist es gut, wenn ich diesen Job erst mal
behalte, denn genau diese praktische Erfahrung brauche
ich, und ich habe mir ja immer schon gewünscht,
so was zu machen.

Meine erste Aufgabe war es, eine Reihe von Kunstperformances im Museum zu besuchen und darüber eine Kritik zu schreiben. Schon nach der ersten Veranstaltung war ich ratlos. Der Begriff »Performance« klang zwar nach allem, was man in den Achtzigern für wegweisend unkonventionell hielt, entpuppte sich aber als verwirrende und auf mich ziemlich planlos wirkende Aneinanderreihung von Tanz, Musik, Klang- und Videoinstallationen, mit denen ich nichts anfangen konnte. Umringt von schwarz gekleideten Insidern, die alle wirkten, als seien sie selbst verhinderte Performancekünstler, versuchte ich zu verstehen, was ich sah. Von blauem Neonlicht angestrahlt, saß man auf niedrigen schwarzen Ledersitzwürfeln und ließ schrille Klänge und ruckartige Bewegungen auf sich einwirken.

»Sei nicht so verkopft, meine Liebe«, hauchte mir meine Nachbarin zu, eine Kunstjüngerin im schwarz glänzenden Overall mit kahl rasiertem Schädel. »Lass es einfach zu!« Ich nickte und hielt mich an meinem Schreibblock fest. Ich hatte noch kein einziges Wort notiert. Irgendwann brachte ich dann doch einen Artikel zustande, der in der Redaktion zwar mehr Achselzucken als Begeisterung hervorrief, aber trotzdem veröffentlicht wurde. Hier ein Auszug:

Im abgedunkelten Vortragssaal des Landesmuseums wird ein Tonband abgespielt mit auf Deutsch und Englisch vorgelesenen Texten. Die Thematik ist vielseitig – Kochbuchanleitungen wechseln sich mit Prosa, obskuren Reflexionen und Beobachtungen ab, deren Sinn dem Zuhörer vorenthalten bleibt. Untermalt wird das Vorgelesene durch aufgenommene Geräusche undefinierbaren Ursprungs. Damit es auch etwas zu sehen gibt, schreitet im dunklen Innenhof eine Frau auf und ab, die eine tiefere Bedeutung für den Künstler zu haben scheint. Er beobachtet sie zunächst durchs Fenster und schließt sich dann ihrem Spaziergang an, indem er im Raum hin- und herläuft. Warum sie draußen und er drinnen, weiß keiner. Aber dafür weiß man hinterher, wie man gratiniert, blanchiert oder einem Hasen das Fell über die Ohren zieht – das ist doch auch ein Lernerfolg.

Performance angesagt – na gut. Aber was bringt's, wenn nur der Performer den Durchblick hat?

Ich habe recherchiert: Es handelte sich bei den Künstlern, auf die ich damals angesetzt wurde, um relativ namhafte Vertreter der Performanceszene, die zum Teil schon in den 1960er-Jahren mit neuen kreativen Ausdrucksweisen experimentiert und damit international Aufmerksamkeit erregt hatten. Mutig von den Veranstaltern, sie auf das eher konservative Publikum in der westfälischen Provinz loszulassen. Münster war zwar Universitätsstadt, aber eben nicht New York, London oder Wien. Ich war, wie man sieht, mit dieser Überdosis Avantgarde überfordert, was mich nicht daran hinderte, mich darüber lustig zu machen.

Auch wenn es mit der Sensibilität manchmal haperte, fiel mir das Schreiben und Formulieren zunehmend leichter. Meine Redaktionskolleginnen und -kollegen ließen mich zwar weiterhin eher links liegen und vermittelten mir das Gefühl, ihnen nicht ebenbürtig zu sein (was wahrscheinlich stimmte, denn einige von ihnen schrieben damals auch für das Aushängeschild der musikalischen Subkultur, das Kultmagazin *Spex*), aber sie ließen mir freie Hand, was die Auswahl der Themen anging. Deshalb wandte ich mich schon bald dem Theater zu, das mich schon immer fasziniert hatte (man erinnere sich an meinen großen Erfolg als Laienschauspielerin in der Wuppertaler Theater-AG). Eifrig besuchte ich alle Bühnen, die Münster zu bieten hatte, vom Off-Theater über die Studententruppe bis hin zum Schauspielhaus. Keine Aufführung war vor mir und meinen nicht immer wohlwollenden, aber sprachgewandten Kritiken sicher. Besonders gern ging ich zu den Premieren des Münsteraner Stadttheaters, weil ich die prickelnde Atmosphäre der ersten Vorstellung mochte und es aufregend fand, im Anschluss bei Sekt und Häppchen die Schauspielerinnen und Schauspieler zu beobachten. Ich wagte nicht zu hoffen, jemals mit ihnen in Kontakt zu treten und war viel zu schüchtern, um jemanden von ihnen anzusprechen. Doch eines Abends passierte etwas Unverhofftes.

16. Mai 1984

Letzten Samstag hatte ich das Glück, bei der Premierenparty nicht nur die Bekanntschaft des Intendanten und der Dramaturgin, sondern auch die eines Schauspielers zu machen. Wir unterhielten uns längere Zeit recht angeregt, und als ich ging, kam er mir nachgelaufen und fragte, ob wir uns mal sehen könnten. Ich war total erstaunt und happy darüber und gab ihm meine Telefonnummer (neueste Errungenschaft). Gestern rief er an, und wir verabredeten uns um acht im Malik. Als ich ihn wiedersah, war ich sehr angetan. Er sieht sehr gut aus, genau mein Typ. Auch so ist er sehr nett, erzählte

viele interessante Dinge, allerdings schien er sich für
das, was ich so mache, wenig zu interessieren, denn er
fragte kaum nach mir.
Wir blieben fünf Stunden, beim Abschied gab er mir nur
einen Kuss und sagte, er würde mich gerne wiedersehen
und sich bei mir melden. Ich war irgendwie ganz
berauscht von dem Abend und segelte bei Vollmond
nach Hause. Ich hoffe sehr, ihn noch besser kennen-
zulernen. Ob ich verliebt bin, weiß ich noch nicht.

Schon das erste Rendezvous hätte mich eigentlich abschrecken müssen. Ein Mann, der fünf Stunden lang nur
von sich erzählt und keine Fragen stellt ... Alarmstufe
Rot! Heute nennt man so was »Mansplaining«. Aber so
reflektiert und kritisch ich auch die Welt und meine Mit-
menschen betrachtete – was Männer anging, war ich sehr
auf Äußerlichkeiten fixiert. Und wenn einer so schön war
wie der Schauspieler Eduard – Typ jugendlicher Liebhaber, ein Mann, nach dem sich alle Frauen umdrehten –,
konnte ich einfach nicht widerstehen. Sollte er es wirklich ausgerechnet auf mich abgesehen haben? Ich konnte
mein Glück gar nicht fassen und verliebte mich Hals über
Kopf.

Leider musste ich schon bald feststellen, dass ich Eduard nicht für mich alleine hatte. Wenn wir zusammen
waren, war er lieb und zärtlich, aber offensichtlich gab es
noch mindestens eine andere Frau. Das erfuhr ich natürlich nicht von ihm, sondern fand es heraus, als ich zwei
Wochen lang in seinem Appartement wohnte, weil er ein
Gastspiel in Bayern hatte. Ich entdeckte einen Briefumschlag mit weiblicher Handschrift auf seinem Schreibtisch ... na ja, ehrlicherweise in der Schublade unter
seinem Schreibtisch, nachdem ich die Wohnung nach
Indizien durchsucht hatte, um meinen Verdacht zu bestä-

tigen. Es war ein Liebesbrief neueren Datums, die Lady wohnte offensichtlich nicht in Münster und schien von meiner Existenz keine Ahnung zu haben.

»So ein Arschloch!«, schimpfte ich und zeigte den Brief meiner Schwester, die zu Besuch war, um Eduards Wohnung zu begutachten. »Ich habe doch gleich geahnt, dass an der Sache was faul ist.«

»Ach komm, beruhige dich«, sagte meine Schwester. »Vielleicht hat er mit ihr ja schon Schluss gemacht oder er hat es vor.« Sie sah sich prüfend im Wohnzimmer um. Ihre Leidenschaft für Architektur, Design und Inneneinrichtung machte vor keinem Raum halt, den sie für optimierbar hielt. Ich sah an ihrem Blick, dass Eduards Geschmack ihrer Meinung nach zu wünschen übrig ließ.

»Vergiss es«, sagte ich. »Du darfst hier nichts anrühren. Ich weiß ja nicht mal, ob ich noch mit ihm zusammen bin, wenn er wiederkommt.« Sie winkte ab.

»Ach was«, sagte sie, »wir räumen nur ein bisschen um. Der große Tisch kommt in die Ecke, das Sofa unters Fenster, und die kleine Sitzgruppe aus dem Schlafzimmer würde im Flur viel besser ...«

»Nein!«, rief ich. »Das können wir doch nicht machen, es ist seine Wohnung, und ich bin froh, dass er sie mir überlassen hat.«

»Er wird uns dankbar sein«, sagte sie und fing an, an einer Kommode zu ruckeln. »Komm, fass mal mit an, bitte.«

Zwei Stunden später war das Appartement kaum noch wiederzuerkennen. Zugegebenermaßen wirkte es viel größer, heller und geschmackvoller als vorher.

»Und wenn's ihm nicht gefällt, ist das die Strafe dafür, dass er dich anlügt«, sagte meine Schwester und ließ sich zufrieden aufs Sofa fallen. Wo und wie auch immer ich in den darauffolgenden Jahren gewohnt habe, sie hatte immer Verbesserungsvorschläge. Ich nahm sie meistens dankend an, weil ich nicht so geschmackssicher bin und es mir auch zu lästig ist, ständig alle Möbel wieder neu zu gruppieren. Seit ich verheiratet bin, hat Schwesterchen aber leider keine Chance mehr, denn mein Mann lässt sich nicht gern in seine ebenfalls sehr klaren Einrichtungsvorstellungen hereinreden.

Unsere freche Wohnungsumgestaltung hatte übrigens keinerlei unangenehme Konsequenzen.

»Ich bin euch sehr dankbar, dass ihr nicht auch noch die Wände umgestrichen habt«, sagte Eduard trocken bei seiner Rückkehr, nachdem er kurz geschluckt und staunend sein »neues« Heim in Augenschein genommen hatte. Natürlich konfrontierte ich ihn nicht mit meinem Fundstück, denn ich konnte ja unmöglich zugeben, dass ich herumgeschnüffelt hatte. Und so blieb alles beim Alten. Ich war mal wieder verliebt, was mich aber weder von den nagenden Zweifeln am Sinn des Lebens und an mir selbst noch von der unstillbaren Sehnsucht nach irgendwas, oder besser irgendwem, befreite. Nachts saß ich am Fenster meines kleinen Appartements, starrte in die Nacht, hörte Musik und ließ nur mein Tagebuch wissen, wie schwer mir ums Herz war.

3. Juni 1984
Höre gerade Nightflight mit Alan Bangs über Kopfhörer. Kommt gut. J. J. Cale »Don't Wait«. Genau. Warten bringt nichts, ich muss zur Sache kommen. »Walk on straight ahead.« Wie recht er hat. Ich weiß überhaupt nicht, wieso ich mich so aufrege. Ich habe doch schließlich genau das, was ich wollte. Eine Liebe im Frühling, ein toller Mann, der was von mir will, außerdem eine Beziehung mit allem Drum und

Dran, Hochs und Tiefs, Eifersucht, Enttäuschung, dann wieder kurzes Glück, Zärtlichkeit, Hoffnung, Unsicherheit. Langweilig droht es jedenfalls nicht zu werden mit diesem Typ. So was will ich doch, oder nicht? WAS will ich eigentlich? Eine große Leidenschaft will ich. Eine beiderseitige, große, riesige Leidenschaft. Nicht eine Sache, die so unklar und lau und unaufrichtig anfängt. Aber das, was ich mir vorstelle – ich weiß nicht, ob es möglich ist, das zu finden. Ob es MIR möglich ist.
»I'm steppin' into the twilight zone«, Golden Earring. Oh oh oh.
»Man kann nicht immer nur seinen Gedanken nachhängen«, hat Mami heute gesagt. Es stimmt ja, ich grübele viel zu viel. Das hemmt ganz enorm die Spontaneität, vor allem aber die Aktivität. Meine Lieblingsbeschäftigung ist Nachdenken, am Schreibtisch sitzen, aus dem Fenster sehen, Musik, Träumen, Denken ...
Das führt zu nichts. Man konzentriert sich zu sehr auf sich selbst, baut sich Gedankengebäude auf, die zu nichts taugen, nimmt sich selbst zu wichtig und vor allem: Die Probleme werden so nicht gelöst. Alles bleibt, wie es ist, nur im Kopf ändert es sich. Es MÜSSEN Konsequenzen fürs Handeln, fürs tatsächliche Leben gezogen werden, der Zwiespalt zwischen Denken und Handeln darf nicht sein. An mir ist sowieso ALLES Zwiespalt. Ich gebe mich nicht, wie ich bin, ich bin nicht, wie ich aussehe, ich sage nicht, was ich denke, ich tue nicht, was ich will, ich handle anders, als ich denke, ich weiß nicht, was ich will. Ich weiß nicht, wie ich eigentlich bin. Müsste ich das? Muss man eigentlich unbedingt konsequent sein, linientreu, Charakter beweisen, sein ICH finden und dazu stehen, danach leben? MUSS man überhaupt irgendetwas? Fragen, Fragen, Fragen.

Relax. Empfiehlt Alan gerade. Jaja. Wenn ich nur wüsste, wenn ich nur wüsste, wenn ich so vieles nur wüsste ...

Ich war offenbar völlig überfordert von all den Irrungen und Wirrungen, die mein Innenleben durcheinanderbrachten. Der gute Eduard wäre es sicher auch gewesen, wenn ich ihn daran hätte teilhaben lassen. Die Diskrepanz zwischen Denken und Handeln – ein Thema, das mich jahrelang beschäftigt und geradezu gequält hat. Wer schafft es schon, beides in völligen Einklang miteinander zu bringen?

Im Laufe des Lebens habe ich diesen ungeheuer hohen Anspruch aufgegeben, vielleicht bin ich einfach zu bequem geworden, ihm hinterherzuhecheln. Es gibt sie natürlich nach wie vor, die Momente, in denen ich mich selbst als inkonsequent und widersprüchlich empfinde, aber sie sind selten und ich lasse sie vorüberziehen. Diese Gelassenheit hatte ich als junge Frau noch nicht, weil ich weder wusste, wer ich war, noch, wer ich sein wollte. Deshalb machte ich die Lösung all meiner inneren und äußeren Probleme immer wieder am Traum von der großen Liebe fest.

20. August 1984
Ach, so eine große, so eine riesige, unendliche Liebe, die den Tod überdauert – wie sehr wünsche ich mir das EINMAL, nur ein einziges Mal zu erleben! Wenn Gott mir dieses Geschenk machen würde, mir so einen Menschen zu schicken, ich hätte das Gefühl, mein Leben hätte sich gelohnt nur für dieses Erlebnis. Denn im Grunde: Was gibt es Wichtigeres als die Liebe? Nichts. Sie ist das Allerwichtigste in diesem scheißbegrenzten Leben, und derjenige, dem sie begegnet, kann von

Glück reden. Die meisten träumen nur von ihr, ohne sie wirklich zu kennen. Aber eines schwöre ich mir: NIE-MALS werde ich mich auf eine Ehe einlassen, die nicht als Grundlage so eine ganz große, echte Liebe hat – nie. Wenn ich nicht zu den Auserkorenen gehöre, die so etwas erleben dürfen, dann muss ich eben alleine alt werden. Das ist immer noch besser als mit einem Mann, an den ich mich gewöhnt habe und von dem ich Kinder habe. Geborgenheit, Sicherheit sind mir nicht so wichtig wie das Gefühl, einmal das kennengelernt zu haben, was ich mir unter Liebe vorstelle. Aber wer weiß – vielleicht gibt es diese Liebe ja gar nicht, vielleicht existiert sie ja nur in der menschlichen Fantasie?

Kapitel 13

»Es kommt immer wieder etwas dazwischen«

Literatur und Lotterleben

22. November 1984
*Nicht ohne Grund habe ich so lange nicht mehr ins
Tagebuch geschrieben. Es gab einfach nichts – weder
besonders Ergötzliches noch Unergötzliches – festzuhalten. Das Leben plätschert zurzeit mal wieder unerträglich ereignislos dahin. Wenn ich so darüber nachdenke,
was eigentlich passiert ist in den letzten Monaten, fällt
mir Robert Musils Bemerkung zum Tagebuchschreiben
ein: »zwecklos Tatsachen festhalten ...« Und: »Ich habe
diese Aufzeichnungen u. a. deshalb eingestellt, weil mir
der Versuch, das Wetter und die Spaziergänge zu notie-
ren, zu albern wurde und die wichtigen inneren usw.
Vorgänge zu viel Zeit weggenommen haben würden.«
Was nützt es auch, die Tage im Einzelnen festzuhalten,
von denen doch einer wie der andere ist? Sicher, es
macht mir Spaß, nachträglich zu lesen, was ich in frühe-
ren Tagebüchern über die Ereignisse des Tages erzählt
habe, aber das erscheint mir heute alles von einer kind-
lichen Naivität geprägt, die mir inzwischen verloren
gegangen ist. Schade drum. Oder Zeichen von langsam
auftretender Reife?*

In der Tat begann ich Mitte der 1980er-Jahre immer sporadischer ins Tagebuch zu schreiben. Hatte ich früher ein dickes Heft in einem knappen Jahr vollgeschrieben, brauchte ich jetzt drei Jahre, um eins zu füllen. Auffällig ist, dass mich die Schreiblust vor allem dann packte, wenn ich mal wieder von Liebeskummer und Frust gebeutelt war. Wenn ich in meinen Aufzeichnungen zurückblätterte, erschien mir alles, was ich früher geschrieben hatte, albern und banal. Mein studentischer Alltag war mir nicht spannend genug, um ihn zu beschreiben. Er plätscherte so dahin, und mich plagte oft das schlechte Gewissen, weil ich das Gefühl hatte, fleißiger sein zu müssen.

Seminare und Vorlesungen legte ich, wenn möglich, auf den Nachmittag, damit ich ausschlafen konnte. Meine Hausarbeiten gab ich immer auf den letzten Drücker ab, weil ich rechtzeitiges Anfangen für Zeitverschwendung hielt. Dankbar nutzte ich jede Gelegenheit, aus der Alltagsroutine ausbrechen zu können.

Ich müsste lügen, wenn ich behaupten würde, an diesen »Untugenden« hätte sich bis heute viel geändert. Ich bin noch immer eine »Last-Minute-Arbeiterin« und brauche den Zeitdruck, um in Schwung zu kommen und kreativ zu sein. Auch eine Nachteule bin ich geblieben. Ich hasse es, früh aufzustehen, und ich habe darunter gelitten, als meine Kinder klein waren. Was ebenfalls geblieben ist: die Lust, Neues kennenzulernen, zu verreisen und nicht in abgestumpfte Routine zu verfallen. Wenn sich länger nichts tut, was Abwechslung ins Leben bringt, werde ich ungeduldig.

Diese Eigenschaft bescherte mir mit Mitte zwanzig eines Tages eine unverhoffte Begegnung mit nachhaltigen Folgen. Es trat ein echter Prinz in mein Leben, und zwar nicht etwa in Gestalt eines Froschs, sondern im Scheich-Gewand.

11. Januar 1985
Die Zeit bei Heike endete sehr erfreulich dank unserer
Begegnung mit Prinz Mohamed und Konsorten. Wir fei-
erten Silvester in sehr »snoblem« Rahmen in einer Dis-
kothek in München und ließen uns verwöhnen. Schließ-
lich trifft man ja nicht alle Tage Leute, die bündelweise
Dollarnoten in der Tasche haben ...

Ich war bei meiner Freundin Heike zu Besuch, die in
einem Luxushotel am Starnberger See eine Hotelfach-
lehre absolvierte. Als wir in der Silvesternacht zu zweit
mit unseren Sektgläsern in der Hand am Seeufer standen
und das Feuerwerk betrachteten, löste sich plötzlich aus
der Menschengruppe nebenan ein Mann und kam zu uns
herüber.

»Ein frohes neues Jahr wünsche ich den Damen«,
sagte er, ein distinguiert wirkender Anzugträger um die
vierzig, und prostete uns zu. Heike lächelte freundlich.
Sie schien ihn zu kennen.

»Danke gleichfalls«, sagte sie. »Ich hoffe, Sie haben
einen angenehmen Aufenthalt in unserem Haus.«

»Wir genießen es sehr, so verwöhnt zu werden, Fräulein Heike«, sagte der Mann höflich. »Haben Sie beide
vielleicht Lust, mit uns nach München zu fahren und da
in einer schicken Diskothek noch ein bisschen weiterzu-
feiern? Prinz Mohamed und seine Freunde würden sich
geehrt fühlen.« Ich sah Heike verwirrt an.

»Prinz Mohamed?«, flüsterte ich. »Was soll das denn
heißen?« Heike deutete stumm auf die Gruppe nebenan.
Jetzt sah ich, dass die meisten der Männer weiße Gewänder und weiße Kopfbedeckungen trugen. Sie winkten zu
uns herüber.

»Das ist ein Prinz aus dem Oman mit seinem Gefolge«,
wisperte sie mir ins Ohr. »Die wohnen bei uns im Hotel.

Und der Mann, der uns angesprochen hat, ist ein deutscher Manager, der da unten lebt und ein Freund vom Prinzen ist.« Sie wandte sich dem freundlichen Geschäftsmann zu.

»Wir überlegen kurz«, sagte sie.

»Kein Problem«, sagte er charmant, »unsere Limousinen stehen bereit. Und ich verspreche Ihnen, auf Sie beide aufzupassen. Machen Sie sich keine Sorgen.« Ich sah ihm misstrauisch hinterher.

»Ich weiß nicht«, sagte ich stirnrunzelnd. »Denk daran, was uns damals in Paris passiert ist. Wer weiß, wohin die uns entführen.«

»Ach was«, beruhigte Heike mich. »Ich kenne die von der Rezeption, alles ganz seriöse Leute. Ich kann mir echt nicht vorstellen, dass die uns umbringen wollen.« Ich ließ mich überreden, schließlich lernt man nicht alle Tage Männer kennen, die aussehen, als seien sie einem Märchen aus *Tausendundeine Nacht* entsprungen. Der Prinz und seine Scheichs stellten sich überaus wohlerzogen auf Englisch vor, und ab ging's nach München, wo wir eine sehr amüsante Nacht verbrachten.

Die Araber warfen mit Geld nur so um sich und verwöhnten uns nach Strich und Faden. Als wir Geld für die Toilette brauchten, drückte uns Mohamed einen 20-Mark-Schein in die Hand. Wir trauten unseren Augen nicht.

»So ist das, wenn man reich ist«, zischte Heike. »Schade, dass die so komisch verkleidet und auch sonst nicht gerade Schönheiten sind.« Wir rannten zur Toilette und schütteten uns aus vor Lachen.

Aus unserem nächtlichen Flirt mit dem Orient wurde wider Erwarten eine jahrelange Freundschaft. Den Prinzen selbst sahen wir zwar nicht mehr wieder, dafür aber einen seiner Cousins, der sich offenbar unsterblich in mich verliebt hatte. Er hieß Faisal, war wahnsinnig sympathisch und mindestens zwei Köpfe kleiner als ich. Er rief mich regelmäßig an, und gelegentlich trafen wir ihn, wenn er mit dem deutschen Manager geschäftlich in München unterwegs war. Ich organisierte mir dann eine Mitfahrgelegenheit nach Bayern und übernachtete bei Heike in ihrem Minizimmer. Abends ließen wir uns von den beiden in Sterne-Restaurants und Edeldiskotheken ausführen, ein abenteuerliches Kontrastprogramm zu meinem spartanischen Studentenleben in Münster. Einmal nahm Faisal uns sogar mit zum Shoppen und ließ sich von uns beraten, welchen Stoff er für seine kleinen, teuren Maßanzüge nehmen sollte. Für eine Rundfahrt auf dem Starnberger See mietete er einen ganzen Dampfer an.

»It's better to be alone«, sagte er und blitzte mich aus seinen glänzenden dunklen Augen an. Ich hätte von ihm alles haben können, Designerklamotten, Luxusuhren, Schmuck – auch einen Heiratsantrag. Er machte allerdings keinen Hehl daraus, dass bei ihm zu Hause im Oman noch zwei andere Ehefrauen auf ihn warteten. Als ich erzählte, dass ich Journalistin werden wollte, war er begeistert.

»Do you want me to buy a radio station for you?«, fragte er. »Or do you prefer a newspaper publisher?« Er war kaum zu bremsen in seinem Wunsch, mir etwas Gutes zu tun, und sah mich jedes Mal verständnislos und enttäuscht an, wenn ich dankend ablehnte. Ich mochte ihn wirklich, den kleinen Scheich, aber einen Mann fürs Leben konnte ich in ihm beim besten Willen nicht sehen – und das lag nicht nur am Größenunterschied.

Manchmal rief Faisal in Wuppertal an, wenn er mich in Münster nicht erreichte.

»Dein Scheich war schon wieder am Telefon«, sagte

meine Mutter einmal, die allerdings kein Englisch sprach. »Er hat dreimal nacheinander angerufen, ich hab natürlich nur Bahnhof verstanden. Beim dritten Mal habe ich gesagt »Blas meck am Kopp!«, da hat er aufgelegt. Vielleicht kann er ja Platt.« Wir lachen heute noch über diese Anekdote, oder wie man in Wuppertal sagt, »dat Döneken«.

So ist das im Leben. Da träumt man vom Prinzen – und wenn er angeritten kommt, ist es der falsche. Zum letzten Mal habe ich von Faisal kurz vor meiner Hochzeit gehört. Er rief an, gratulierte mit wehmütiger Stimme und schickte einen riesigen Blumenstrauß.

Da ich sein großzügiges Angebot, mir einen Zeitungsverlag zu kaufen, ja ausgeschlagen hatte, musste ich wohl oder übel die journalistische Ochsentour antreten. Ich bewarb mich bei der *Münsterschen Zeitung*, um mehr Routine in aktueller Berichterstattung zu bekommen.

8. September 1985
Ich schreibe jetzt als freie Mitarbeiterin für die Münster-sche Zeitung. Das ist natürlich sehr erfreulich, aber ziemlich nerven- und zeitaufwendig. Die Termine für freie Mitarbeiter liegen in der Regel am Wochenende – klar, denn da haben die Redakteure natürlich keine Lust. Das Zeilengeld (15,– Pfennig) ist der blanke Hohn und der Zeitdruck für langsame Naturen wie mich ganz enorm. Zum Teil muss der Artikel ein paar Stunden nach dem Termin schon fertig sein.
Heute sind bereits zwei Artikel erschienen. Dick und fett mit vielen Fotos – auf Seite 1 und 2 des Lokalteils. Ist schon ein komisches Gefühl, mal Texte von mir woanders als im City zu sehen. Natürlich ist es eine ziemliche Sülze, die man da schreiben muss, aber was soll's. Immerhin haben sie mir bis jetzt nur sogenannte

»Zuckertermine« gegeben: Schützenfest mit 6000 Teil-
nehmern und Riesentrara, Barockfest in der Salzstraße
mit »kulturellen Darbietungen« und den MZ-Kunst-
markt. Wurde alles ziemlich groß gefahren, d. h. meine
waren immer mit die größten Artikel in der Montags-
Lokalausgabe. Hoffentlich bleibt das so! Mit der Zeit
werde ich auch sicher schneller arbeiten lernen. Und das
ist es ja gerade, was ich mir von diesem Job erhoffe:
Routine in aktueller Berichterstattung. Was man natür-
lich nicht lernt: Recherchieren und GUTES Schreiben.
Die nehmen einen so, wie man ist. Wenn man flott
schreibt, sehen sie's gern, wenn nicht, ist es auch egal.
Also muss ich mir auch hier wieder alles selbst beibrin-
gen, genau wie beim City. Wo lernt man eigentlich heute
noch was?

Gute Frage. Stattdessen wurde ich als billige Arbeitskraft
zu Terminen geschickt, auf die niemand sonst Lust hatte.
Wenn ich mal wieder bei Sturm und Regen kilometerweit
auf dem Fahrrad zu einem Lokaltermin unterwegs war,
fragte ich mich oft, wozu das eigentlich gut sein sollte.
Ich wurde zwar oft für meine Artikel gelobt, selbst der
Feuilletonchef vertraute mir gelegentlich Kulturtermine
an und versicherte mir, ich hätte Talent. Da ich aber
selbst meine größte Kritikerin war, blieb ich skeptisch
und war mir nie sicher, ob diese Männer mir nicht nur
Honig um den Mund schmierten und mich ausnutzen
wollten. Perfektionistisch, wie ich war, gefiel mir mein
Geschreibsel, das ja immer unter Zeitdruck entstand,
meist schon bei Veröffentlichung nicht mehr.

Um meinen journalistischen Horizont zu erweitern
und mal wieder aus Münster herauszukommen, das sich
allmählich für mich anfühlte wie ein zu eng gewordenes
Kleidungsstück, bewarb ich mich um ein Praktikum bei

der neu gegründeten *Tele-FAZ*, einem von der *Frankfurter Allgemeinen Zeitung* ins Leben gerufenen Stadt-Fernsehen. Ich wurde angenommen und zog für sechs Wochen nach Frankfurt am Main. Es war eine wichtige Zeit für mich, weil ich wieder einmal lernen musste, mich in einer fremden Umgebung zurechtzufinden und neu anzufangen – ich kannte dort niemanden und hatte noch nie mit dem Medium Fernsehen zu tun gehabt. Die Herausforderung gefiel mir und gab mir das Gefühl, lebendig zu sein.

7. Oktober 1985
Komme gerade von der Buchmesse. Erdrückt von der dort tonnenweise vertretenen Literatur, fühle ich mich irgendwie verpflichtet, mich auch mal wieder schriftlich zu betätigen. Lang, lang ist's her, dass ich die Blätter dieses Buchs mit meiner Handschrift zierte ...
Seit genau drei Wochen befinde ich mich jetzt in der sogenannten Mainmetropole, und es ist eigentlich alles bisher ganz gut gelaufen. Der Job bei der FAZ ist interessant, viel Neues und Lernenswertes, das mich vielleicht, hoffentlich, ein Stückchen weiterbringt auf dem Weg, den ich eingeschlagen habe. Die Stadt ist groß, bunt und kontrastreich. Obwohl nicht gerade eine schöne Stadt, so doch immerhin eine große – also mir sympathischer als die Provinz.
Während der ersten beiden Wochen hier befand ich mich in permanenter Hochstimmung – Ich fand alles toll, weil neu, und genoss es, fremd, allein und offen für neue Eindrücke und Begegnungen jeder Art zu sein. Sehr anregend.

Ich hatte das Glück, von einem der Kulturredakteure unter die Fittiche genommen zu werden, und durfte bei Recherche, Dreh und Schnitt dabei sein. Er nahm mich zu spannenden Kulturveranstaltungen mit, aber auch zu kleinen Lokalterminen, sodass ich lernte, wie man aktuelle und auch zeitlosere Themen in Bildsprache vermittelt. Der mit Abstand herausragende Termin dieser Wochen war die Eröffnung einer Fellini-Ausstellung im Deutschen Filmmuseum in Anwesenheit des Meisters persönlich. Als große Bewunderin seiner Filme stand ich während des Interviews mit vor Aufregung hochrotem Gesicht neben dem Redakteur und durfte sogar zwischendurch selbst eine Frage stellen. Nach der Aufnahme riss der Meister einen Zettel von einem kleinen Block ab und schrieb darauf: »Per la bella Bettina, Amore, Federico Fellini.« Leider kann ich das Stückchen Papier, das ich jahrelang gehütet habe wie meinen Augapfel, nicht mehr finden.

Ich mochte Frankfurt mit seinem hochkarätigen Kulturangebot, der Kneipen- und Studentenszene sehr, zumal ich das Glück hatte, in der Wohnung von Verwandten im angesagten Stadtteil Bockenheim zu wohnen. Dass mein Praktikum der erste Schritt in Richtung Fernsehkarriere sein würde, hätte ich mir nicht träumen lassen. Vor der Kamera zu arbeiten, konnte ich mir damals überhaupt noch nicht vorstellen, und auch die knappe Art, auf die Bilder zu texten, kam mir nicht entgegen, weil ich gern in wortreicheren Formulierungen schwelgte. So war es mir nicht ganz geheuer, dass ich trotzdem für meine spärlichen Beiträge gelobt wurde.

Ob Job oder Studium – ich konnte lange Zeit nicht gut mit Lob umgehen. Es war mir eher peinlich als angenehm, hervorgehoben zu werden. Ich wollte nicht auffallen. So gut ich auch in meinem Job war, habe ich doch nie zu denen gehört, die immer mehr, immer höher, immer weiter wollen. Wahrscheinlich fühle ich mich deshalb heute genau da wohl, wo ich bin. Da habe ich nicht zu viel, aber auch nicht zu wenig Aufmerksamkeit und kann mich ganz »normal« bewegen.

Prominenz und Rampenlicht waren damals Lichtjahre entfernt, mich plagten existenzielle Sorgen.

20. November 1985

So – nun ist mal wieder Winter. Draußen ist es so eiskalt, dass einem Hände und Nase abfrieren, wenn man auf dem Fahrrad sitzt. Grässlich. Es wird nicht mehr lange dauern bis zur ersten Schneedecke. Natürlich habe ich mich schon erkältet und konnte diese Nacht kaum schlafen vor Kopfschmerzen, Husten und Schnupfenanfällen.

Wenn ich doch endlich dieses dumme Studium hinter mich bringen würde. Und wenn ich doch ein bisschen mehr Geld hätte! Die Schreiberei rentiert sich ja wirklich kaum.

Ich muss einfach lernen, mir meine Zeit besser einzuteilen. Es ist traurig – Zeit ist so etwas Kostbares und man geht so furchtbar nachlässig und verantwortungslos damit um. Im Nu ist wieder ein Jahr rum, und wenn man sich fragt, was man damit angefangen hat, merkt man, dass es mal wieder erbärmlich wenig war.

Examen, Geldnot, Zeitdruck, Sinn des Lebens – mit fast 26 Jahren sah ich mich einem unüberwindbar scheinenden Berg an Problemen gegenüber, obwohl es mir ja, objektiv betrachtet, nicht schlecht ging. Ich hatte ein Dach überm Kopf, liebende Eltern, Schwestern, Freundinnen – das Einzige, was mir zu diesem Zeitpunkt fehlte … war ein Thema für meine Examensarbeit.

29. Januar 1986
Was dieses Jahr wohl bringen wird? Wünsche habe ich
genug. Hoffentlich, hoffentlich schaffe ich es, mein Exa-
men 1986 hinter mich zu bringen. Ich schäme mich
richtig, es immer noch vor mir herschieben zu müssen.
Eigentlich wollte ich mit 26 schon fertig sein mit allem.
Aber es kommt eben immer wieder etwas dazwischen.
Und ich habe natürlich jede Gelegenheit begrüßt, die
dieses ekelhafte Hindernis noch ein wenig hinauszö-
gerte. Aber jetzt muss ich es in Angriff nehmen, sonst
verliere ich allmählich jegliche Selbstachtung.

Was waren das für paradiesische Zustände. Im siebten
Jahr meines Magisterstudiums hatte ich noch immer kein
Examen, nicht einmal ein Thema schwebte mir vor.
Heute wäre es undenkbar, sich so viel Zeit für ein geistes-
wissenschaftliches Studium zu lassen – und zwar nicht
nur wegen der Studienbedingungen, sondern auch wegen
des indirekten gesellschaftlichen Drucks. An meinen Kindern sehe ich, dass es in ihrer Generation so gut wie keine
Studierenden mehr gibt, die sich einfach so treiben lassen. Die meisten von ihnen meinen, einen Masterplan für
ihr Leben haben zu müssen, und fühlen sich als Versager,
wenn ihnen das klare Ziel vor Augen fehlt.

Dieselben Probleme plagten mich mit fortschreiten-
dem Studium zwar auch, hatten aber abgesehen von meinem im Tagebuch dokumentierten schlechten Gewissen
keine Konsequenzen. Auch meine Eltern trieben mich
nicht an, sondern hatten Verständnis dafür, dass ich Zeit
brauchte, um Studium, journalistische Fingerübungen
und meine diversen Jobs unter einen Hut zu bekommen.

Was mich schlaflose Nächte kostete, war die Suche
nach einem Thema für meine Magisterarbeit. Ich wollte
unbedingt einen theaterwissenschaftlichen Schwerpunkt

setzen, fand aber keinen geeigneten Autor und konnte mich auch nicht für einen Prüfer entscheiden. Sollte ich den von mir sehr bewunderten Professor mit höchsten Ansprüchen wählen, von dem ich wusste, dass er fast nie eine Eins und nur selten eine Zwei vergab? Oder doch lieber den beliebtesten Professor des gesamten Germanistik-Fachbereichs, bei dem die meisten Examenskandidaten mit einer Zwei vor dem Komma abschlossen? Nach langen Überlegungen machte ich schließlich einen Termin bei Letzterem. Er wirkte sehr sympathisch und zugewandt.

»Wie wäre es mit Peter Handke?«, fragte er mich. »Er ist ein Gegenwartsautor, entspricht aber Ihrem Faible für philosophisch-melancholische Inhalte, ist sprachlich herausfordernd und bietet eine große Bandbreite an Dramatik und Prosa. Über seine Theaterstücke gibt es bisher kaum Literatur, auch keine Doktorarbeit.« Ich kannte bis dahin nur wenige seiner Werke, sagte aber zu und war erst einmal froh, den ersten Schritt getan zu haben. Nachdem ich mich in Peter Handkes Gedankenwelt und seine dramatischen Experimente eingelesen hatte, einigte ich mich mit dem Professor auf das kompliziert klingende Thema »Peter Handkes Theaterstücke – Untersuchungen zum Wandel der dramatischen Verfahren«.

Ich weiß, dass Handke heute wegen seiner politischen Ansichten äußerst umstritten ist. Dass er sich so extrem in die pro-serbisch-nationalistische Richtung entwickeln würde, war 1986 noch nicht abzusehen. Um meinem Thema gerecht zu werden, musste ich mich zunächst einmal systematisch mit dem Gegenwartstheater auseinandersetzen und nicht nur Handkes, sondern auch viele andere Theaterstücke und die wissenschaftliche Literatur dazu lesen. Ich verbrachte viele Stunden in der Universitätsbibliothek, um mir einen Überblick zu verschaffen, und meldete dann meine Magisterarbeit an. Das bedeutete: Mir blieb von da an ein gutes halbes Jahr bis zur Abgabe. Trotz Vorarbeit ein mulmiges Gefühl.

7. März 1986
So. Ich hoffe, ich habe den Absprung endlich geschafft. Habe mich dazu durchgerungen, meine Arbeit anzumelden. Die Uhr fängt an zu ticken. Es MUSS einfach sein, auch wenn ich weit davon entfernt bin, einen sogenannten »Plan« zu haben – ich weiß, dass ich es ohne den Druck im Nacken nicht schaffen werde. Jetzt kann ich mir nur noch selbst alles Gute wünschen. In einem Jahr um diese Zeit will ich, muss ich, WERDE ich fertig sein. So Gott will ...

Ein Jahr blieb mir bis zum endgültigen Examen, denn mit der Magisterarbeit war noch nicht alles geschafft, danach standen die mündlichen Prüfungen an. Diese Perspektive machte mich nervös, aber doch nicht so sehr, dass ich von nun an auf jegliche Ablenkung verzichtete. Mein Hin-und-her-gerissen-Sein zwischen Liebe, Lotterleben und Literatur muss anstrengend gewesen sein. Schon das Durchblättern der Tagebuchseiten, die von dieser extremen Gemengelage zeugen, empfinde ich heute als ermüdend. Ich stellte an mich selbst hohe wissenschaftliche Ansprüche, die ich aber gern ruhen ließ, wenn sich Alternativen anboten.

Ein Skiurlaub zum Beispiel. Die bereits erwähnte Arbeitsgruppe Guldberg-Plan veranstaltete nicht nur im Sommer, sondern auch über Ostern Ferienmaßnahmen für körperlich behinderte Kinder und Jugendliche. Die Möglichkeit, umsonst in den österreichischen Alpen Ski zu fahren, nutzten meine Schwester und ich gern, auch wenn wir nur wenig Gelegenheit hatten, allein die Pisten herunterzurasen, sondern meist unsere vor Begeisterung jauchzenden Schutzbefohlenen im Arm hatten, die wir behutsam durchs Wintervergnügen begleiteten. Es war ein Glücksgefühl zu sehen, wie diese Kinder auf ihren Spezialskiern den Hang herunterrutschen und sich wie Schneekönige freuen konnten.

Betreut wurden die Skianfänger von ausgewählten örtlichen Skilehrern, die eigens dafür geschult worden waren. Liebevoll kümmerten sie sich um die gehandicapten kleinen Sportler und zeigten ihnen, dass man trotz körperlicher Einschränkung Schneepflug und Stemmbogen erlernen kann. Fast genauso liebevoll widmeten sich die braun gebrannten Söhne der Berge nach Einbruch der Dunkelheit den Reisebegleiterinnen unserer Gruppe. Wenn die Kinder im Bett waren, ließen wir in der einzigen Diskothek des kleinen Ortes mit den hübschen Alm-Öhis die Puppen tanzen. Ich hatte es auf den Hinterleitner Karl abgesehen, einen fantastisch aussehenden Pistengott, der sich – ich schäme mich mal wieder für meine Geschmacksverirrung – schnell als der Dorf-Playboy entpuppte. Es dauerte ein wenig, bis der Funke übersprang. Ausgerechnet am letzten Abend der Freizeit forderte er mich zum Blues-Tanzen auf.

»Aaaaaangiiiiieeee«, jaulte Mick Jagger durch die Nacht, während ich Karl umklammerte und ahnte, dass dieser Engtanz noch nicht das Ende der Fahnenstange sein würde.

»Kimmst nocha mit zu mia?«, flüsterte er mir ins Ohr. Ich zögerte. Einerseits wollte ich so kurz vor dem Ziel nicht aufgeben, andererseits wusste ich ja, dass ich am nächsten Morgen um sieben Uhr abreisefertig sein musste.

»Mal sehen«, säuselte ich. »Bin schon ziemlich müde …« Es kam, wie es kommen musste. Ich landete knutschend auf dem Hinterleitner-Sofa. Plötzlich wendete Karl sich von mir ab und starrte geistesabwesend an mir vorbei. Er wirkte reichlich angeschlagen vom Bier- und Obstlerkonsum.

»Was ist denn?«, fragte ich und begann schon, das Anbändeln zu bereuen.

»I muaß aufs Heisl«, raunte er.

»Was musst du?« Ich war verwirrt.

»Aufs Klo muaß i«, sagte er leicht gereizt, stand auf und wankte durch die Tür. Ächzend sank ich aufs Sofa zurück und überlegte, ob ich schnell das Weite suchen sollte, war dann aber zu müde und faul, um mich noch durchs ganze Dorf zu unserer Unterkunft zu schleppen. Als Karl nach einer halben Stunde noch immer nicht zurück war, machte ich mich auf die Suche nach ihm. Ich tastete mich durch den dunklen Flur und öffnete eine der Türen. Lautes Schnarchen tönte mir entgegen. Erschrocken nahm ich die Umrisse eines Ehebetts wahr, in dem zwei ältere Menschen schliefen.

»Ach du Scheiße«, flüsterte ich. Er hatte mir nicht gesagt, dass er mit seinen Eltern unter einem Dach wohnte. Ich schlich aus dem Schlafzimmer und suchte weiter nach dem Bad. Hinter der dritten Tür fand ich ihn. Laut schnarchend lag der Frauenheld zusammengerollt auf der hellblauen Badematte, offensichtlich zu erschöpft, um zu mir zurückzufinden. Ein unangenehmer Geruch lag in der Luft. Was tun? Ich verspürte nicht die geringste Lust, ihn zu wecken. Mit Romantik hatte das hier nichts mehr zu tun. Zurück zum Hotel? Aus welchem Grund auch immer entschied ich mich, noch zwei Stunden auf Karls Sofa zu schlafen, und stellte den Wecker auf seinem Nachttisch auf sechs Uhr.

»Tina?« Ich schreckte hoch. »Muaßt net aufi?« Karl rüttelte an mir. Ich sah auf die Uhr. Es war zehn vor sieben.

»Oh nein«, schrie ich. »Der Bus!« Entweder hatte ich den Wecker nicht gehört oder er hatte nicht geklingelt. Hysterisch raffte ich meine Sachen zusammen, polterte die Treppe herunter und rannte los. Als ich atemlos am Hotel ankam, war der Vorplatz leer. Kein Bus, keine Koffer, keine Reisegruppe. Verzweifelt stürmte ich in die Lobby.

»Hallo?«, rief ich. »Wo sind denn alle?«

»Die Herrschaften sind vor einer halben Stunde abgereist«, sagte der freundliche Rezeptionist. Mir kamen die Tränen.

»Hat denn niemand eine Nachricht für mich hinterlassen?«, fragte ich.

»Naa, mein Fräulein, leider net.« Langsam, aber sicher dämmerte es mir: Die Gruppe hatte mich im Stich gelassen. Vielleicht wollten sie ja ein Exempel statuieren und mir zeigen, dass ich mit meiner Flirterei und meinem ewigen Zuspätkommen dieses Mal zu weit gegangen war. Ich dachte kurz nach und enterte dann den Speisesaal, wo die anderen Gäste beim Frühstück saßen.

»Fährt irgendjemand heute nach Deutschland?«, rief ich. »Ich muss so schnell wie möglich los und den Bus einholen.« Fünf Augenpaare starrten mich verblüfft an. Schließlich regte sich eine ältere Dame.

»Ja, ich fahre gleich los, ich wohne in Düsseldorf«, sagte sie. »Soll ich Sie mitnehmen?«

»Sie hat der Himmel geschickt«, rief ich und umarmte sie spontan. Eine halbe Stunde später saß ich neben ihr in einem schicken Mercedes Coupé und düste Richtung Deutschland. Beherzt trat sie aufs Gaspedal, weil sie der sportliche Ehrgeiz gepackt hatte. Sie wollte den Reisebus erwischen, bevor er sein Ziel Essen erreicht hatte. Da es ja keine Handys gab, mit denen wir den Standort hätten herausfinden können, mussten wir ununterbrochen die Autobahn nach dem besagten Bus absuchen.

Der Grund, warum ich unbedingt noch rechtzeitig zusteigen wollte, bevor er am Ziel ankam, waren meine Eltern. Sie sollten nichts von der ganzen Geschichte erfahren. Vorauseilender Gehorsam, Angst vor unliebsamen Auseinandersetzungen, schlechtes Gewissen – was auch immer mich damals antrieb –, es ist für mich heute nicht mehr nachvollziehbar. Leider gelang es mir nicht, die Affäre Hinterleitner geheim zu halten. Trotz aller Bemühungen der freundlichen Sportwagen-Lady kamen wir erst mit qualmenden Reifen angerast, als der Bus schon sein Ziel erreicht hatte. Mein Tagebucheintrag spricht Bände.

12. April 1986
Ich dachte wirklich, jetzt ist alles vorbei, jetzt bist du geliefert. Vor allem vor Mamis und Vatis Reaktion hatte ich Angst, Angst vor ihrer Enttäuschung und ihrem Schock über die Unmoral ihrer Tochter. So ist es nun mal, da ist man 26 Jahre alt, macht seit 8 Jahren, was man will, und fürchtet sich trotzdem davor, dass die Eltern irgendwann mal die volle Wahrheit über einen erfahren. Na ja, trotz alledem haben sie sich erstaunlich gemäßigt verhalten – ich zeigte mich ja auch reumütig (das war echt) und nach einer Stunde hatten sie's verdaut. Wäre ich 5 Jahre jünger, hätte ihre Reaktion ganz bestimmt anders ausgesehen.

Ich habe Hinterleitner nie wiedergesehen und bedauere das auch nicht. Über den absurden Abbruch unseres Vorspiels habe ich in den seitdem vergangenen 35 Jahren alle Witze gemacht, die mir dazu eingefallen sind. Aber meine offensichtlich große Angst, meine Eltern könnten durch diesen Fauxpas mit einem Mal begreifen, dass ihre Tochter mit 26 Jahren kein Unschuldsengel und auch keine

Jungfrau mehr war, gibt mir heute zu denken. Vielleicht wussten sie es ja längst? Über »solche Dinge« wurde in unserer Familie nicht gesprochen. Sex war ein Tabuthema. Die einzigen Gefühle, die ich rückblickend damit verbinde, sind Schuldgefühle. Die allerdings schnell wieder verflogen waren, sobald ich in Münster wieder außerhalb des Eltern-Radars leben und Party machen konnte.

1. Mai 1986

Um fünf Uhr ins Bett gekommen, weil gestern im Odeon in den Mai getanzt. Daher erst um 13 Uhr aufgestanden. Und da draußen absolut fantastisches Sommerwetter ist, werde ich es wohl vorziehen, Eis essen zu gehen, anstatt Handke zu frönen.

Die letzte Woche war alles andere als ruhig. Zweimal Bierpumpe-Dienst, zwei Artikel für Kultur und zwei Tage Besuch von Amélie. Zweimal Crêpe essen, einmal Sauna, zweimal Sport. Volles Programm. Und Peter Handke steht hintenan.

Es ist Mai. Wonnemonat. Im Mai fühle ich mich immer so wohl und spüre immer besonders stark die Sehnsucht nach Zärtlichkeit. Meistens lerne ich im Mai irgendjemanden kennen. Abwarten, ob das süße Sehnen des Frühlings wohl auch dieses Mal seine Wirkung tut.

Ich konnte es zunächst nicht glauben, aber zwischen diesem und dem vorhergehenden Tagebucheintrag fehlen keine Seiten. Ich habe nichts herausgerissen, es ist nichts beschmutzt oder unleserlich. Da ist nichts. Der 26. April 1986 findet bei mir nicht statt, er war der 26-jährigen Bettina keine Notiz wert. Wir erinnern uns: An diesem Tag blickte die ganze Welt schockiert nach Tschernobyl. Es war das passiert, wovor Atomkraftgegner immer gewarnt hatten. Ein Reaktor war explodiert und große

Mengen Radioaktivität waren freigesetzt worden – der bis heute schwerste Unfall in der zivilen Nutzung der Kernenergie.

Ich weiß noch ganz genau, wie sehr dieses Ereignis uns alle damals auch Monate später noch beschäftigt hat, denn die radioaktive Wolke bewegte sich ja in unsere Richtung, und wir hatten alle Angst vor den Folgen. Mein Freund Thomas studierte Physik, und er und seine Kommilitonen zogen wochenlang mit Messgeräten durch Münster – vom Marktgemüse bis hin zu unseren Schuhsohlen war nichts vor ihren Detektoren sicher.

»Wie kann es sein, dass ich darüber rein gar nichts geschrieben habe?«, fragte ich ihn neulich, denn er gehört bis heute zu meinem Freundeskreis.

»Keine Ahnung«, sagte er. »Wir haben nächtelang darüber diskutiert, was das für unsere Zukunft bedeuten könnte. Vielleicht hattest du deshalb einfach keine Zeit, das alles zu protokollieren.«

So mag es gewesen sein. Ich vermute aber eher, was mir in den Jahren davor auch schon aufgefallen ist: Das Weltgeschehen – so dramatisch es auch war – fehlt in meinen Aufzeichnungen, weil es mich emotional nicht so berührt hat und mir meine kleine persönliche Erlebniswelt einfach wichtiger war. Ich wünschte heute, es wäre anders, aber ich muss es wohl so akzeptieren.

Während die strahlende Wolke über unsere Köpfe hinwegzog, packte mich im Keller des Studentenwohnheims eines Nachts die Reiselust.

»Sag mal, meine Süße«, sagte gegen zwei Uhr mein Stammgast Karl, als er nach etlichen Bierchen zufrieden grinsend bei mir am Tresen der Bierpumpe lehnte. »Habt ihr das Lied ›Taxi nach Paris‹ im Angebot?«

»Klar«, sagte ich und schob die Kassette in den Rekorder. »Mit einem Taxi nach Pariiiis«, sang Michy Reincke sehnsüchtig. »Nur für einen Taaag …« Karl sah mich durchdringend an.

»Verstehst du, was ich meine?«, fragte er. Ich sah ihn verständnislos an.

»Paris!«, sagte er und fasste sich ans Herz. »Die Stadt der Liebe.«

»Ja und?«, fragte ich und sah gähnend auf die Uhr.

»Wie wär's, wenn wir zwei Süßen da jetzt hinfahren?« Er versuchte, romantisch zu gucken, glitt aber ins Schielen ab.

»Du spinnst doch«, sagte ich. »Erstens bist du betrunken und zweitens haben wir beide kein Auto.«

»Moooment mal«, sagte Karl und ging mit schlingernden Schritten auf das nächste Bierfass zu, an dem noch zwei weitere Gäste hockten.

»Leute«, rief er den beiden zu (Jessy und Rudi, mit beiden war ich seit dem ersten Bierpumpen-Tag locker befreundet). »Habt ihr Bock, mal eben nach Paris zu fahren? Rudi, wir könnten deinen Golf nehmen. Tina ist nüchtern, die kann uns fahren.« Ich traute meinen Ohren nicht.

»Hallo?«, rief ich. »Vielleicht werde ich erst mal gefragt?«

»Komm schon«, bettelten nun alle drei und sahen mich mit leuchtenden Augen an. »Wir helfen dir auch übermorgen beim Aufräumen und Putzen, dann sind wir ja schon wieder zurück.«

»Und vielleicht ein kleines Reeeendeeeezvouuuus«, schmachtete Michy zustimmend aus den Boxen.

26. Mai 1986
Ich fuhr fast die ganze Strecke, wir kamen bei strahlendem Wetter in Paris an und parkten direkt vor Le Ducs Haus. Es wurde ein sehr, sehr schöner, wohl-

tuender Tag mit Essen, durchs Quartier schlendern,
Métro fahren vom Concorde bis zum St. Michel, an der
Seine entlanggehen, Beaubourg, Les Halles und, und,
und …
Ich übernachtete bei Sophie und am nächsten Morgen
düsten wir zurück. Den folgenden Tag war ich noch
leicht benebelt, weil mir das Ganze wie ein Traum vor-
kam. Insgesamt war's ein guter (100 Mark teurer) Trip,
der mir wieder mal zeigte, wie sehr ich diese Stadt
liebe – immer noch. Nichts war mir fremd und auch die
Sprache kam nach kürzester Zeit wieder.

Noch heute spüre ich dieses prickelnde Gefühl, den Stolz, mal etwas ganz Verrücktes zu tun, der uns erfüllte, als wir bei Sonnenaufgang über die französischen Dörfer fuhren und dabei zum zwanzigsten Mal Michy Reincke hörten. »Weil ich Paris nun mal so maaaag«, schmetterte er, und wir jauchzten vor Vergnügen.

Ich kann mich nicht erinnern, wann ich zuletzt spontan einfach mal etwas total Unvernünftiges gemacht habe. Bis Sonnenaufgang getanzt, mitten in der Nacht nackt gebadet, im Wald in der Hängematte geschlafen, einen Fallschirmsprung gemacht, für zwei Tage ans Mittelmeer gefahren, mir ein Tattoo stechen lassen? Die Liste könnte ich beliebig fortsetzen. Warum macht das Älterwerden uns so träge und vorsichtig? Die Sehnsucht, der Hunger nach Wagnis und Abenteuer – wo sind sie geblieben?

Während ich das hier schreibe, beobachte ich meinen Mann, wie er die Spülmaschine einräumt. Wir haben gerade köstlichen Fisch mit Süßkartoffelpüree und Koriander-Basilikum-Limetten-Salsa gegessen und dazu einen teuren Weißwein getrunken. Später werden wir noch die nächsten drei Folgen unserer momentanen Lieblingsserie

Killing Eve ansehen. »It's so booooooring!«, ruft die Hauptfigur, die Profi-Killerin Villanelle immer, wenn sie gerade keinen Auftrag hat und das Leben für sie so dahindümpelt. Natürlich möchte ich nicht aus Langeweile zur Mörderin werden. Aber es gäbe durchaus Momente in unserem saturierten bürgerlichen Leben, in denen wir mal ausbrechen könnten aus der Wohlfühlzone und ausloten, wie offen wir noch sind für den kleinen Wahnsinn. Es könnte belebend sein, mit Ü60 mal wieder an die eigenen Grenzen zu gehen.

Dass ich nicht zu den Menschen gehöre, die von Geburt an dahin gehen, wo das Eis am dünnsten ist, habe ich schon vor 35 Jahren bedauert.

15. Juni 1986

Es fehlen mir auch die »richtigen« Menschen. Wie oft sehne ich mich danach, Menschen kennenzulernen, die mir das geben, oder in mir das freisetzen, wovon ich nur ahne, dass es ein erfüllteres, aufregenderes, schöneres Leben verspricht als das, was ich führe.

Ich kann kaum erklären, welche Art Menschen es ist, die ich suche – und doch bin ich sicher, dass es solche gibt. Ähnliche Sehnsucht nach dem ANDEREN fand ich ausgedrückt bei Jack Kerouac, sicher kein begnadeter Dichter, aber einer, der spürte, wo's langzugehen hat.

»Denn die einzig wirklichen Menschen sind für mich die Verrückten, die verrückt danach sind zu leben, verrückt danach zu sprechen, verrückt danach, erlöst zu werden, und nach allem gleichzeitig gieren – jene, die niemals gähnen oder etwas Alltägliches sagen, sondern brennen, brennen, brennen wie fantastische gelbe Wunderkerzen, die gegen den Sternenhimmel explodieren wie Feuerräder, in deren Mitte man einen blauen Lichtkern zerspringen sieht, sodass jeder »Aahh!« ruft.

Wie nannte man doch solche jungen Leute in Goethes Deutschland? «
(Aus: Jack Kerouac, Unterwegs)

Ich fürchte, zum explodierenden Feuerrad wird's nicht mehr reichen in diesem Leben, aber ich nehme mir hier und jetzt vor, in Zukunft ein wenig an der eigenen Lunte zu zündeln ... mein Mann weiß noch nichts davon.

Mein letztes Jahr in Münster verlief abgesehen von dem Paris-Ausflug relativ unspektakulär. Ich versenkte mich in die Literatur, legte Karteikästen mit Hunderten von Zitaten an und gab mich meinen Stimmungsschwankungen hin, die gut zu meinen schriftstellerischen Wegbegleitern passten – oder vielleicht auch durch sie ausgelöst wurden.

Je intensiver ich mich mit Peter Handke beschäftigte, desto mehr nervte er mich. Einerseits fand ich seine Theaterstücke wie zum Beispiel *Publikumsbeschimpfung* spannend und provokant, andererseits empfand ich seine Selbstverliebtheit und die artifizielle Sprache als anstrengend. Ich habe seit vielen Jahren keinen Text mehr von Handke gelesen und bin weit davon entfernt, mir ein Urteil über sein Werk erlauben zu können, aber immerhin hat er lange genug in meinem Kopf herumgespukt, um Spuren fürs Leben zu hinterlassen.

Kapitel 14

»Oh großer Geist des Weltalls, komm bitte herab auf mich!«

Mit Peter Handke im Reihenhaus

21. August 1986
Bin jetzt in Wuppertal, wo ich hoffe, ENDLICH kon-
zentriert arbeiten zu können. Sitze hier unterm Dach
und frage mich, während der Regen unermüdlich aus
elend grauem Himmel aufs Fenster prasselt, wie ich den
Inhalt dieser Büchermassen noch in mich reinwürgen
soll, und vor allem: wie ich das alles geordnet und syste-
matisiert wieder ausspucken soll innerhalb der nächsten
sechs Wochen. Denn mehr Zeit bleibt mir nicht.

»Komm doch nach Wuppertal«, hatte meine Mutter
eines Tages gesagt, als sie mir während eines Telefonats
anmerkte, dass ich erschöpft und überarbeitet klang.
»Du kannst doch auch hier deine Arbeit schreiben, wir
versorgen dich und du kannst dich unterm Dach auf das
Wesentliche konzentrieren.« Gesagt, getan. Ich packte
meine Sachen und kehrte für die letzte heiße Phase zurück
in den Schoß der Familie.

Es war eine kuriose WG, in die ich mich da freiwillig
begeben hatte, um mich fernab der Münsteraner Versu-
chungen voll und ganz auf meine Magisterarbeit konzen-

trieren zu können. Ich saß von morgens bis abends am Schreibtisch in meinem Jugendzimmer unterm Dach, nur mittags und abends kletterte ich die Leiter herunter, wenn meine Mutter mich zum Essen rief. Dann diskutierte ich mit meinen Eltern über meine neuesten Erkenntnisse und holte ihre Meinung zu Handkes Gedankengängen ein.

»Hast du eigentlich noch was anderes zum Anziehen dabei?«, fragte meine Mutter nach einer Woche mit kritischem Blick. Ich trug jeden Tag dasselbe: eine dunkelblaue Jogginghose, die an den Knien schon verschlissen war, und ein verwaschenes weinrotes Sweatshirt.

»Doch«, sagte ich. »Aber in diesen Klamotten fühle ich mich am wohlsten. Außerdem habe ich das diffuse Gefühl, sie könnten mir Glück bringen.« Meine Mutter schüttelte den Kopf.

»Jetzt wirst du auch noch abergläubisch«, sagte sie. »Dann wasche ich die Sachen aber alle drei Tage.«

So lästig und belastend, wie ich sonst manchmal die kontrollierende Fürsorglichkeit meiner Eltern empfand, so angenehm war sie mir während dieses examensbedingten Ausnahmezustands. Angespannt und hoch konzentriert schrieb ich oft bis spät in die Nacht handschriftlich eine Seite nach der anderen voll, trank dabei literweise starken schwarzen Tee und rauchte selbst gedrehte Zigaretten.

»Wer soll das eigentlich irgendwann mal entziffern?«, fragte mein Vater eines Tages und blätterte durch den eng beschriebenen Papierstapel auf meinem Schreibtisch.

»Na, die Sekretärin im germanistischen Institut«, sagte ich. »Die hat mir angeboten, gegen Bezahlung die Arbeit für mich abzutippen.«

»Deine Handschrift ist aber sehr schwer zu lesen, wenn man sie nicht kennt«, meinte Vati skeptisch. Ich selbst war nur im Besitz einer kleinen Reiseschreibmaschine, auf der ich im Schneckentempo mit zwei Fingern meine Zeitungsartikel schrieb. Auf diese Weise meine ganze Examensarbeit zu tippen, wäre viel zu mühsam gewesen.

»Ich könnte sie doch für dich abschreiben«, schlug meine Mutter vor. »Meine Schreibmaschine ist zwar nicht mehr die modernste, aber als ehemalige Chefsekretärin müsste ich das relativ schnell hinbekommen. Ich hab das schließlich jahrelang hauptberuflich gemacht.«

Warum waren wir nicht schon vorher auf diese Idee gekommen? Von nun an tippte meine Mutter immer, wenn ich mit einem Kapitel fertig war, alles ab, sodass ich eine gut leserliche, saubere Vorlage für das Hochschulsekretariat hatte.

»Komischer Typ, dieser Handke«, bemerkte sie immer häufiger kopfschüttelnd, wenn wir beim Abendbrot saßen. »Irgendwas stimmt mit dem nicht.« Ich musste lachen. So ganz unrecht hatte sie nicht, auch wenn ihre knappe Analyse gegen jegliche wissenschaftlichen Standards verstieß. Mich regten Handkes geistige Ergüsse mittlerweile schon so auf, dass ich regelmäßig Übelkeit verspürte und würgen musste. Aber ich zweifelte nicht nur an ihm, sondern auch zunehmend an mir selbst.

29. August 1986

Nach für heute getaner Arbeit – 22 Uhr, mir reicht's – kommt mir wie immer am Ende des Tages die drängende, bohrende, ekelhafte Frage in den Sinn: Schaff ich's, schaff ich's nicht? Die Antwort ist eigentlich einfach, denn ich MUSS ja. Die Alternative gibt es für mich nicht. Gestern dachte ich den ganzen Tag – es war furchtbar –, ich packe es nicht. Heute Morgen bin ich noch mit diesem Magendrücken wach geworden, aber im Laufe des Tages ging's dann wieder, weil ich heute

systematisch gedacht und gearbeitet habe. Hätte ich
das doch nur von Anfang an getan! Ich bin mal wieder
völlig falsch vorgegangen. Wie immer.
Beim Durchsehen meines inzwischen doch auf einen
beachtlichen Umfang angewachsenen Materials kam
mir vieles wieder in den Sinn, was ich schon fast wieder
vergessen hatte. Ich las meine eigenen Gedanken,
Anmerkungen, Notizen durch – und verstand sie kaum
noch!
Es ist doch so: Man MUSS ad hoc und SOFORT,
wenn einem etwas klar wird oder einfällt, es zu Papier
bringen, sonst ist es sehr bald wieder weg.
Was dann am Ende herauskommt, wird der Arbeit
ihren – mir leider Gottes immer noch verschleierten –
Sinn geben.
Oh großer Geist des Weltalls ...(!) Komm bitte nur
noch dieses EINE Mal herab auf MICH!!!

Dass meine Panik zu versagen, so groß war, hatte ich völlig vergessen. Warum besaß ich so wenig Selbstvertrauen, so wenig Gelassenheit? Schließlich hatte ich bis dahin mein Studium langsam, aber problemlos und mit guten Noten hinter mich gebracht. Warum auch immer – Peter Handke stürzte mich in eine tiefe Sinnkrise, in der ich um Fassung rang und beinahe an meinen eigenen Ängsten scheiterte.

»Kind! Es ist doch nur eine Examensarbeit«, möchte ich mir selbst gerne zurufen. »Hier geht es doch nicht um Leben und Tod, sondern nur um eine Note. Mach dich nicht so verrückt, du wirst auf jeden Fall bestehen.« Mit ähnlichen Worten werden meine Eltern sicher auch versucht haben, mich zu beruhigen. Anscheinend ohne Erfolg. Im Tagebuch gibt es nur noch einen Eintrag, in dem ich nach endlich vollbrachtem Werk eine Bilanz ziehe, die vermuten lässt, was ich in den Wochen davor durchlitten hatte.

3. November 1986

Vor genau zwei Wochen habe ich diese vermaledeite Arbeit abgegeben. Ich möchte mir gerne ersparen, hier zu protokollieren, was sich in mir abgespielt hat in dem Zeitraum, der zwischen der letzten Tagebucheintragung und dieser hier liegt. Nur so viel: Es war grauenhaft. Noch nie, noch niemals in meinem (wahrlich nicht erfahrungsreichen) Leben habe ich so tiefgründig an mir gezweifelt. Ich hätte jeden spöttisch ausgelacht, der mir prophezeit hätte, dass mein Examen mich dermaßen aus der Bahn werfen würde. Aber so ist es nun mal – ich weiß selbst keine stichhaltige Erklärung dafür. Waren die Grundfesten meiner Weltanschauung in der letzten Zeit ohnehin nicht mehr so unerschütterlich wie zuvor, so sah ich bis vor … ja eigentlich bis gestern nur noch TRÜMMER vor mir. Seit heute erst habe ich auf einmal meine Lebensfreude und mein Selbstvertrauen wieder. Oh Gott, ich danke dir von ganzem Herzen!!! Ich dachte schon, das würde nie mehr ein Ende nehmen.

Wenn ich heute einen Blick in meine sehr umfangreiche Examensarbeit werfe, lässt sie mich ratlos zurück. Komplizierte Gedankengänge, endlos lange Schachtelsätze, deren Inhalt mir ein Rätsel ist. Wäre ich heute noch in der Lage, auf diesem hohen wissenschaftlichen Niveau etwas abzuliefern? Sosehr ich meinen Beruf liebe, bin ich doch im Laufe der Jahrzehnte sprachlich anspruchsloser geworden. Ich sehe es als meine Aufgabe, mich für jedermann verständlich und klar auszudrücken.

Seit der Corona-Pandemie wird ja in Deutschland viel über den Sinn der Wissenschaft diskutiert und darüber, was wir von ihr lernen können. Eins ist klar: Wissenschaft ist weit entfernt von Schwarz oder Weiß, Gut oder Böse, Richtig oder Falsch. Sie ist so schwierig wie das Leben, weil sie alles stets neu infrage stellt, auch das, was gestern noch galt. Ich bin froh, dass ich wissenschaftliches Arbeiten erlernen durfte, aber ich bin genauso froh, dass ich mich irgendwann wieder davon entfernen konnte. Zum Glück meisterte ich mein Examen besser, als ich es zu träumen gewagt hatte.

»Frau Schniewind, kommen Sie doch herein, bitte!« Über eine Stunde hatte ich im Vorzimmer meines Professors auf diesen Moment gewartet. Die Stunde der Wahrheit hatte geschlagen, jetzt würde ich die Note meiner Arbeit erfahren. Ich war entsetzlich nervös, hatte die ganze Nacht nicht geschlafen und war sicher, es entweder nur ganz knapp oder gar nicht geschafft zu haben. Mit hochrotem Gesicht und einem Kloß im Hals betrat ich das Büro.

»Setzen Sie sich«, sagte der Professor und sah mich über seine Brille hinweg prüfend an.

»Was glauben Sie denn, welche Note Ihre Arbeit verdient hat?«, fragte er mich.

»Ich ... ich weiß nicht«, stotterte ich. »Ich habe ja kein Nachwort geschrieben, weil mir einfach nichts mehr eingefallen ist, und ... äh ... ich bin auch nicht sicher, ob ich Handke überhaupt richtig verstanden habe.« Der Professor grinste.

»Also, Sie haben ihn jedenfalls besser verstanden als ich, meine Liebe«, sagte er und klopfte mit der flachen Hand auf das dicke blaue Buch, zu dem ich meine Magisterarbeit hatte binden lassen.

»Ich habe Peter Handke einen Brief geschrieben«, sagte ich, »und ihm ein paar Fragen zu seinen Theaterstücken gestellt. Leider hat er nicht geantwortet.«

»Sein Pech«, sagte der Professor. »Von Ihnen hätte der Mann noch was über sich selbst lernen können.« Ich fühlte mich unwohl. Worauf lief dieses Gespräch hier hinaus?

»Ich will Sie nicht länger auf die Folter spannen«, sagte mein Gegenüber freundlich. »Eins! Es ist eine glatte Eins. Ich habe bisher noch keine so differenzierte und umfangreiche Abhandlung über diesen Autor gelesen. Mein Glückwunsch, Frau Schniewind, ganz hervorragend.«

Fassungslos starrte ich ihn an. Eine Halluzination? War ich dabei, verrückt zu werden?

»Frau Schniewind? Geht es Ihnen gut?« Wie durch eine Nebelwand gedämpft kamen die Worte bei mir an.

»Ähm, ja, danke«, hörte ich mich sagen, während ich mich langsam vom Stuhl erhob. »Das ... also, das ist ... damit habe ich nicht gerechnet«, sagte ich heiser.

»Na, dann trinken Sie erst mal einen drauf!«, sagte der Professor und reichte mir die Hand zum Abschied. »Jetzt haben Sie ja noch ein paar Monate bis zur mündlichen Prüfung, und dann sehen wir mal, ob Sie vielleicht eine Doktorarbeit daraus machen, das Potenzial dazu hat die Arbeit.«

Ich wankte aus dem Raum und stolperte die Treppe herunter. Draußen musste ich mich erst einmal auf eine Bank setzen. Eins! Ich rieb mir die Schläfen. Unfassbar. Dass Selbst- und Fremdeinschätzung so meilenweit auseinanderliegen würden, hatte ich nicht für möglich gehalten. Es dauerte mehrere Stunden, bis ich mich richtig freuen konnte und meine Eltern anrief. Ich hatte es geschafft. Ein Felsblock war von meiner Seele gefallen. Von nun an konnte ich den mündlichen Prüfungen und allem, was auch immer danach auf mich zukommen würde, befreit entgegensehen. Ich war – vorübergehend – glücklich.

10. November 1986
Draußen ein wunderwunderschöner Abend – blassblau
der Himmel, zartrosa angestrahlt von einem Rest
Sonne. Da ganz oben glitzert ein Flugzeug, das in den
Abend hineinfliegt, wohin? Sanfte Ruhe, auf den Wiesen
dahinten ein paar schläfrige Kühe, absolute Windstille,
»in allen Wipfeln spürest du kaum einen Hauch ...«.
»Have you ever been in love?«, fragt Leo Sayers melan-
cholische Stimme aus dem Radio. Wenn ich's nur
wüsste, aber wenn zu diesem perfekten Ambiente jetzt
auch noch Liebe hinzukäme, ja, das wäre natürlich
was! How long will I still have to wait until I meet you?
Wenn ich so aus dem Fenster sehe, kann ich kaum glau-
ben, dass diese Welt schlecht sein soll. Es gibt doch
noch Augenblicke, in denen ich an die Kraft des Guten
und Schönen glaube, in denen ich spüre: So war's
gemeint. (Das sagte Meryl Streep als Tania Blixen in
Jenseits von Afrika, als sie mit ihrem Geliebten die afri-
kanische Wildnis überflog.)
Manchmal passiert einem das noch, dass man die Natur
so hautnah erlebt, dass man sie FÜHLT und instinktiv
weiß: Es ist noch was anderes da als Dreck und Frust
und Gleichgültigkeit und Oberflächlichkeit.

Goethe, Leo Sayer und Meryl Streep in einem Atemzug
zu nennen, ist schon gewagt genug, aber dann noch den
ganz großen Bogen zu Natur und der Verdorbenheit der
Welt im Allgemeinen zu schlagen – Respekt. Erstaunlich,
wozu mich der Blick aus dem Fenster meines Mini-
Appartements über den Parkplatz hinweg auf die Stoppelfelder inspirierte.

Mein Glück währte leider nur kurz, denn mein Vater
wurde krank. Ein kleines Geschwür an der Nase stellte
sich als bösartig heraus und er musste operiert werden.

Ein Ereignis, das unsere Familie erschütterte und mir große Angst einflößte.

2. Dezember 1986

Lieber Gott, bitte lass ihm nichts Schlimmes passieren! Meine Eltern und Geschwister sind mir das Allerliebste auf der Welt. Der Gedanke, sie zu verlieren, ist unerträglich. Ob diese starke Bindung irgendwann einmal nachlässt mit zunehmendem Alter? Oder wie sonst wird man damit fertig, eines Tages keine Eltern mehr zu haben? Wahrscheinlich nimmt die eigene Familie nach und nach diesen Platz ein. Und wenn man keine hat? Ach, es ist alles so ungewiss und schwierig. Voller Fragen ist die Zukunft und mit ihr verbunden ist auch immer der Gedanke an den Tod. Ich möchte nicht daran denken, nicht an den Tod anderer und erst recht nicht an meinen. Ich habe Angst davor und ich verstehe ihn nicht. Und doch weiß ich, dass dieser Gedanke im Grunde der einzige ist, der sich zu denken lohnt und den man nie verdrängen sollte.

Mit fast 27 Jahren wurde mir zum ersten Mal bewusst, dass meine Eltern sich mit Anfang sechzig in einem Alter befanden, in dem Menschen krank werden und sterben können. Der Tod war mir bis dahin, wie bereits beschrieben, zwar schon mehrfach begegnet, hatte aber noch nie meine Eltern betroffen. Ich hatte furchtbare Angst, sie zu verlieren, wusste aber, dass ich dieser Angst ins Auge sehen musste. Interessant, dass ich schon damals darüber nachdachte, ob eine eigene Familie den Verlust der Eltern wohl kompensieren könne. Ich empfinde es heute tatsächlich so. Und ich weiß, dass Furcht und Sorge, den eigenen Kindern könnte etwas zustoßen, die Angst um die Eltern noch übertrifft.

Einmal habe ich bereits um das Leben eines meiner Kinder bangen müssen. 2011 erkrankte mein Sohn Theo an EHEC, einer bakteriellen Darminfektion, die sich in Norddeutschland als sogenannte HUS-Epidemie ausbreitete und mehr als 50 Menschen das Leben kostete. 50 Todesopfer – das klingt lächerlich im Vergleich zu all den Menschen, die durch Covid-19 gestorben sind, aber wenn dein eigener Sohn einer von 855 Menschen ist, die von dieser Epidemie erwischt werden, ist dir jede Statistik egal. Als sich Theos Augen gelb verfärbten, merkte man den Äußerungen der Ärzte an, dass Gefahr im Verzug war. »Kann zum Tode führen«, »Mal sehen, wohin die Reise geht« – leider mussten wir uns in Anwesenheit des 16-jährigen Patienten solche unsensiblen Bemerkungen anhören. Unser Sohn hat alles tapfer durchgestanden und Gott sei Dank auch ohne Folgeschäden überlebt, aber die Nächte, in denen mein Mann und ich wach gelegen und den lieben Gott um Beistand angefleht haben, gehören zu den schlimmsten Momenten meines Lebens.

Seitdem verstehe ich viel besser, warum meine Mutter nach dem Tod meiner kleinen Schwester so extrem besorgt um ihre drei anderen Töchter war. Ein Kind zu verlieren, muss das Schrecklichste sein, was einem im Leben passieren kann.

Mein Vater wurde glücklicherweise wieder gesund, er wurde operiert und von dem Karzinom blieb nichts außer einer Narbe am Nasenflügel zurück. Dass dieser Zwischenfall eine Art Vorwarnung war für das, was meiner Mutter zustoßen würde, konnte ich nicht ahnen – wie gut, dass man nicht in die Zukunft sehen kann.

Meine Freude darüber, dass mein Vater noch mal Glück gehabt hatte, konnte nicht verhindern, dass sich schon bald wieder der Schleier der Melancholie auf mich herabsenkte. Der Alltag zwischen Wohnheim, Mensa,

Uni-Bibliothek und Partys langweilte mich immer mehr. Es lähmte und frustrierte mich, dass ich keine konkrete Zukunftsperspektive hatte.

14. Januar 1987
Ich bin in sehr niedergedrückter Stimmung. Überhaupt bin ich seit dieser Examensarbeit so extremen Stimmungsschwankungen ausgesetzt wie selten zuvor. Leider sind die Momente, in denen ich im Leben gar keinen Sinn mehr sehen kann und mir alles Bevorstehende nur noch grau und hoffnungslos erscheint, sehr viel häufiger als die Augenblicke der LebensLUST, des manchmal ganz unbegründeten Glücklichseins. Ist das die mit dem Alter wachsende Erkenntnis, die naturgesetzmäßig eine immer traurigere sein muss?
Oft denke ich, dass die Ursache allen Übels meine eigene Trägheit ist, meine Bequemlichkeit und Faulheit – mein Mangel an Kraft, Initiative und Energie. Diese Nacht musste ich so sehr weinen, dass ich dachte, die Welt geht unter. Dabei bestand gar kein herausragender Anlass, ich war nur unendlich traurig und habe mich gehasst für mein verdammt neurotisch-kühl-souveränes »Mir-kann-keiner-Gehabe«, das doch so verlogen und beschissen ist. Alles mache ich damit kaputt. Ich ziehe die falschen Männer an, stoße die richtigen ab und versteige mich immer mehr in ein Image, das im Grunde überhaupt nicht dem Menschen entspricht, der ich zu sein glaube. Denn eigentlich bin ich ja weich und empfindlich, unsicher und sehr sehr verletzbar. Ich brauche viel Liebe und Zärtlichkeit und bla, bla, bla.

Wie konnte aus mir nur die fröhliche, lebensbejahende Frau werden, die ich heute bin? So viel Trübsinn! Was war nur mit mir los? Ich habe in dieser Phase wohl immer nur dann zum Tagebuch gegriffen, wenn ich besonders niedergeschlagen war. Vielleicht schwirrte einfach zu viel philosophischer Ballast der vergangenen Jahrhunderte in meinem Kopf herum, denn ich musste ja noch eine Menge Stoff durcharbeiten, um in Französisch und Kunstgeschichte zu bestehen. Zu allem Überfluss hatte man mir mitgeteilt, dass ich auf Wunsch meines wohlmeinenden Germanistikprofessors auch in den anderen Fächern auf Eins geprüft werden sollte. Das machte mich nervös und setzte mich unter Druck. Zum Glück bot mir meine Freundin Christiane irgendwann an, mich mit ihr zusammen für zwei Wochen in das Landhaus ihrer Eltern zurückzuziehen, um dort ganz in Ruhe zu lernen. Von da an ging's mir besser. Wir standen früh auf, lernten diszipliniert bis nachmittags, kauften dann ein und kochten uns nach ihren Anleitungen jeden Abend ein köstliches Menü.

»War ich eigentlich depressiv damals?«, habe ich sie neulich gefragt, als wir uns über alte Zeiten unterhielten.

»Nein, eigentlich nicht«, sagte sie. »Du warst meistens gut gelaunt. Und ein bisschen verrückt.«

»Inwiefern verrückt? Weil ich mich andauernd verliebt habe?«, fragte ich neugierig.

»Nein, das meine ich nicht«, lachte sie. »Weißt du nicht mehr, wie wir mal mit meinem Käfer für ein Camping-Wochenende nach Holland gefahren sind und du dir immer einen Kochtopf auf den Kopf gesetzt hast, wenn uns jemand überholt hat? Die Leute haben alle gehupt und sich halb totgelacht.« Komischerweise konnte ich mich daran überhaupt nicht erinnern. Genauso wenig wie an die andere Anekdote, die Christiane mir anschaulich schilderte.

»Am Strand lagen mal so eklige Spanner neben uns und starrten die ganze Zeit auf unsere Brüste«, sagte sie.

Damals war es ganz normal, sich oben ohne zu sonnen. »Wir waren alle genervt und du bist irgendwann aufgesprungen, hast dir den Kochtopf wieder aufgesetzt, einen rosa Gürtel umgeschnallt und bist laut kreischend in der Brandung herumgehüpft.«

»Was sollte das denn?«, fragte ich fassungslos.

»Keine Ahnung. Ich glaube, du wolltest denen einfach Angst einjagen. Und es hat ja auch geklappt. Die haben dich für komplett geistesgestört gehalten und sind abgezogen.«

Wir mussten beide furchtbar lachen bei dem Gedanken daran, dass den miesen Typen zumindest an diesem Tag die Lust auf junge Mädchen vergangen sein dürfte.

Es beruhigt mich, dass ich zwischen meinen lebensmüden Tagebuchnotizen doch offenbar sehr vergnügt und ausgelassen sein konnte. Offenbar hatte ich nicht das Bedürfnis oder auch nicht den Mut, mich in meinen düsteren Momenten anderen anzuvertrauen. Vielleicht kam aber die Schwermut auch immer nur dann über mich, wenn ich zu später Stunde mit mir und einer Flasche Wein alleine war, und diese Momente waren letztendlich seltener, als meine Notizen es vermuten lassen.

10. März 1987

Ich brauche dieses totale Alleinsein, glaube ich, mal wieder ganz dringend, um über vieles und über mich nachzudenken. Deshalb unter anderem drängt es mich auch so nach New York und deshalb möchte ich auch danach in eine mir ganz fremde Stadt ziehen. Je mehr Menschen, Freunde, Bekannte man um sich hat, desto weniger hat man die Gelegenheit, sich selbst überlassen, dem Leben neu zu begegnen, ihm neue Seiten abzugewinnen, Dinge zu entdecken, zu erkennen, offen zu sein gegenüber neuen Einflüssen. Ich brauche das aber, um

*innerlich nicht abzustumpfen, sowohl geistig als auch
gefühlsmäßig. Also: Veränderungen stehen an. Nur:
zurzeit befinde ich mich in so einem komischen Schwebezustand. Ich weiß nicht, was sein wird. Und ich
genieße zwar einerseits das Nichtstun, kann es aber
andererseits nicht ruhigen Gewissens tun, weil ich kein
Geld habe. Das klingt soo banal, aber es quält mich.
Ich will nach Amerika, aber dafür brauche ich Geld,
viel Geld. Und ich sitze hier in Münster und lasse die
kostbare Zeit verstreichen, anstatt den jung-dynamisch-
erfolgreichen Weg einzuschlagen.
Die Lösung wird im Endeffekt lauten: weg hier, zu
Hause ruhig und brav leben für ein paar Monate und
Geld scheffeln. Hier wird das sowieso nichts.
Ich hasse Schwebezustände.*

Nachdem ich mein Magisterexamen endlich in der
Tasche hatte, beschloss ich, den Schwebezustand zu
beenden und mich bei Zeitungen, Fernseh- und Radio-
stationen um ein Redaktionsvolontariat, also eine journalistische Ausbildung, zu bemühen. Ich verschickte fast
hundert Bewerbungen, denn mir war klar, dass die Nach-
frage das Angebot bei Weitem übersteigen würde. Um
die Wartezeit zu überbrücken, fasste ich einen Plan: Eine
Cousine meines Vaters lebte in New York. Ihr Vater war
schon vor dem Ersten Weltkrieg dorthin ausgewandert
und zum erfolgreichen Unternehmer geworden. Sie be-
wohnte ein Loft in Manhattan und hatte der Familie in
Deutschland schon häufig angeboten, sie dort zu besuchen.

»Du könntest doch mitkommen«, sagte ich zu Christiane. »Dann holen wir die Zeit nach, die wir damals in
Paris zusammen verbringen wollten, als du plötzlich
krank geworden bist.«

»Ich kann aber nur sechs Wochen«, sagte sie. »Danach muss ich weiter an meiner Doktorarbeit schreiben.«

Aufgeregt schrieb ich meiner Tante und fragte, ob sie uns bei sich aufnehmen würde. Ich hatte vor, einige Monate zu bleiben und mich in New York um ein journalistisches Praktikum zu bewerben. Zwei Wochen später kam die positive Antwort. Sie freue sich sehr, schrieb sie, endlich mal einen Teil der Familie aus Übersee näher kennenzulernen, ich könne selbstverständlich so lange bleiben, wie ich wolle. Ich jubelte und rief sofort bei Christiane an.

»If we can make it there, we'll make it anywhere!«, schrie ich in den Hörer und konnte mich vor lauter Vorfreude kaum noch einkriegen.

Um das nötige finanzielle Polster zu haben – ich konnte zwar umsonst bei meiner Tante wohnen, brauchte aber Geld für den Flug und das Leben in New York City, das schon damals ein teures Pflaster war –, biss ich in den sauren Apfel und schuftete noch mal drei Monate lang in der Härterei. Danach verabschiedete ich mich von den Kollegen, im festen Glauben, sie nie mehr wiederzusehen.

»Ich gehe nach New York«, verkündete ich freudestrahlend. »Vielleicht bleibe ich da ja auch für immer. Hierher komme ich jedenfalls nicht mehr zurück.«

»Ciao, Bella«, sagte Rosa traurig und wischte sich über die Augen. »Wünsche ich dir vielle vielle Glück in diesse weite Welt!«

Ich löste mein Appartement in Münster auf und lagerte meine Sachen im Keller meiner Eltern ein, verabschiedete mich von Familie und Freunden und fieberte dem neuen Kapitel meines Lebens entgegen.

31. Juli 1987

So that's it: Morgen ist es so weit! Bettina goes N. Y. C.
Vorerst mit Christiane, dann allein. Bin ein bisschen
aufgeregt – der Übergang von der Malocherin zur Welt-
reisenden ging ziemlich abrupt vor sich. Aber ich freue
mich sehr sehr. Will all my dreams come true?

Kapitel 15

»Diese Stadt ist einfach unglaublich«

New York, New York

5. August 1987
Seit vier Tagen in der Stadt der Städte. Eindrücke über
Eindrücke, die sich noch gar nicht formulieren lassen,
weil alles schneller auf einen einwirkt, als man es verar-
beiten kann. Nun – ob wir es nun glauben können oder
nicht –, wir sind mittendrin in New York City.

Alle hatten uns gewarnt. Ein Wunder, dass wir uns überhaupt trauten, ins Flugzeug zu steigen angesichts der
Horrorszenarien, die Eltern und Freunde uns schon
Wochen vor unserem Aufbruch zum Big Apple geschil-
dert hatten, um uns auf das Schlimmste vorzubereiten.

»Die Amerikaner sind alle bewaffnet«, wusste meine
Mutter zu berichten. »Wenn man denen in die Quere
kommt, schießen die einen sofort über den Haufen.«

»In New York wimmelt es nur so von Gangstern«,
warnte mein Vater eindringlich. »Ihr dürft auf keinen
Fall zeigen, dass ihr Geld dabeihabt, dann werdet ihr
gleich überfallen.«

»In den Bars und Clubs lauern überall Mädchenhänd-
ler«, sagte Christianes große Schwester. »Die mixen euch
was in den Drink und dann auf Nimmerwiedersehen!«

Wohlgemerkt: Niemand aus unserem Umfeld war bis dahin jemals in den USA gewesen, geschweige denn in New York. Trotzdem wussten alle Bescheid. Christiane und ich ließen uns nicht einschüchtern, waren aber auf alles gefasst, als wir am JFK Airport aus dem Flugzeug stiegen. Im Gepäck hatten wir jede Menge Traveller-Checks, unser Bargeld war in Brustbeuteln verstaut, die wir unter unseren T-Shirts trugen. Nachdem wir die langwierigen Einreiseformalitäten hinter uns gebracht hatten, standen wir etwas verloren in der riesigen Ankunftshalle und sahen uns um. Das unüberschaubare Gewirr von Menschen aller Hautfarben und Sprachen verunsicherte uns. Meine Tante war nirgendwo in Sicht. Stattdessen sprach uns sofort ein dubios aussehender junger Mann in einer abgewetzten Lederjacke an.

»First time in New York City?«, nuschelte er. Er hatte kaum noch Zähne im Mund. »You want me to carry your luggage?« Bevor wir antworten konnten, hatte er sich schon unsere Koffer geschnappt und schleppte sie Richtung Ausgang.

»Meinst du, der will die klauen oder uns nur helfen?«, fragte ich ängstlich, während Christiane und ich versuchten, mit ihm Schritt zu halten.

»Besser, wir sind freundlich zu ihm und geben ihm Trinkgeld«, sagte meine Freundin. »Vielleicht ist der ja bewaffnet.«

Als wir die Drehtür nach draußen erreicht hatten, stellte der selbst ernannte Helfer die Koffer ab und sah uns erwartungsvoll an. Wir hätten ihm gern ein Trinkgeld gegeben, nur steckten ja unsere Dollars in den Brustbeuteln und die konnten wir mitten im Menschengetümmel (Achtung, Überfall!) nicht unter unserer Kleidung hervorholen. Während wir noch verzweifelt überlegten, wie wir den aufdringlichen Typen loswerden und unser

Gepäck zurückerobern könnten, hörte ich plötzlich meinen Namen.

»Bettina?« Eine mondän aussehende, schlanke Frau mit modischer grauer Pagenschnittfrisur winkte mir zu.

»Da ist Susan!«, rief ich hocherfreut und lief auf meine Tante zu.

»Sorry to be late, Darling«, sagte sie lachend und umarmte mich. »Dieser Verkehr in New York ist so unberechenbar.« Jetzt erst sah sie, dass Christiane bei den Koffern stand und versuchte, den wild gestikulierenden Gepäckträger abzuwimmeln. Susan durchschaute die Situation sofort und reagierte blitzschnell. Mit ein paar Schritten war sie bei Christiane und drückte dem Mann einen Fünf-Dollar-Schein in die Hand.

»Nie das Gepäck aus der Hand geben«, sagte sie. »Und jetzt kommt, meine Lieben, Vero wartet draußen mit dem Auto.« Ihre Tochter Veronique, eine schüchterne Zwanzigjährige mit feinen Gesichtszügen, die einen Kopf größer war als ich, umarmte uns und verstaute dann die schweren Gepäckstücke im Kofferraum eines alten silbernen Fords.

Die Fahrt vom Flughafen nach Manhattan werde ich nie vergessen. Übermüdet und aufgekratzt zugleich blickten wir aus dem Fenster und versuchten zu verstehen, was Susan und Veronique uns auf Englisch erzählten, und gleichzeitig in uns aufzunehmen, was wir draußen sahen. Es wurde gerade dunkel, links und rechts glitten riesige amerikanische Straßenkreuzer an uns vorbei, dazwischen jede Menge Yellow Cabs, die berühmten New Yorker Taxis. Plötzlich tauchte in der Ferne die funkelnde Skyline Manhattans auf.

»Oh mein Gott«, riefen Christiane und ich entzückt wie aus einem Mund. »Das sieht ja genauso aus wie auf den Postkarten!« Je näher wir New York City kamen, desto stärker wurde das Déjà-vu-Gefühl. Die Wolkenkratzer, das World Trade Center, das UNO-Gebäude, die roten Backsteinhäuser, die Wassertanks auf den Dächern, der East River, die Brücken – all das sahen wir zum ersten Mal und hatten doch das Gefühl, es schon hundertmal gesehen zu haben. Selbst die allgegenwärtigen Polizeisirenen klangen genauso wie in den amerikanischen Filmen. Filmreif war auch unsere Unterkunft: Susan lebte in einem Loft in der 29. Straße zwischen 6. und 7. Avenue. Im Aufzug tippte man einen Zahlencode ein und fuhr vom Erdgeschoss direkt in das imposante, modern und stilsicher eingerichtete Appartement.

»Wow«, sagte ich zu Christiane, als Veronique uns in die Wohnküche mit offener Bar führte. Durch die bodentiefen Fenster sah man direkt auf das hell erleuchtete Empire State Building. »Das muss doch ein Vermögen kosten, mitten in Manhattan so zu wohnen.« Susan lächelte.

»I bought it years ago«, sagte sie. »It was a Schnäppchen.« Susans Weltläufigkeit zeigte sich unter anderem darin, dass sie mühelos vom Englischen ins Deutsche und dann wieder ins Französische wechselte. Ihr Vater hatte mit ihr immer Deutsch gesprochen, ihre Mutter, eine Amerikanerin, Englisch. Sie selbst war mit einem Franzosen verheiratet, der in Paris als Grafikdesigner arbeitete, weshalb die Familie zwischen den Kontinenten hin- und herpendelte.

Nachdem Susan uns mit Essen und ich sie mit allen familiären Neuigkeiten aus Deutschland versorgt hatte, fielen Christiane und ich todmüde ins Bett.

»Hast du die tote Kakerlake im Badezimmer gesehen?«, fragte ich gähnend. »Ja«, flüsterte Christiane. »Ich fürchte, die gibt's hier auch lebendig. New York soll ja die Hauptstadt der Kakerlaken sein, ganz egal wie schick und teuer die Appartements sind.«

»Manhattan, wir kommen!«, sagte ich schlaftrunken und lauschte den Geräuschen, die mich von nun an ein halbes Jahr lang begleiten würden – dem Summen der Klimaanlage und dem Dauerheulen der Polizeisirenen.

7. August 1987

Erste Erkundungstour: die 5th Avenue hoch bis zum Central Park, 73th Street. Vorbei am Empire State, Rockefeller Center, Trump Tower und vielen anderen imposanten Gebäuden. Die ersten Blasen hatte ich schon am Central Park. Dann eine Stunde lang Subway-Irrungen in grauenhaft stinkender Backofenhitze, endlich Ankunft am World Trade Center, das höchste Gebäude New Yorks. Mit dem Aufzug zum 107. Stock. Dann – WOW – Manhattan aus der Vogelperspektive. Selbst da oben hatten wir Schwierigkeiten zu begreifen, dass das kein Traum und auch kein Foto war. Zum ersten Mal ein Eindruck von der Vielfalt und dem brodelnden Leben dieser Stadt, die alle paar Straßen wieder ein völlig anderes Gesicht zeigt.

Ganz anders als Paris war New York für mich keine Liebe auf den ersten Blick. Einerseits war ich überwältigt von den Superlativen – der Höhe der Gebäude, den Massen an Menschen, die sich im Eiltempo durch die Straßen schoben, den gigantischen Leuchtreklamen am Broadway und am Times Square, den luxuriösen Kaufhäusern an der Fifth Avenue. Andererseits stießen mich der Dreck, der Gestank und der Lärm ab, und ich war entsetzt von der überall sichtbaren Armut mitten im Großstadtglanz. Alle paar Meter stolperte man über Bettler und Obdachlose, deren Elend einem die Schwachstellen des amerikanischen Gesellschaftssystems krass vor Augen führte.

Was uns außerdem anfangs fehlte, war die Kaffeehaus-
kultur, die wir an Frankreich so liebten.

10. August 1987
Im Village suchten wir erst lange ein Restaurant,
landeten dann in einem recht teuren, aber guten Laden
namens Formerly Joe's. Völlig abgefüllt wanderten wir
dann durch die Straßen auf der Suche nach einer netten
Kneipe, Bar oder Straßencafé, fanden aber nichts,
was uns zusagte. Wir mussten feststellen, dass es hier
schlecht möglich ist zu flanieren, wie man es von Paris
gewohnt ist.

Die meisten New Yorker kamen gar nicht auf die Idee,
sich bei hochsommerlichen Temperaturen in ein Straßencafé zu setzen, stattdessen drängten sie sich in Fast-Food-
Restaurants, die so heruntergekühlt waren, dass man
sich dort ohne Strickjacke erkältete. Wir mussten ewig
suchen, bevor wir ein paar Oasen entdeckten, wo man
auf »europäische« Weise innehalten konnte. Uns reich-
ten schon ein paar lieblos hingestellte Plastikstühle auf
dem Bürgersteig. Unsere Lieblingsbeschäftigung, das
Beobachten von Menschen, ließ sich aber auch dort nur
schwer bewerkstelligen, denn im New York der 1980er-
Jahre spazierte niemand einfach nur so herum. Außer
den Bettlern waren alle zu jeder Tages- und Nachtzeit
schnellen Schritts unterwegs. Das wiederum machte das
Wesen der Stadt aus: die pulsierende Energie, die sich
schon nach wenigen Tagen auf uns übertrug. Kaum trat
ich aus dem Haus, hatte ich das Gefühl, die Finger in eine
Steckdose gesteckt zu haben. Alles in mir vibrierte, ich
war augenblicklich Teil dieser elektrisierenden Lebendig-
keit, die von mir Besitz ergriff wie eine Droge.
  Nachdem wir unsere anfänglichen Ängste vor Über-

fällen, Mädchenhändlern und Dealern überwunden hatten (Susan und Veronique bestätigten uns, dass New York abseits von Harlem und der Bronx weit ungefährlicher war als sein Ruf), begannen wir, die Stadt intensiv zu erkunden. Wir besuchten die berühmten Museen, fuhren mit der Fähre nach Staten Island und waren überwältigt vom Blick auf die Skyline, wir erkundeten den Central Park, der uns vor allem sonntags begeisterte. Am Wochenende schien es nämlich so, als habe das hektische New York plötzlich die Pausentaste gedrückt. Ich notierte entzückt:

15. August 1987
Sonntag: Flohmarkt und Central Park. Freies Konzert, riesig, viele Leute und – an adventure – Rollerskaters!
Eine Ansammlung verrückter New Yorker, so gut drauf, dass man stundenlang zuschauen könnte. So that's NYC, habe ich die ganze Zeit gedacht.
Abends sind wir immer zu kaputt, um auszugehen. Stattdessen kochen wir und gucken Musikvideos – die laufen hier rund um die Uhr.

MTV und Rollerskaters – beides hippe Ikonen der 1980er-Jahre, die sich in Deutschland zu diesem Zeitpunkt noch nicht so richtig durchgesetzt hatten, zumindest nicht in unserer gutbürgerlichen Umgebung. Wir fühlten uns unserer Zeit weit voraus.

Irgendwann wagten wir es, uns New York auch nach Einbruch der Dunkelheit anzusehen, und besorgten uns Karten für eine Theatervorstellung am Broadway.

20. August 1987

Dienstag standen wir eine Stunde am Times Square an,
wo wir für je 19 Dollar Karten für Les liaisons dange-
reuses am Broadway erstanden, gespielt von der Royal
Shakespeare Company. Dort waren wir dann abends,
nachdem wir nachmittags noch eben das Empire State
Building erklommen hatten, das einen, wie ich finde,
noch schöneren Blick als das World Trade Center bietet.
Vor allem: wir konnten unser Haus von oben begutach-
ten!

Die Vorstellung war fantastisch. Gestochenes britisches
Englisch, erstklassige Schauspieler, äußerst geschmack-
volles Bühnenbild. Eine geraffte, aber auch gute Thea-
terfassung des Romans, die im Einklang mit der Ins-
zenierung gut die frivole und zugleich lebensmüde
Stimmung der Aristokratie am Vorabend der Revolution
wiedergibt.» We have to continue the game« – obwohl
längst niemand mehr weiß, um welchen Preis eigentlich
gespielt wird und wer auf der Gewinner- bzw. Verlierer-
seite steht.

Im Anschluss an diesen theatralischen Genuss gönnten
wir uns einen köstlichen Marguerita-Drink in einem
mexikanischen Restaurant im Village. Ein attraktiver
Ober, der mich sicher noch mal dorthin locken wird.
Er hatte das gewisse Etwas, das mir bisher hier fehlt.

Allmählich nahm das Vergnügungsleben Fahrt auf. Wir
sahen uns noch weitere Broadway-Aufführungen an,
unter anderem das Musical *Les Miserables*, und staunten
über den Pomp und das künstlerische Niveau. Etwas
Vergleichbares hatten wir nicht einmal in Paris gesehen.
Der vorläufige Höhepunkt unserer abendlichen Ausflüge
war ein Billy-Idol-Konzert im Madison Square Garden.
Ich habe es vor Augen, als wäre es gestern gewesen. Das

Bühnenbild bestand aus zwei überdimensionalen gespreizten Frauenbeinen in Strapsen und High Heels, aus deren heißer Mitte unter dem Gejohle von 20 000 Fans der Meister heraussprang und mit »White Wedding« die Party eröffnete. Wir waren außer Rand und Band und tanzten das ganze Konzert durch. Selten in meinem Leben habe ich mich weltstädtischer gefühlt als in diesen zwei Stunden auf den billigsten Plätzen, von wo wir Billy nur als winzigen, unermüdlich herumhüpfenden weißblonden Punkt wahrnehmen konnten.

Aus nostalgischen Gründen überredete ich meinen Mann 2019, ein Billy-Idol-Gastspiel im Hamburger Stadtpark zu besuchen. Das Konzert war ausverkauft, um uns herum lauter in Coolness ergraute Lederjackenträger, die ihr Leben noch vor nicht allzu langer Zeit für wild und gefährlich gehalten hatten. Wir tranken Bier aus Plastikbechern und waren heiß auf den Helden unserer Jugend. Und dann … was für eine Enttäuschung! Auf der Bühne stand ein alter, abgehalfterter Mann mit blond gefärbten Haaren, der verzweifelt versuchte, seine Klassiker abzuliefern, und leider meist nicht einmal die richtigen Töne traf. Wir waren alle peinlich berührt. Manchmal ist es besser, die Vergangenheit auf sich beruhen zu lassen.

Doch zurück nach New York. Christiane und ich wurden immer mutiger. Wir fuhren mit der Subway kreuz und quer durch die Stadt und wagten uns auch in die Randbezirke vor, zum Beispiel an die New Yorker Strände. Die Hitze war in der Stadt kaum erträglich, deshalb nahmen wir es in Kauf, lange in der U-Bahn zu sitzen, um endlich mal im Meer baden zu können. Eins unserer Ziele war Brighton Beach, auch Little Odessa genannt, ein Ort auf Coney Island, wo sich vor allem Osteuropäer angesiedelt hatten. Der breite Strand wirkte verlassen, genau wie der angrenzende Jahrmarkt mit Riesenrad, der aussah, als hätte er schon bessere Zeiten erlebt. Ein anderes Mal erkundeten wir die Gegend östlich von Manhattan.

25. August 1987
Freitag verbrachten wir auf City Island, einer der Bronx vorgelagerten Fischer- und Ferieninsel mit vielen kleinen Häusern am Wasser und Jachthäfen, und am Orchard Beach. Wunderbares Wetter, Shrimps und undefinierbaren Fisch für viel Geld auf der Terrasse eines Seafood-Restaurants gegessen, uns dann zu Fuß zum Strand geschleppt. Viele Papagallos aus der Bronx, laute Musik und dreckiges Wasser. Blick auf Hart Island, die Toteninsel, etwas unheimlich. Wir lernten einen komischen Vogel deutscher Abstammung kennen, der in der Bronx lebt und am Strand Flaschen einsammelte. Nach einer etwas überdehnten Odyssee in Bus und U-Bahn durch die Bronx gingen wir spätabends noch aus. Zunächst ins Big Kahuna, wo wir zu unserem Erstaunen von einem bezopften Doorman einer draußen wartenden Menschenschlange vorgezogen wurden. Der Laden stellte sich dann allerdings als relativ langweilig heraus. Spießige Weiber und Muskelprotze, zudem blöde Musik. Außerdem war's abartig heiß. Danach nahmen wir noch einen Drink in einem Straßencafé am Broadway zu uns in lauer Sommernacht. Natürlich guckte wieder kein Schwein.

Weniger Glück hatten wir beim legendären Nachtclub Studio 54, dem weltberühmten Treffpunkt der Stars und Sternchen. Stundenlang standen wir draußen in der Schlange, um dann nach einem kurzen, kalt abschätzenden Blick des Türstehers weggeschickt zu werden. Wir versuchten es mehrmals – immer erfolglos. Einmal eine Nacht mit Mick Jagger und David Bowie durchzufeiern, blieb uns leider verwehrt.

Auf dem Rückweg von unseren Abstechern ins New Yorker Nachtleben mieden wir die zwielichtigen Gegenden, nach Einbruch der Dunkelheit nahmen wir uns ein Taxi. Susan ließ uns völlig freien Lauf, gelegentlich saßen wir abends zusammen in der Küche, tranken Wein oder Whisky und ließen uns von ihr erzählen, wie sie aufgewachsen war.

»Meine Mutter war Halbjüdin«, sagte sie und zeigte uns ein Schwarz-Weiß-Foto einer wunderschönen Frau in eleganter Mode der 20er-Jahre. »Das hat in der New Yorker WASP-Society nicht allen gepasst.« Die Abkürzung WASP, lernten wir, steht für den Begriff »White Anglo-Saxon Protestant«, mit dem die protestantische weiße Mittel- und Oberschicht der USA bezeichnet wird, deren Vorfahren aus Europa stammen.

»Mum steht übrigens da drüben«, sagte Susan und deutete auf die Schrankwand im Wohnzimmer. Wir sahen sie verständnislos an.

»Die schwarze Urne«, sagte sie grinsend. »Hab lange nach einem Gefäß gesucht, das sich unauffällig ins Design einfügt. So ist sie immer bei mir, mischt sich aber nicht mehr in mein Leben ein.«

Susan war immer für eine Überraschung gut. Als wir eines Abends zurückkamen, war sie gerade dabei, die Küche zu fegen.

»Oh my god«, stöhnte sie. »Heute verdammt viele Kakerlaken!« Ich starrte auf den dunklen Haufen auf dem Parkettboden. Da lagen mindestens 20 der Rieseninsekten, zum Glück alle tot.

»Don't worry«, sagte sie. »Die tun euch nichts mehr, dank Roach-Kill. Das ist ein unschlagbares Mittel gegen

die Biester.« Sie zeigte auf die Steckdose über der Fuß-
leiste, in der ein kleiner weißer Kunststoffkeil steckte.

»Funktioniert mit Ultraschall«, sagte sie triumphie-
rend. »Sobald sich eins der kleinen Monster nähert, ist es
hinüber.« Wir glaubten ihr – bis ich eines Morgens die
Dusche aufdrehte und mir aus dem Abfluss die größte
Kakerlake entgegenkrabbelte, die ich jemals gesehen
hatte. Ich war paralysiert und schrie wie am Spieß. Meine
Insektenphobie hält schon einer Wespe kaum stand, aber
das hier war außerirdisch.

»Was ist los?«, rief Veronique von draußen und rüttelte an der Tür. »Is it a roach? Open the door!« (»Ist es
eine Kakerlake? Mach die Tür auf!«) Ich brauchte mehrere Minuten, um mich zu fangen. Schließlich sprang ich
todesmutig über das Tier hinweg und schloss die Tür auf.
Bewaffnet mit einer beeindruckend großen Sprühdose
stürmte Veronique ins Badezimmer und nebelte die
Dusche komplett ein. Ich überlebte, die Kakerlake nicht.
Seit diesem Tag näherte ich mich jedem Raum des Lofts
nur noch vorsichtig und ließ mich erst nieder, nachdem
ich die Umgebung jeder Steckdose auf Untote gecheckt
hatte.

Nur noch ein einziges Mal ist mir seitdem eine Küchen-
schabe begegnet, die noch größer war als das Monster in
der Dusche – ausgerechnet auf unserer Hochzeitsreise in
der Karibik. Mein frisch Angetrauter und ich lagen Arm
in Arm auf dem Kingsize-Bett unserer Honeymoon Suite
und sahen aus dem Fenster aufs Meer. Ich ließ meinen
Blick durch den eleganten Raum schweifen und blieb an
der Klimaanlage hängen.

»Was ist das da für ein großer schwarzer Fleck?«,
fragte ich meinen Liebsten. »Hier ist doch sonst alles so
blitzsauber.«

»Keine Ahnung«, sagte Udo. »Ist doch egal, guck lieber nach draußen, gleich geht die Sonne unter.« Ich blinzelte, stand auf und begutachtete die Stelle aus der Nähe.

»Der Fleck bewegt sich«, rief ich erschrocken. »Komm mal schnell, ich glaube, das ist ein Tier.« Panisch rannte ich zurück zum Bett und versteckte mich unter der Decke. Udo erhob sich widerwillig, schob einen Stuhl unter die Klimaanlage und stieg hinauf.

»Oha«, sagte er. »Das ist ja … du meine Güte! Guck lieber nicht hin, mein Schatz.« Ich hörte ein Klatschen und einen ziemlich lauten, dumpfen Aufprall.

»So 'ne Riesenkakerlake hab ich noch nie gesehen«, rief er. »Das muss eine Mutation sein.« Ich traute mich erst wieder unter der Decke hervor, nachdem er die gesamte Suite nach eventuellen Gefährten der Toten durchkämmt hatte. Nach einer sehr unruhigen Nacht – ich hatte einen Albtraum, in dem übermenschlich große Kakerlaken auf zwei Beinen um unser Bett herumstanden und mit gefletschten Zähnen auf uns herabsahen – wechselten wir das Hotel.

In New York blieben mir weitere Begegnungen dieser Art zum Glück erspart. Die sechs Wochen mit Christiane vergingen wie im Flug. Nachdem ich sie zum Flughafen gebracht hatte, konstatierte ich zufrieden:

15. September 1987

Insgesamt kann ich die Quintessenz meiner ersten sechs New-York-Wochen so formulieren: Ich fühle mich inzwischen sehr gut hier. Alles beginnt vertraut zu werden, man kennt sich schon ein bisschen aus. Trotzdem habe ich noch nicht aufgehört zu staunen. Diese Stadt ist in vieler Hinsicht einfach UNGLAUBLICH im wahrsten Sinne des Wortes. Es gibt Unmengen zu sehen und zu entdecken. Ich habe es noch keine Minute lang bereut, hierhergekommen zu sein.

Nach Christianes Abreise begann ich mich um einen Praktikumsplatz zu bemühen. Ich klapperte die Korrespondentenbüros aller deutschen Sender und Zeitungen ab und wurde überall freundlich abgewimmelt. Offensichtlich gab es für eine arbeitswütige Studentin außer Ablage und Kaffeekochen dort nichts zu tun – und dafür war ich ja nicht nach New York gekommen.

»Ich höre mich mal um«, bot Susan an. »Vielleicht ergibt sich ja was.« Meine Tante hatte einen großen, interessanten Freundeskreis, der mich mit offenen Armen empfing.

20. September 1987
Freitag Einladung bei Dorothea und Leo Rabkin, einem absolut reizenden Freundespaar von Susan, er Künstler, sie Ex-Berlinerin, die seit 37 Jahren in NYC ist, trotzdem noch mit unverkennbarem Akzent. Wir aßen dort nicht nur köstlich, sondern ich bekam auch einen beeindruckenden Einblick in Leos Schaffen und erfuhr im Laufe des Tischgesprächs, mit welch illustren Leuten ich es da eigentlich zu tun hatte.

Dorothea und Leo schloss ich sofort ins Herz. Er war Amerikaner, sie hatte die Nazizeit dank Freunden in Verstecken überlebt und war nach dem Krieg von Berlin nach New York ausgewandert. Sie hatte eine rauchige Stimme und einen wunderbaren Humor. Die beiden bewohnten ein Backsteinhaus im angesagten Stadtteil Chelsea, das bis oben hin mit Kunst gefüllt war, denn neben Leos eigenen Werken hatten die Rabkins eine umfangreiche Sammlung amerikanischer Volkskunst. Ich liebte es, in diesem außergewöhnlichen Haus zu Gast zu sein, wo man sich immer willkommen fühlte und bei Dorotheas fantastischem Borschtsch und gutem Wein zwischen Bildern, Büchern und Skulpturen in fröhlicher Runde am Holztisch saß und über den neuesten Klatsch der New Yorker Kunstszene diskutierte. Noch heute erinnern mich zwei Geschenke an dieses besondere Paar: ein kleines gerahmtes Textilbild von Leo und eine uralte »Rheingold Extra Dry«-Leuchtreklame, um die ich bei jeder Party beneidet werde. Die beiden leben nicht nur in meiner Erinnerung weiter, die Dorothea and Leo Rabkin Foundation sorgt dafür, dass Leben und Werk dieser besonderen Menschen nicht in Vergessenheit geraten.

Obwohl ich mich nach wie vor für Gegenwartskunst interessiere und gerne Museen und Ausstellungen besuche, habe ich leider kaum Zugang zur deutschen Szene. Ich hätte gern das ein oder andere Original an meinen Wänden hängen, bin aber, was die Auswahl angeht, relativ hilf- und ahnungslos.

»Mal doch selbst mal wieder«, sagte neulich eine Freundin, die noch wusste, dass ich mit zwanzig davon geträumt hatte, an einer Kunstakademie zu studieren. Vielleicht muss ich mich einfach trauen, in dieser Hinsicht kreativ zu werden. Wie soll man sonst herausfinden, welches Potenzial noch in einem steckt, wenn man ihm keine Chance gibt? Ich brauche immer jemanden, der mich anschubst, vielleicht hätte ich auch nie angefangen, Bücher zu schreiben, wenn mir nicht vor Jahren eine aufmerksame Lektorin ein Angebot gemacht hätte.

Auch Susan hatte übrigens künstlerisches Talent. Sie malte, zeichnete und fotografierte und stellte auch gelegentlich aus.

Sie und ihre freigeistigen Freunde verkörperten in meinen Augen alles, was ich bewunderte und von der Generation meiner Eltern nicht gewohnt war: Internationalität, Toleranz und Weltoffenheit.

»Was denkt ihr in Europa über Aids?«, fragte Susan

mich eines Abends, als wir noch an der Hausbar zusammensaßen. Ich hatte zwar schon von der Viruserkrankung gehört und gelesen, aber niemand in meinem Umfeld empfand sie damals als konkrete Bedrohung. In New York sah die Situation ganz anders aus.

»Ich habe schon einige gute Freunde an diese beschissene Krankheit verloren«, sagte Susan und zog an ihrer Zigarette. »Eine Schande, dass es noch kein Mittel dagegen gibt. Es wird noch viel zu wenig geforscht und zu wenig darüber gesprochen, weil ja ›nur‹ Schwule davon betroffen sind.«

Meine Tante überraschte mich immer wieder. Sie nahm mich mit in Galerien, zu Vernissagen und Ausstellungen – und gelegentlich auch zu Partys.

28. September 1987

Letzten Samstag war eine riesige Party bei der japanischen Künstlerin, bei der Susans Freundin Laura wohnt. Super. Riesiges Loft in SoHo, guter Sound, gute Leute, viel zu trinken. Ich lernte einen netten japanischen Haircutter nebst Freundin kennen, einen sehr eigenartigen polnischen Alt-68er (Typ John Lennon), außerdem einen französischen Art-Dealer, einen Opernsänger, eine Gruppe von witzigen Schweizern und, und, und ... very international. Hab jetzt einen ganzen Stapel Visitenkarten hier liegen.

Übrigens habe ich letzte Woche in SoHo ein paar tolle Designer-Shops und Galerien entdeckt, u. a. Stephen Sprouse (der Andy Warhol eingekleidet hat) und Keith Harings Pop Shop.

Ein gerahmtes Poster in meinem Flur beweist mir bis heute, dass ich tatsächlich in dem weltberühmten Laden in der Lafayette Street war, die knallbunten Wände bestaunte und an der Kasse beim Meister persönlich bezahlte. Haring, ein freundlicher junger Mann in meinem Alter mit runder Brille, wuselte zwischen den Kunden herum und hatte für jeden ein nettes Wort übrig – passend zu seiner Mission, Kunst für alle zugänglich zu machen und von ihrem elitären Image zu befreien. Wie traurig, dass auch er, der sich leidenschaftlich für die Rechte von Homosexuellen engagierte, 1990 an Aids verstarb.

So aufregend ich New York auch empfand, war es doch kein Ort, um mich zu verlieben. Obwohl sich nach einigen Wochen herausstellte, dass tatsächlich einer der wichtigsten Männer meines bisherigen Lebens ganz in meiner Nähe wohnte: Yves. Wir waren seit Paris in unregelmäßigem Kontakt geblieben. Irgendwann schickten meine Eltern mir einen Brief von ihm hinterher, in dem er mich wissen ließ, er lebe nach einem längeren Japan-Aufenthalt mittlerweile in Manhattan und arbeite dort als Architekt. Offenbar wohnte er mit einer Frau zusammen, die er als seine große Liebe bezeichnete.

»Mit den Männern ist es jetzt endgültig vorbei«, schrieb er. Als ich ihn wiedertraf, bedauerte ich ein bisschen, dass er diese Entscheidung nicht schon damals in Paris getroffen hatte.

2. Oktober 1987

Das Wiedersehen nach ca. vier Jahren war relativ unbewegend. Er hat sich nicht wesentlich verändert, nur kürzere Haare – und selbstsicherer ist er geworden. Er hat ein schönes Appartement im Village, sehr geschmackvoll eingerichtet, wo er zusammen mit Katy lebt. Sie ist Model. Leider war sie gerade auf Tour, sodass ich sie nicht zu Gesicht bekam. Wir redeten viel, er zeigte mir seine Entwürfe (nicht schlecht) und es war relativ ent-

spannt. Ich mag ihn immer noch, vor allem »the way he
looks«. Er hat etwas an sich, das ich liebe und das ihn
einzigartig macht. Aber ich zwinge mich, nicht senti-
mental oder kindisch zu werden – jetzt kann ich ihn
nicht mehr haben, die Zeit, wo's leicht gewesen wäre,
habe ich längst verpasst.

Yves rief mich gelegentlich an und lud mich ein, mit ihm und seiner Clique auszugehen, inklusive seiner Freundin lauter gut aussehende, stylish gekleidete New Yorker, die genau wussten, wo man auch mit wenig Geld viel erleben konnte. Wir gingen zum Beispiel in kleine indische Restaurants ohne Alkohol-Lizenz und brachten unser Bier selbst mit. Danach tanzten wir in Underground-Clubs im East Village, die nur Insidern bekannt waren. Manchmal spielten Avantgarde-Bands, das Publikum war jung und exotisch. Die meisten dieser Locations waren in ranzigen Kellerräumen untergebracht, einige gab es schon ein paar Wochen nach der Eröffnung nicht mehr. Es war eine Pop-up-Nachtclub-Szene.

Auf Yves' Geburtstagsparty lernte ich einen deutschen Architekten kennen, mit dem ich mich anfreundete. Julius lebte schon seit Jahren in New York und arbeitete im Büro des Stararchitekten Richard Meier, wo ich ihn einmal abholte. Es war beeindruckend, die lichtdurchfluteten weißen Räume zu sehen, in denen schwarz gekleidete Kreative damit beschäftigt waren, lichtdurchflutete weiße Gebäude zu entwerfen. Als Architektentochter interessierte es mich natürlich, wie dort im Vergleich zu Deutschland gezeichnet, geplant und gebaut wurde. Was mir vor allem auffiel: Es wurde wesentlich mehr gearbeitet als in good old Germany. Von einem 8-Stunden-Tag oder einer 40-Stunden-Woche konnte keine Rede sein, auch Urlaub gab's maximal 14 Tage im Jahr.

»Gut bezahlt wird der Job auch nicht«, sagte Julius lachend. »Aber um bei Richard Meier arbeiten zu dürfen, würden viele sogar Geld bezahlen. Für meine Karriere ist das Gold wert.« Er hat recht behalten und ist bis heute ein erfolgreicher Architekt.

Was meine journalistische Karriere anging, leistete Susan ganze Arbeit.

»Ich habe einen Vorstellungstermin für dich arrangiert«, sagte sie eines Morgens, als wir gerade Bio-Müsli mit Bio-Äpfeln und laktosefreier Milch frühstückten. Ich hatte mich längst daran gewöhnt, dass die gertenschlanke Tante auf dem Gesundheitstrip war. Damit war sie nicht allein. Die New Yorker Supermärkte waren schon 1987 ein Eldorado für Ernährungsbewusste, niemals zuvor hatte ich so eine grenzenlose Auswahl an Bio- und Allergiker-Produkten gesehen. Rauchen war absolut verpönt. In allen öffentlichen Gebäuden und auch in vielen Restaurants war es damals bereits verboten, und wenn ich mir auf einer Party mal eine Marlboro anzündete, wurde ich angestarrt wie eine Außerirdische.

»Eine Freundin von mir leitet den Fernsehsender WNYC«, sagte sie. »Die können Volunteers gebrauchen.« Ich fiel ihr vor Begeisterung um den Hals, denn ich hatte die Hoffnung auf einen Praktikumsplatz schon fast aufgegeben.

Zwei Tage später fuhr ich mit dem Aufzug in die 14. Etage eines Hochhauses in Downtown, dem Sitz des Senders. Er gehörte zum Public Broadcasting Service, der in etwa dem öffentlich-rechtlichen Fernsehen bei uns entspricht. Die Journalisten dort arbeiteten auf hohem Niveau, aber im Gegensatz zu den großen kommerziellen US-Sendern NBC und ABC mit geringen finanziellen Mitteln.

»Hatten Sie schon mal Kontakt zum amerikanischen

Fernsehen?«, fragte mich die Chefin, eine energische, kleine Frau mit kurz geschnittenen, rot gefärbten Haaren, und sah mich prüfend an.

»Meine Cousine hatte mal Karten für die David-Letterman-Show«, sagte ich zögernd. »Ich war ziemlich enttäuscht, wie durchgeplant und inszeniert das alles ist. Die Dialoge, die Pointen, sogar der Applaus findet da ja auf Kommando statt. Im Fernsehen merkt man davon nichts.«

»That's America«, sagte sie lachend. »Das ganze Leben ist eine Show.« Sie sah aus dem Fenster. Von ihrem Schreibtisch aus blickte sie direkt auf den East River und die berühmte Brooklyn Bridge.

»Also, bei uns hier wird anders gearbeitet, wir verstehen uns als seriöse Investigativ-Journalisten«, sagte sie und wandte sich mir wieder zu. »Wir produzieren eine politische Talkshow namens *The Kwitny Report*, da arbeiten viele junge Leute und alle sind heiß auf guten Journalismus. Sie können morgen anfangen.«

Ich konnte mein Glück kaum fassen – ein richtiger Job! Von nun an änderte sich mein Leben in New York. Jeden Morgen fuhr ich mit der Subway nach Downtown und fühlte mich schon bald als Teil des Teams. Zusammen mit einer internationalen Truppe von angehenden und erfahrenen Journalisten, die aus den unterschiedlichsten Gründen im Big Apple gelandet waren, recherchierte ich für die wöchentliche Sendung, die von dem *Wall Street Journal*-Reporter Jonathan Kwitny moderiert wurde.

9. Oktober 1987

Meine Aufgabe ist es zurzeit, sechs bis sieben Stunden am Tag Zeitungen zu lesen (New York Times, Washington Post, Wall Street Journal, Time Magazine usw.), sie nach brisanten Themen durchzuforsten und die betref-

fenden Artikel auszuschneiden und abzuheften. Nicht
gerade aufregend, aber informativ. Das kleine Archiv,
das ich auf diese Weise anlege, wird gebraucht für die
Sendung. Es ist im Grunde genau das, was ich wollte:
amerikanisches Fernsehen und jede Menge nette Leute.
Die Auswahl an attraktiven Männern ist allerdings
mager: ein gut aussehender Schotte (leider frisch verhei-
ratet) sowie Dimitri, ein sehr sympathischer Amerika-
ner mit griechischen Wurzeln, der sich sehr lieb um
mich kümmert.

Dimitri nahm mir auch die Angst, am Telefon zu recherchieren, was mich anfangs sehr nervös machte.

»Die hören doch sofort, dass ich einen deutschen
Akzent habe«, sagte ich. »Nehmen die mich dann überhaupt ernst?«

»Dein Akzent interessiert hier niemanden«, sagte er.
»Ist dir noch nicht aufgefallen, dass hier fast jeder einen
hat? Ich kann auch nicht verbergen, dass ich in Griechen-
land aufgewachsen bin.«

Nach und nach verlor ich meine Hemmungen, irgendwann durfte ich sogar die Talk-Gäste, hauptsächlich
Politiker, Autoren und Journalisten, empfangen und ins
Studio begleiten. Auch wenn ich nicht immer alles verstand, lernte ich in dieser Zeit viel über amerikanische
Politik und bekam eine Ahnung davon, wie Fernsehen,
wie überhaupt die Medienwelt funktioniert. Damals war
die Kluft zwischen solider, glaubwürdiger Berichterstattung und durchinszenierter, gescripteter Show selbst in
den USA noch groß. Heute sind die Grenzen fließend,
auch bei uns. Mir war schon früh klar, auf welche Seite
ich gehöre.

Wir arbeiteten alle extrem viel. Mittags holten wir uns
im benachbarten Chinatown köstliche Snacks in kleinen

weißen Pappschachteln, und abends debattierten wir in den Kneipen von SoHo, East und Greenwich Village. Den Kwitny-Kollegen habe ich auch das erste Sushi meines Lebens zu verdanken. Heute mag ich rohen Fisch – Liebe auf den ersten Blick war es aber nicht.

20. Oktober 1987
Spätabends zog es uns noch mal auf die Straße. Wir aßen im East Village Sushi, die angesagte Rohspeise aus den Tiefen des Meeres. Ich muss sagen, für mich waren die Fischbröckchen eher Anlass zum Würgen als Genuss.
Was mir aber endgültig den Appetit verdorben hat: Beim Essen vertraute Dimitri mir treuherzig an, dass er seit ein paar Monaten Herpes hat, was bekanntermaßen unheilbar und daher für ihn ein relativ unangenehmes Leiden ist. Ich glaube daher, dass er nicht der geeignete Partner für ein Abenteuer ist … Es ist zwar kein Aids, aber haben möchte ich's trotzdem nicht.

Abgesehen von Herpes und Fischbröckchen habe ich leider in meinem Tagebuch die Themen, über die wir redeten, nicht festgehalten. Was mich verblüffte, war, wie wenig die Investigativ-Crew über meine Heimat wusste, jedenfalls diejenigen, die in den USA aufgewachsen waren.

»Kommst du aus Ost- oder West-Deutschland?«, wurde ich fast genauso oft gefragt wie »Gibt es bei euch noch viele Nazis?«. Immer wieder musste ich erklären, dass der Nationalsozialismus der Vergangenheit angehörte, und dass quer durch Deutschland eine Mauer verlief, über die man nicht mal eben so hin- und herklettern konnte.

Die Zeit raste nur so dahin. An den Wochenenden konzentrierte ich mich auf das immense kulturelle Angebot, das New York zu bieten hatte. Alles Außergewöhnliche nahm ich begierig in mich auf. Einmal fuhr ich, beladen mit Proviant, samstagabends nach Brooklyn, um mir dort die neun Stunden dauernde Inszenierung des Stücks *Mahabharata* des britischen Kultregisseurs Peter Brook anzusehen. Das Einzige, was ich erinnere, sind die sehr harten Holzbänke, auf denen wir Zuschauer die ganze Nacht lang ausharren und die anstrengende Brook'sche Version dieses unendlich langen indischen Epos durchstehen mussten – und das Glücksgefühl, das mich erfüllte, als ich bei Sonnenaufgang über die Brooklyn Bridge zurück nach Manhattan spazierte und stolz auf mich war, weil ich dieses intellektuelle Abenteuer ganz alleine gemeistert hatte.

Sosehr ich das alles genoss und mir in diesen Monaten Dimitri, Julius, Susan, Vero und all die anderen ans Herz gewachsen waren, wusste ich doch, dass meine Zeit in New York begrenzt war. Als die Redaktion mich bat zu bleiben und mir sogar anbot, mir bei der Beschaffung der begehrten Greencard zu helfen, kam ich kurz ins Grübeln, lehnte dann aber ab. Einerseits fühlte ich mich extrem hip, wenn ich sonntags mit meiner *New York Times* unterm Arm in meinem bodenlangen Militärmantel, den ich in einem Secondhand-Laden am Broadway erstanden hatte, durch den Central Park schlenderte, andererseits hatte ich Sehnsucht nach zu Hause, meiner Familie und meinen Freunden. In der Adventszeit, als die Fifth Avenue in unwirklichem Weihnachtsdeko-Kitsch erstrahlte und die New Yorker auf Schlittschuhen den kolossalen Weihnachtsbaum vor dem Rockefeller Center umkreisten, wusste ich plötzlich, dass ich Heiligabend wieder in Wuppertal sein wollte. Kurz vor Weihnachten schrieb ich nachdenklich in mein Tagebuch:

»If I can make it there ... « – steckt in Frank Sinatras millionenfach zitiertem New-York-Mantra tatsächlich ein Stückchen Wahrheit? Für mich war es jedenfalls eine spannende Zeit, in der ich nicht nur weit über den Tellerrand meiner bisherigen Welt hinaussehen konnte, sondern auch lernte, mich in einem extrem multikulturellen Umfeld selbstbewusst zu bewegen und zu behaupten.

Seitdem war ich nur ein einziges Mal wieder in der Stadt, im Jahr 2015, zusammen mit meiner Tochter. New York ist immer noch sehenswert, allein schon wegen der spektakulären Architektur, der kulturellen Vielfalt und der unzähligen Clubs und Restaurants. Trotzdem habe ich vieles, was für mich 1987 den besonderen Spirit ausgemacht hat, nicht mehr wiedergefunden. Alles war sauber, alles steril, alles safe – selbst im dunkelsten Winkel war immer noch Platz für eine Überwachungskamera des New York Police Departments. Der Vorteil daran war, dass wir uns selbst nach Mitternacht überall in der Stadt angstfrei bewegen konnten. Wahrscheinlich fehlten mir als Touristin die Insider-Tipps, aber auf mich wirkte es so, als habe diese einst so wilde, verrückte, aufpeitschende Stadt ihre Aufbruchsstimmung verloren. Den einzigen Moment, der mir einen Adrenalinkick versetzte, habe ich meiner Tochter zu verdanken.

»Ich bin mal kurz weg, will ein paar Graffitis fotografieren«, waren ihre letzten Worte, bevor sie aus dem asiatischen Restaurant in Brooklyn verschwand, wo wir gerade unser Essen bestellt hatten. Als ich eine halbe Stunde später kurz vor einem Nervenzusammenbruch war – sie hatte nicht einmal ihr Handy mitgenommen –, und die Kellnerin hysterisch nach der nächsten Polizei-station fragte, kam sie seelenruhig um die Ecke geschlen-dert.

»Chill mal, Mama«, sagte sie und verdrehte die Augen. »Das ist hier nicht Rio de Janeiro, sondern nur New York.«

Kapitel 16

»Ich glaube, Berlin tut mir gut«

Endlich Volontärin!

5. Januar 1988
Zurück aus der großen, weiten Welt, sitze ich hier wieder im total grauen, verregneten Wuppertal und bin 28 Jahre alt. Und immer noch kein bisschen weise und immer noch ohne Job und immer noch ohne Mann. Ich habe viele Pläne und Hoffnungen. Vielleicht bleibe ich ja weiterhin ein Glückskind.
Habe ehrlich gesagt im Moment wenig Ahnung, in welchen Bahnen mein weiteres Leben verlaufen wird. Hauptsache, es bleibt nicht so langweilig wie zurzeit. Und ein bisschen Geld wäre auch nicht schlecht.

Nach New York erschien es mir besonders absurd, wieder einmal in meinem gelb gestrichenen Reihenhaus-Jugendzimmer mit Setzkasten an der Wand zu hocken und auf die Zukunft zu warten. Mein Leben fühlte sich an wie vorübergehend geschlossen. Auf meine Bewerbungen um ein journalistisches Volontariat hatte ich überwiegend Absagen bekommen. In die engere Wahl war ich nur beim *Flensburger Tageblatt*, dem RIAS Berlin und dem ZDF gekommen, und bis zu den jeweiligen Vorstellungsgesprächen war es noch eine Weile hin. Was tun? Aus Geldmangel und Langeweile beschloss ich, noch einmal für ein paar Monate in der Fabrik anzuheuern, und wurde dort am ersten Arbeitstag morgens um sechs mit großem Gejohle begrüßt. Es war schwierig und auch irgendwie peinlich, meinen Kolleginnen und Kollegen erklären zu müssen, warum ich weder in die USA ausgewandert war noch Karriere als Fernsehansagerin gemacht hatte, sondern stattdessen wieder im Blaumann Zahnrädchen sortierte. Dem mitleidigen Grinsen nach zu urteilen, mit dem sie mich musterten, hielten sie mich für eine sympathische Hochstaplerin. Ich verriet ihnen nicht, dass ich mich gelegentlich auch so fühlte, nahm aber jedes Trostschnäpschen dankend entgegen.

Nach ein paar sich scheinbar endlos hinziehenden Wochen hatte ich endlich Grund, mir einen Tag freizunehmen – das ZDF hatte mich eingeladen. Voller Hoffnung fuhr ich mit dem Zug nach Mainz.

Das »Gespräch« fand in einem riesigen verglasten Raum statt. An dem einen Ende des einschüchternd großen Konferenztisches saß ich, mir gegenüber am anderen Ende ein Haufen älterer Herren in Anzügen (heute würde man von alten weißen Männern sprechen), die mich mit unangenehmen Wissensfragen zum ZDF-Programm löcherten. Schwitzend versuchte ich zu verbergen, dass ich mangels Fernseher keine Ahnung hatte, was von Mainz aus alles ausgestrahlt wurde. Ich hatte darauf gehofft, dass mein Charme und mein journalistisches Talent ausreichen würden, um diese Hürde zu nehmen.

»Wie finden Sie die *Schwarzwaldklinik*?« Mir wurde noch heißer.

»Ja, also ... Hmmmmh. Eigentlich nicht so gut«, druckste ich herum.

Ich hatte die Serie noch nie gesehen, aber alles, was ich darüber gehört hatte, klang furchtbar.

»Aha. Nicht so gut. Was gefällt Ihnen daran nicht?«
Der Glatzkopf im grauen Jackett mir gegenüber ließ
nicht locker. Ich wette, er hatte mich sofort durchschaut.
Ich lief rot an. Bluffen war noch nie meine Stärke.

»Ist mir zu kitschig«, sagte ich und überlegte, ob ich
nicht einfach aufstehen und die Situation verlassen sollte.
Stattdessen musste ich noch eine halbe Stunde lang Fragen über mich ergehen lassen, die ich nur zum Teil beantworten konnte. Als ich zurück nach Wuppertal fuhr,
hatte ich nicht das beste Bauchgefühl, hoffte aber trotzdem, es würde reichen, um einen Platz auf dem Lerchen-
berg zu ergattern.

»Du hast Post vom *Flensburger Tageblatt*«, sagte
meine Mutter, als ich nach Hause kam. »Ist zwar nicht
der Nabel der Welt, aber besser als gar nichts.«

Der Vorstellungstermin im hohen Norden verlief sehr
viel freundlicher und reibungsloser als das Mainzer Tri-
bunal. Schon der Spaziergang durch die hübsche Stadt
am Hafen entlang gefiel mir.

»Können Sie sich vorstellen, in Gummistiefeln über
den Acker zu laufen und über Kühe zu berichten?«,
fragte mich der Chefredakteur und musterte mich von
Kopf bis Fuß. Ich trug meine »Vorstellungsklamotten«:
schwarze Samtcordhose, hochgeschlossene weiße Bluse,
breitschultriges graues Jackett mit weinrotem Samtbe-
satz, schwarze Lackschuhe. Auf Röcke und tiefe Aus-
schnitte habe ich in solchen Situationen immer bewusst
verzichtet. Ich wollte mir nicht irgendwann vorwerfen
lassen, den Job nur »deshalb« bekommen zu haben.

»Natürlich kann ich das«, sagte ich. »Ich sehe nicht
immer so aus wie jetzt. Das Landleben interessiert mich.«
Er sah nicht sehr überzeugt aus, schien sich aber zu
freuen, dass ich wild entschlossen war, mein Leben nach
Flensburg zu verlagern. Eine Woche später hatte ich den

Volontariats-Vertrag auf dem Tisch liegen. Ich hätte nur unterschreiben müssen, aber es stand ja noch das Bewerbungsgespräch beim RIAS Berlin aus, und das ZDF hatte auch noch nichts von sich hören lassen.

Wahrscheinlich habe ich es den netten Flensburgern zu verdanken, dass ich selbstbewusst und beschwingt nach Berlin reiste, denn ich hatte ja ein Stellenangebot als Sicherheit im Rücken. Schon als ich aus dem Zug stieg und bei nebligem Wetter den Ku'damm entlanglief, hatte ich ein gutes Gefühl. Das Gespräch verlief von Anfang an wohlwollend.

»Ganz schön flatterhafter Lebenslauf«, frotzelte einer der leitenden Redakteure. »Wird Zeit, dass Sie mal zur Ruhe kommen, Frau Schniewind.«

»Dafür ist Berlin ja genau der richtige Ort«, sagte ich ironisch.

Mit einem verheißungsvollen »Sie hören von uns« wurde ich verabschiedet – und tatsächlich flatterte 14 Tage später die Zusage ins Haus.

2. Juni 1988

Zur momentanen Situation nur so viel: RIAS oder ZDF? Wenn die Herren Direktoren aus Mainz mir doch endlich diese Entscheidung abnehmen würden! Jeden Morgen warte ich auf Post. Und wenn's tatsächlich zu meinen Gunsten ausfallen sollte – gehen dann die Überlegungen von Neuem los? Bevor ich beim RIAS absage, werde ich wohl noch bei irgendeiner wirklich kompetenten Person Rat einholen müssen.

Eines jedenfalls ist witzig: Seit etwa einem Jahr drehen sich meine Gedanken in erster Linie nicht mehr um die Liebe, sondern um so profane Dinge wie Beruf, Karriere, Geld. Ist das ein Reifungsprozess – der Verlust der Unschuld? Oder liegt's ganz einfach am Männermangel?

Wenn ich jetzt ein Blümchen zu zupfen hätte, hieße es
nicht mehr: »Er liebt mich, er liebt mich nicht«, son-
dern »RIAS, ZDF, RIAS, ZDF«. Das ist Älterwerden.
Es wechseln die Prioritäten, es bleibt das Zufallsprinzip.

Sorry, Flensburg, die Kühe waren zu diesem Zeitpunkt
schon aus dem Rennen. Ich habe den Vertrag nicht unter-
schrieben. Seit New York war mir meine berufliche
Zukunft wichtiger als die Liebe. Ich wollte mein Leben
planen und endlich Nägel mit Köpfen machen. Mit
28 Jahren noch immer Single zu sein, empfand ich als
weniger schlimm, als keinen angemessenen Job zu haben.
   Die Entscheidung zwischen Mainz und Berlin blieb
mir übrigens erspart. Erleichtert notierte ich:

25. Juni 1988
Es ist entschieden. Berlin soll es sein. Einerseits natür-
lich ein kleiner Stich ins Selbstwertgefühl, nicht bei den
erwählten 15 beim ZDF zu sein, aber andererseits – wer
weiß, wozu es gut ist. Berlin ist in jedem Fall die bessere
Stadt, und darauf freue ich mich sehr. Bleibt nur noch,
eine Wohnung zu organisieren. Ein Auto habe ich ja seit
Neuestem. Ein schönes Gefühl!

Immer wenn ich heute ZDF-Kollegen die Geschichte meiner gescheiterten Bewerbung erzähle, höre ich Bedauern
heraus. »Was für eine Fehleinschätzung«, heißt es dann
oder »Unser Pech!«. Bis heute bin ich mir aber sicher:
Der Weg zum Erfolg hätte für mich nicht über den Ler-
chenberg geführt, auch wenn ich damals in meiner Eitel-
keit leicht gekränkt war. Ich konnte ja nicht ahnen, dass
das Glück irgendwann zwar nicht in Flensburg, aber
doch im Norden auf mich warten würde.
   Mein erstes eigenes Auto war ein gebrauchter brauner

Opel Kadett, nicht schön, aber gut erhalten und praktisch. Zusammen mit meiner Freundin Anna fuhr ich zum ersten Mal über die Transitstrecke nach Berlin, um eine Wohnung zu besichtigen, die mir ein Bekannter vermittelt hatte. Am Grenzübergang zur DDR wurden wir von zwei unfreundlichen Uniformierten herausgewinkt.

»Haben Sie Kinder dabei?«, wollte einer von ihnen wissen. (Wahrscheinlich eine rhetorische Standardfrage, um formal Fluchthilfe auszuschließen.)

»Woher sollen wir das denn wissen?«, sagte Anna frech. Wir lachten übermütig. Dem Blick des Grenzpolizisten nach zu urteilen, hätte er uns am liebsten auf der Stelle verhaftet, stattdessen schluckte er und wurde rot. Er ließ uns aussteigen und den Kofferraum öffnen. Warum auch immer ließ er dann Gnade walten und wir durften weiterfahren.

Die Wohnung war in einem Altbau in Charlottenburg und wunderschön. Sie bestand aus Küche, Bad und einem großen, hellen sogenannten Berliner Zimmer. Leider war sie eigentlich zu teuer für meine Verhältnisse.

»Wenn Ihre Eltern für Sie bürgen, kriegen Se den Zuschlag, junge Frau«, sagte der Vermieter, ein mürrischer älterer Berliner. Ich umarmte Anna und konnte mein Glück noch gar nicht fassen. Meine Eltern willigten ein und erklärten sich netterweise bereit, mir finanziell noch so lange unter die Arme zu greifen, bis ich genug Geld verdienen würde, um die Miete allein zu bezahlen.

Rosige Aussichten. Ich war rundum glücklich – bis zu dem Tag, als eine Horrornachricht mein Leben in den Grundfesten erschütterte.

3. August 1988
Mami muss morgen ins Krankenhaus. Sie hatte recht
mit ihrem Verdacht. Karzinom im Darm. Wahrschein-
lich wird sie schon am Freitag operiert.
Wir sind natürlich alle völlig geschockt und haben
Angst. Warum, warum? Lieber Gott, ich habe immer
Angst davor gehabt, dass meinen Eltern etwas passiert –
sie sind für mich das Wichtigste auf der Welt. Bitte!
Bitte lass es gut ausgehen. Warum ist man so schreck-
lich hilflos, wenn es einen wie aus dem Nichts plötzlich
selber trifft?
» Wenn wir uns mitten im Leben meinen … «

Ausgerechnet meine Mutter! Als hätte sie in ihrem Leben
nicht schon genug Leid erfahren. Ich war am Boden zer-
stört und wusste nicht, wie ich damit umgehen sollte,
dass der wichtigste Mensch in meinem Leben, meine Vertraute, meine Seelenverwandte, meine über alles geliebte
Mami, plötzlich in Lebensgefahr war. Alles andere erschien mir plötzlich lächerlich banal und unwichtig. Wir,
meine Schwestern, mein Vater und ich, bangten und zit-
terten, während meine Mutter operiert wurde, und waren
unendlich dankbar und erleichtert, als sie alles überstanden hatte. Sie selbst war es, die uns mit ihrem unerschüt-
terlichen Optimismus und ihrer Lebensfreude Kraft gab
und Hoffnung schenkte, dass alles wieder gut werden
würde. Auch der Chemotherapie und einer wahrscheinlich notwendigen Lungenoperation sah sie tapfer entgegen. Sie tröstete uns, obwohl es doch eigentlich hätte
umgekehrt sein müssen.

Ich hatte Schwierigkeiten, meine innere Not im Tagebuch festzuhalten, weil es mich große Überwindung kostete, das, was mich so aufwühlte, zu formulieren.

22. September 1988
Es gibt einen Spruch von Seneca, an den muss ich
immer und immer wieder denken, seit das mit Mami
passierte: »Leichte Sorge redet, schwere verstummt.«
Wie wahr das ist. All diese Liebes- oder anderen ober-
flächlichen Probleme arten doch in dummes Gefasel aus
angesichts von Krankheit und Tod.
Durch Krankheit öffnen sich ungeahnte Türen, hat
Mami gestern gesagt. Ich habe sicher vieles gelernt in
diesen letzten Wochen, aber vor allem eins: Dass wir
LEBEN, leben dürfen mit all unseren Sorgen und Freu-
den, ist das Höchste überhaupt.
Im »Tale des Todesschattens« erscheint plötzlich alles
nichtig und sinnlos – was kann uns da trösten außer
Gott? Voltaire hatte schon recht. Wenn es Gott nicht
gäbe, hätte man ihn erfinden müssen! Ohne ihn könn-
ten wir die Begrenztheit unserer Existenz nie ertragen.

Hier deutet sich schon an, was während des Verlaufs der
Krankheit meiner Mutter immer stärker wurde: Ich begann mehr und mehr an der Existenz Gottes zu zweifeln.
Zumindest an der Existenz eines gütigen, eines »lieben«
Gottes. Aber was sollte ich tun? Ich hatte Bedenken,
mich von dem Gott meiner Kindheit zu verabschieden,
denn ich wollte ja zu ihm beten, damit er meine Mutter
rettete. Andererseits haderte ich mit ihm, weil er es überhaupt so weit hatte kommen lassen. Zum Glück erholte
sich meine Mutter erst einmal und war wieder voller
Lebensmut, sodass ich die dunklen Gedanken beiseite-
schieben und in mein neues Leben aufbrechen konnte.

Berlin empfing mich freundlich – in jeglicher Hinsicht.
Ich war selbst verblüfft darüber, wie schnell ich mich
dort eingelebt hatte.

17. Oktober 1988
Jetzt bin ich gut zwei Wochen hier. Schon hat sich mein
Leben völlig verändert und schon habe ich mich daran
gewöhnt. Komisch.
Die ersten Tage hier waren nicht so schön, aber dann
ging's ganz schnell bergauf. Die Wohnung ist jetzt so
weit okay, eingerichtet mit dem, was ich halt habe. Das
ist natürlich alles ziemlich weit von meinen Wunschvor-
stellungen entfernt, aber irgendwann werde ich wohl
Geld haben, um es nach und nach umzustylen. Zum
Wohlfühlen reicht's mir jedenfalls erst mal.
Zum RIAS: Bin zunächst in der Innenpolitik, einer ganz
netten behäbigen Redaktion. Hauptsächlich Leute über
40, hauptsächlich Männer. Journalismus wird hier aus
einer relativ zurückhaltenden Position heraus verstan-
den – zumindest von den Älteren. Vom »Niedergang des
Senders« erzählt man sich allerorten und schiebt eine
ruhige, leicht frustrierte Kugel. Zwischen den gelegentli-
chen Beiträgen wird gern ein Gläschen oder auch zwei
genossen. Von einigen von ihnen kann man was lernen,
einige sind schon zu eingerostet, um noch Begeisterndes
vermitteln zu können. Jedenfalls lassen sie mich machen
und scheinen ganz zufrieden mit dem, was ich so produ-
ziere. Und ich bin's auch. Hörfunk macht Spaß. Es geht
schnell und ist weniger anspruchsvoll vom Formulieren
her als Zeitung. Es kommt weniger darauf an, dass
jedes Wort perfekt sitzt, als darauf, dass der Beitrag
rüberkommt und klar konzipiert ist. Das fällt mir,
soweit ich das bisher beurteilen kann, nicht sehr schwer.
Meine Stimme gefällt wohl auch, Rhetorik- und Mode-
rationstraining beginnt nächsten Monat, also, was will
man mehr?

Berlin, die Wohnung, der Job – alles fühlte sich von Anfang an richtig an. Der RIAS war einerseits behäbig und altmodisch, andererseits bekam ich als Volontärin die Chance, schnell eigenständig zu arbeiten und mich auszuprobieren. Ich hatte großen Spaß am Radio und fand es herrlich unkompliziert, Leuten einfach ein Mikrofon unter die Nase zu halten und sie reden zu lassen. Zurück im Sender, hörte ich mir das ganze Tonband an und lernte, wie man »Original-Töne« zerschneidet und wieder zusammenklebt – so ähnlich hatte ich es schon zu Schulzeiten mit meinen Kassetten-Mixtapes gemacht.

In einem der Innenpolitik-Redakteure fand ich den Mentor, nach dem ich schon lange gesucht hatte. Von ihm lernte ich viel über Journalismus, politische Seilschaften und den schmalen Grat zwischen vertraulichen Informationen und objektiver Berichterstattung. Er korrigierte meine Texte und zeigte mir, wie man bei Sprachaufnahmen richtig betont. Ihm hatte ich zu verdanken, dass ich schon bald Nachrichten sprechen durfte.

20. Oktober 1988
Heute zum ersten Mal live im Studio. Tat gar nicht weh.
Ich war auch nicht mal besonders aufgeregt. Habe mich
keinmal versprochen und sogar noch einen Satz impro-
visiert. Natürlich wieder viel Lob eingeheimst.

Dem Lob der alten Männer stand ich noch immer skeptisch gegenüber, aber ich merkte schnell selbst, wo meine Stärken lagen. Gute Stimme, schnelle Auffassungsgabe, robuste Nerven. Von Anfang an hatte ich – gemessen an der für mich völlig neuen Situation – relativ wenig Lampenfieber, wenn ich live im Studio sprechen musste.

»Keine Angst«, hatte mein väterlicher Freund mich gleich zu Beginn beruhigt. »Auch wenn dein Herz für dich ohrenbetäubend laut schlägt – die Leute draußen können das nicht hören.«

Ein erster Höhepunkt meines Volontariats war das Angebot, an einer Pressereise auf die Kanarischen Inseln teilzunehmen. Der Kollege, der eigentlich hätte mitfahren sollen, war krank geworden, also durfte ich einspringen. Gran Canaria, La Palma, Teneriffa, La Gomera … ich freute mich wie verrückt, zumal ich abgesehen von meinen Auslandsaufenthalten ja nur selten verreist war. Die einzige Urlaubsinsel, die ich von einem Kurztrip mit meiner jüngeren Schwester kannte, war Formentera.

»Nimm so viele atmosphärische Geräusche und Originaltöne auf wie möglich«, gab mein Kollege mir als Tipp mit auf den Weg. »Das macht den Bericht authentisch.«

Das erste Ziel war Gran Canaria. Ich war überwältigt. Unter den amüsierten Blicken der deutlich älteren, erfahrenen Reisejournalisten rannte ich jauchzend durch die traumhaften Dünen von Maspalomas ins Meer. Hochsommer mitten im Winter! Das hatte ich noch nicht erlebt. Als wir abends auf der Terrasse unseres 5-Sterne-Hotels unter Palmen Austernsuppe löffelten und die untergehende Sonne sich im Pool spiegelte, fühlte ich mich wie eine Königin.

Das Hochgefühl hielt genau 24 Stunden lang. Als ich am nächsten Abend – mittlerweile waren wir auf La Palma – in meinem Hotelzimmer im Bett lag, überkam mich plötzlich eine entsetzliche Übelkeit. Ich lief ins Badezimmer und war während der nächsten Stunden nicht mehr in der Lage, es wieder zu verlassen. Es war eine der schlimmsten Nächte meines Lebens, noch nie hatte ich so einen fürchterlichen Brechdurchfall gehabt. Ich dachte, ich müsste sterben. Am frühen Morgen kroch ich völlig entkräftet auf allen vieren zum Telefon und rief den Reiseleiter an.

»Du bist nicht die Einzige«, sagte er. »Die Hälfte der Gruppe hat eine Fischvergiftung. Das kann nur die Austernsuppe gewesen sein.«

»Aber warum denn nur die Hälfte?«, stöhnte ich. »Wir haben doch alle die Suppe gegessen.«

»Wahrscheinlich war nur ein Teil der Austern schlecht«, vermutete er. Seiner gut gelaunten Stimme nach gehörte er nicht zu denen, die es erwischt hatte. »Ich schicke dir den Arzt vorbei«, sagte er. »Er gibt dir Medikamente, wir müssen ja heute Mittag weiter nach Teneriffa.« Schon bei dem Gedanken an die Weiterreise musste ich sofort wieder zur Toilette rennen.

Den Rest der Kanaren habe ich nur noch wie durch einen Schleier wahrgenommen. Ich stand ständig unter starken Medikamenten und konnte so gut wie nichts mehr zu mir nehmen.

Meinem Radio-Feature über die Traumreise auf die Kanarischen Inseln war nichts von meinem Austern-Waterloo anzuhören – im Gegenteil. Das Rauschen der Wellen und Palmblätter, das spanische Geplapper der Marktverkäufer, das Zwitschern der exotischen Vögel, alles unterlegt mit »La Isla Bonita« von Madonna – unser Tonarchiv leistete ganze Arbeit. Doch mein Verhältnis zu den Kanaren ist seitdem leicht gestört, vor allem wenn ich den Namen Maspalomas höre, befällt mich jedes Mal ein Würgereiz.

In Berlin hingegen fühlte ich mich immer wohler, zumal meine Schwester in ihrem Gestaltungsdrang meine Wohnung aufgepeppt hatte.

»Der rosa Teppich muss raus«, sagte sie schon bei ihrem ersten Besuch. »Darunter liegen wunderschöne Dielen, die schleifst du ab und lackierst sie weiß. Das sieht dann richtig cool aus, und die Wohnung wirkt viel größer.« Gesagt, getan. Natürlich legte ich nicht selbst

Hand an, dazu bin ich viel zu ungeschickt, aber ich kannte jemanden, der jemanden kannte, der so was konnte. Im Networking war ich schon immer ganz gut. Als alles fertig war, feierte ich mit mir allein Einweihung des designerischen Schmuckstücks.

15. November 1988
Heute Hausputz gemacht. Abends bin ich dann zur Tankstelle gecruist und habe mir Bier und Zigaretten geholt. Ganz prolomäßig. Die bei der Härterei wären stolz auf mich.
Habe schon fünf Kilo abgenommen.
»I count the minutes and the seconds too«, singen Prefab Sprout. »Until I hold you« – sage ich.
Ich glaube, Berlin tut mir gut.

Manchmal tanzte ich allein durch die Wohnung und freute mich ganz einfach über meine Freiheit. Leider wurde meine Freude vorübergehend durch einen Stalker getrübt. Eines Nachts klingelte mein Telefon.

»Na, wieder allein zu Hause?«, flüsterte eine fiese Männerstimme. »Ich kann dich sehen, meine Süße.« Ich knallte den Hörer auf die Gabel. Sofort klingelte es wieder. »Soll ich dich besuchen kommen?«, raunte die Stimme. Das Telefon ging noch mehrmals in dieser Nacht, aber ich nahm nicht mehr ab. Panisch ging ich am nächsten Morgen zur Polizei.

»Wir können da leider nichts machen, junge Frau«, sagte der Beamte bedauernd. »Solange es keine konkrete Belästigung oder Übergriffe gibt, dürfen wir den Anruf nicht zurückverfolgen.« Ich war fassungslos.

»Also muss ich warten, bis der Perversling mir was antut, oder wie?«, rief ich empört.

»Versuchen Sie mal Folgendes«, sagte der Polizist.

»Legen Sie nicht auf, sondern beschimpfen Sie den Mann. Das hilft manchmal. Darauf haben diese Typen keine Lust, dann suchen die sich jemand anderen.«

Als das Telefon in der Nacht wieder klingelte, ging ich ran. »Halloooo, mein Engel, bist du schon im Bett?«, wisperte er mir ins Ohr. Ich holte tief Luft.

»Du widerliche Drecksau!«, schrie ich, so laut ich konnte. »Du ekelhaftes perverses Arschloch, wenn du mich noch einmal belästigst, wirst du dein blaues Wunder erleben. Ich schicke meine Brüder vorbei, die machen dich platt. Ich weiß, wer du bist und wo du wohnst!« Ein leises Klicken. Er hatte aufgelegt. Stattdessen hämmerte mein Nachbar zur Linken gegen die Wand.

»Geht's noch?«, hörte ich ihn schreien. »Es ist drei Uhr nachts, streitet euch gefälligst tagsüber.« Mein Herz schlug bis zum Hals und ich schnappte vor Aufregung nach Luft, musste über die Situationskomik aber trotzdem lachen.

»Sorry, Nachbar«, murmelte ich. »Musste sein.« Der Trick tat seine Wirkung. Mister Frauenschreck hat sich bei mir nie wieder gemeldet.

Was mir in New York gefehlt hatte, fand ich in Berlin: gute Freundinnen. Der Ortswechsel, die neuen beruflichen Erfahrungen, die Sehnsüchte, dazu die Sorge um meine Mutter – es tat mir gut, meine Probleme mit jemandem teilen zu können. Ich hatte das Glück, mehrere junge Frauen um mich zu haben, mit denen ich über alles reden konnte. Die meisten von ihnen waren ebenso wie ich Single, und es gab immer eine, die Zeit hatte, mit mir zu kochen, zu trinken und zu quatschen oder auszugehen. Manchmal telefonierten wir auch nur stundenlang und tauschten uns über Männer aus. Ich wusste, dass ich mich auf meine Mädels mein Leben lang würde verlassen können – und bei den meisten ist es auch so gekommen.

Herzensmenschen kann man in jedem Alter kennenlernen. Für mich ist es der beste Freundschaftsbeweis, wenn die Vertrautheit und innere Nähe sofort da sind, auch wenn man sich mal ein Jahr nicht gesehen oder gesprochen hat. Wahre Freundschaft versteht und verzeiht – und sie ist stark genug, um längere Pausen zu ertragen.

Wenn gerade keine Freundin zur Stelle war, hatte ich ja immer noch meine andere Vertraute, mein Tagebuch.

25. November 1988

Tja, da sitze ich nun in meiner schönen Wohnung in the heart of Berlin und tue nichts anderes, als ich sonst an ähnlichen Abenden in den anderen Städten meines Lebens auch schon getan habe. Trinken, rauchen, nachdenken. Darüber, was bei mir nicht stimmt – obwohl eigentlich alles stimmt. So ist das. Irgendwas fehlt mir, irgendwer fehlt. Wann werde ich ihn finden?
Mit 60 sitze ich wahrscheinlich in Sydney oder Tokio und stelle mir immer noch dieselbe Frage.

Kapitel 17

»Warum bloß ist es so schwer, glücklich zu sein?«

Himmelhoch jauchzend, zu Tode betrübt

20. November 1989
... hier fehlen sechs Monate. Habe ich voller Schmerz herausreißen müssen aus meinem Tagebuch und auch aus meinem Herzen, meiner Seele. Es ist das erste Mal, dass ich wieder darüber schreiben kann. Es war eine schwere und sehr schmerzhafte Erfahrung. Nun, jetzt ist es vorbei, ich habe es überstanden. Mir sind viele Illusionen genommen worden, und ich habe viel über mich selbst erfahren und werde daraus hoffentlich lernen. Vielleicht musste es sein.
Ich lernte einen Mann kennen und lieben. Es war das erste Mal. Dass das noch mal passieren würde, daran hatte ich ja kaum noch geglaubt. Und es war sehr schön, was da passierte! In meiner Naivität nahm ich diese plötzlichen neuen Gefühle als Zeichen dafür, dass er nun der Richtige sein müsse. So, wie zumindest ich unser Zusammensein erlebt habe, so, dachte ich immer, muss es sein. Genau so hatte ich mir die große Liebe vorgestellt. Und in diesem Glauben schwebte ich über den Wolken, sechs Monate lang.
Aber dann kam das Erwachen, das böse. Für mich.

*Denn für ihn war das Ende auf einmal da – genauso
plötzlich wie der Anfang. Und es war ein sehr unangenehmes Ende, hässlich und so gar nicht passend zu
allem, was vorher war.*
*Es war nicht leicht, mit so einer Riesenenttäuschung fer-
tigzuwerden. Sie hat mir ganz schön tief in den Knochen
gesessen. Anfangs habe ich nur geweint – so viel wie
noch nie. Und ich dachte, dieser Schmerz, dieses Gefühl
der Sinn- und Hoffnungslosigkeit geht nie mehr weg.
Aber es ging vorbei. So wie alles irgendwann vorüber-
geht.*
*Und ich hoffe und ich bete, dass ich das nächste Mal
eine bessere, eine klügere Wahl treffe.*

Ich habe ungläubig in meinem Tagebuch hin- und herge-
blättert und versucht zu verstehen, wie ich die Dummheit
begehen konnte, die Seiten herauszureißen. Unfassbar,
dass ich mich zu dieser Übersprunghandlung habe hinrei-
ßen lassen, nur aus enttäuschter Liebe. Offenbar wollte
ich an diese Monate niemals mehr erinnert werden. Leider habe ich damals nicht bedacht, dass es sich dabei
ausgerechnet um die Wendezeit handelte. Die ereignis-
reichste und politisch bedeutendste Phase meiner journalistischen Laufbahn – einfach ausgelöscht! Wie wütend
und verbittert muss ich gewesen sein, um so zu reagieren? Erst ein gutes halbes Jahr nach dem Attentat auf
mein Tagebuch konnte ich meine Gefühle in Worte fassen.

Sie kam spät, diese erste wirklich ernst zu nehmende
Liebesenttäuschung. Verglichen mit ihr war all mein
Kummer davor oberflächliches Gejammer gewesen. Da
hatte ich mich endlich getraut, mich mit Leib und Seele
auf einen Mann einzulassen ... und dann das. Belogen,
betrogen und verlassen. Zum Glück hatte ich meine

Freundinnen und meine Familie, die mir halfen, darüber hinwegzukommen. Heute ärgere ich mich darüber, dass ich wegen dieses Mannes nie erfahren werde, wie ich die historischen Ereignisse des Jahres 1989 im Tagebuch festgehalten habe. Er war es nicht wert.

Vieles, was ich damals in Berlin erleben durfte, hat sich aber auch ohne schriftliches Protokoll in meine Erinnerung eingebrannt. Die Wende war schon Monate vor dem Mauerfall deutlich zu spüren. Überall in der DDR gingen die Menschen in Massen und immer furchtloser für ihre Freiheit auf die Straße. Die Euphorie war ansteckend, noch heute bekomme ich eine Gänsehaut, wenn ich an die »Wir sind das Volk«-Sprechchöre denke. Wir alle vom RIAS Berlin waren ständig im Einsatz und schwärmten auch in den Osten der Stadt aus, um die Stimmung einzufangen. Das war nicht ungefährlich, denn niemand konnte einschätzen, ob die DDR-Regierung nicht doch irgendwann überreagieren und es zu Blutvergießen kommen würde.

Eins meiner herausragenden Erlebnisse in dieser Zeit war der Besuch eines Gottesdienstes in der Ost-Berliner Gethsemanekirche, die 1989 ein Sammelpunkt für Oppositionelle und Mitglieder der DDR-Friedensbewegung war. Die Kirche war an jenem Abend zum Bersten voll, dicht gedrängt standen die Menschen in den Gängen, auf den Treppen und draußen vor der Tür. Die Predigt war kämpferisch, der Gesang laut und inbrünstig. Es herrschte eine einzigartige Stimmung, ich merkte, wie eine unterschwellige, körperlich spürbare Energie sich auf mich übertrug. Plötzlich wusste ich, dass hier etwas passierte, das nicht mehr aufzuhalten war.

Die alles entscheidende Nacht des 9. November 1989 habe ich bedauerlicherweise nicht in Berlin erlebt, sondern in Hannover. Zusammen mit 15 anderen Berliner

Volontären nahm ich an einer zweitägigen journalistischen Fortbildung teil. Ich weiß nicht mehr, wann wir erfuhren, dass wir gerade einen der wichtigsten Momente der deutschen Nachkriegsgeschichte verpassten. Es mag spätabends gewesen sein oder auch erst am nächsten Morgen – auf jeden Fall war es traurig für uns alle, dass wir ausgerechnet in dieser bedeutenden Nacht nicht am Ort des Geschehens sein konnten.

Schon am Tag danach, als ich zurückkam, war Berlin eine veränderte Stadt. Auf den Straßen waren Menschenmassen unterwegs, jeder hatte ein Lächeln auf dem Gesicht, andauernd wurde man angesprochen, nach dem Weg gefragt und auch mal spontan umarmt. Überall fanden »Wiedervereinigungspartys« statt, wo junge Leute aus West- und Ost-Berlin zusammen tanzten und sich ihre so unterschiedlichen Lebensgeschichten erzählten. Unvergesslich das »Konzert für Berlin« am 12. November in der Deutschlandhalle. Bei freiem Eintritt sahen sich insgesamt über 50 000 Besucher dieses erste aus dem Boden gestampfte deutsch-deutsche Rock-Event an – ich war eine von ihnen. Insgesamt elf Stunden lang dauerte das Spontan-Event, von den Puhdys über Udo Lindenberg bis hin zu Joe Cocker, Melissa Etheridge, Nena und den Toten Hosen war alles auf der Bühne, was Rang und Namen hatte und auf die Schnelle zusammengetrommelt werden konnte. Ein fantastisches Erlebnis.

Die ganze Stadt war wochenlang wie im Rausch, nicht ohne Grund sagte der damalige Berliner Bürgermeister Walter Momper kurz nach dem Mauerfall »Wir Deutschen sind jetzt das glücklichste Volk der Welt«.

Als das erste Glücksgefühl verflogen war, wurde leider schnell klar, dass die Wiedervereinigung nicht nur eitel Sonnenschein, sondern ein hartes Stück Arbeit sein würde. In so manchem Supermarkt in Charlottenburg kippte die Stimmung, wenn wieder mal eine endlose Schlange von Ost-Berlinern die Kasse blockierte und in den Einkaufswagen nur Kaffee, Bananen und Gummibärchen lagen. Auch wenn ich für RIAS-TV im Osten drehte, schlugen mir nicht immer nur freundliches Wohlwollen und Dankbarkeit entgegen. Ganz offensichtlich waren nicht alle DDR-Bürger glücklich über ihre »Befreiung«. Und wir West-Besucher waren nicht glücklich über die ungewohnt dürftige Verpflegung. Schon bald konnte ich den Geruch von altem Fett und den Geschmack der russischen Soljanka-Suppe nicht mehr ertragen, mit der wir uns auf unseren Reportagereisen durch den »wilden Osten« zufriedengeben mussten.

Ein Gänsehaut-Erlebnis war für mich der Sturm auf die Stasi-Zentrale im Januar 1990. Eigentlich sollte an diesem Abend nur eine Demonstration vor dem Gebäude stattfinden, die aber schnell außer Kontrolle geriet. Ich war mit einem Fernsehteam dabei, als die wütenden Demonstranten sich gewaltsam Zugang zum Hof verschafften und das ehemalige Zentrum der Bürgerbespitzelung eroberten. Alles ging sehr schnell: Die Menge erstürmte das Haus, Scheiben gingen zu Bruch und Möbel wurden aus den Fenstern geworfen. Wir filmten das Bild der Verwüstung und waren froh, als wir unverletzt wieder im Westteil der Stadt angekommen waren.

Sind Ost- und West-Deutschland heute, mehr als 30 Jahre nach dem Mauerfall, in den Herzen und Köpfen wirklich wiedervereint? Aktuell spricht so manches dagegen. Ich habe schon viele Gespräche über dieses Thema geführt, und die Meinungen gehen sehr auseinander. Eins ist sicher: Reden hilft, wenn man einander verstehen lernen möchte.

Im Gegensatz zu meiner beruflichen Karriere – mittlerweile durfte ich sogar eine Radiosendung bei der Jugend-

welle RIAS 2 moderieren – schleppte sich mein Gefühls-
leben auch nach Wende und Mauerfall mehr schlecht als
recht dahin. Ich ließ mich halbherzig auf eine neue Beziehung ein. Sie tat mir zwar emotional nicht gut, aber sie
öffnete mir in mehrfacher Hinsicht die Augen, denn dieser Mann schaffte es, mich völlig zu demontieren und
mich in nie da gewesener Weise infrage zu stellen.

9. April 1990

Fast ein halbes Jahr ... die Pausen werden länger – das
Leben härter. Schweigen im Tagebuch bedeutet nicht
Leere im Kopf. Weiß Gott nicht.
So viel wie in den letzten Monaten habe ich schon lange
nicht mehr nachgedacht. Denn ich befinde mich in
einem »nicht enden wollenden« Prozess der Selbster-
kenntnis. Oh ja. Wer hat dieses vollbracht? Ein Mann.
Er hat es geschafft, bei mir viele verrostete oder noch
nie gebrauchte Rädchen im Gehirn in Gang zu setzen.
Wie er es gemacht hat und vor allem warum – das weiß
ich bis heute nicht. Seit ich ihn kenne, zweifele ich viel.
An mir, an meiner Selbsteinschätzung und -darstellung,
an meiner Wirkung auf andere, an meinem Aussehen –
sogar an meiner Intelligenz. An meinem Verhältnis zu
anderen Menschen, zu meinen Eltern vor allem. Und
natürlich: an meiner äußerst fragwürdigen Beziehung
zum anderen Geschlecht. Dieser Zweifel auf allen Ebe-
nen bekommt mir schlecht und gut. Ich habe schon viel
geweint, aber ich habe auch viel gelernt.
Ich war beeindruckt davon, wie ungeheuer schnell er
mich in meinen Schwächen, Stärken und Eigenarten –
selbst die Kleinigkeiten – kannte und damit umzugehen
wusste.
Er hat mich gelehrt, den anderen Menschen als das zu
sehen, was er IST – und nicht als das, was ich gerne

hätte. Was heißt, er HAT mich gelehrt – ich bin immer noch dabei, das zu begreifen. Denn bequem, naiv und harmoniesüchtig wie ich bin, hätte mein kleines Herzchen es natürlich lieber anders. Aber mein Herzchen hat auch andererseits furchtbare Angst davor, noch einmal so enttäuscht zu werden wie damals.

Warum habe ich mich mit 30 Jahren auf diese anstrengende Beziehung und die Generalüberholung meines bisherigen Lebens eingelassen? Nötig hatte ich es nicht, ich hätte im wilden wiedervereinigten Berlin feiern und mich rechts und links des Weges verlieben können. Möglichkeiten gab es genug.

Zum Glück habe ich dieses Kapitel nicht herausgerissen, sonst würde mir die Erkenntnis fehlen, zu der ich erst jetzt, Jahrzehnte später, gekommen bin. Ich habe mir die unbarmherzige Kritik an meiner Person gefallen lassen, weil ich ohnehin an einem Punkt im Leben angelangt war, an dem ich alles infrage stellte – vor allem aber mich selbst.

Auslöser war die Krankheit meiner Mutter. Meine tiefe Bindung zu ihr, und ja, auch eine gewisse Abhängigkeit, hat es mir schwer gemacht, ihr und auch mir selbst gegenüber ehrlich zu sein. Und möglicherweise hat diese enge Bindung verhindert, dass ich mich auf Beziehungen einließ, die mich von ihr hätten entfernen können. Meine Mutter war in dieser Hinsicht genauso im Zwiespalt wie ich. Einerseits wünschte sie sich sehnlichst, dass auch ich als letzte ihrer Töchter endlich unter die Haube käme (meine beiden Schwestern waren zu diesem Zeitpunkt bereits verheiratet und hatten auch schon Kinder), andererseits wollte sie weiterhin Einfluss auf mich haben und bei der Wahl des Partners gerne mitreden, schließlich sollte es jemand sein, der meiner würdig wäre. Nicht ohne Grund schnitt sie immer mal wieder Annoncen aus Zeitungen aus und schickte sie mir, wenn sie glaubte, hinter einem Text wie »Sensibler, humorvoller Hochschulprofessor mit gutem Einkommen« könne sich vielleicht der Mann meines Lebens verbergen. Ich machte mich darüber lustig, hatte aber trotzdem nicht den Mut, mich ganz aus dieser liebevollen mütterlichen Umklammerung zu befreien. Über meine Liebschaften erzählte ich ihr nur das, was in ihr Bild von mir passte.

Je schlechter es meiner Mutter ging, desto schlechter ging es auch mir. Ich wusste, dass ich die wichtigste Person in meinem Leben verlieren würde, war der Situation aber in keiner Weise gewachsen.

7. Mai 1990

Warum bloß ist es so schwer, glücklich zu sein? Warum stellt das Leben einen vor so viele Fragen, die man nicht beantworten kann? Ich werde immer verzweifelter.

Meine einzige Ausflucht: die Arbeit. NOCH der einzige Bereich, in dem alles funktioniert, in dem ich mich voll bestätigt fühle, und in dem mir alles gelingt. Alles andere ist eigentlich Scheiße.

Mami geht es immer schlechter, ich habe furchtbare Angst davor, dass es zu Ende geht. Ich kann mir nicht vorstellen, wie es weitergehen soll, wenn sie nicht mehr lebt. Ich kann es mir nicht vorstellen. Und ich weiß, dass es schrecklich wird. Ich habe ganz große, nackte Angst – und ich bin so hilflos. Was soll ich dagegen tun? Beten? Ich weiß nicht – ich glaube, davon habe ich mich schon so weit entfernt, dass es für mich keine Hilfe mehr ist. Wer nicht mehr richtig glaubt, dem hilft auch beten nicht – das gibt nur dem Kraft, der fest im Glauben steht.

Vielleicht sollte ich mal mit Mami selbst darüber
reden – über den Tod. Das würde ihr vielleicht auch hel-
fen. Obwohl ich immer denke, wenn sie sieht, wie ent-
setzlich traurig ich bin, dann macht ihr das alles noch
viel schwerer. Ich weiß nicht, was ich machen soll.

Heute weiß ich, dass ich zumindest hätte versuchen sollen, mit ihr zu reden. Wir können dem Tod nur seinen
Schrecken nehmen, indem wir über ihn sprechen und all
die Angst und Unsicherheit zulassen, die mit ihm verbunden sind. Sterben müssen wir alle irgendwann, je früher
wir das akzeptieren, desto besser. Die Frage ist nur, ob
man den Mut und die Kraft dazu auch noch findet, wenn
das Ende kurz bevorsteht. Ist es vielleicht allzu mensch-
lich, dass viele gerade dann, wenn sie dem Tod ins Auge
sehen, nichts vom Sterben hören wollen?
    Der Tod meiner Mutter im August 1990 hob mein
Leben komplett aus den Angeln, auch wenn er nicht
überraschend kam. Es war eine emotionale Katastrophe,
das Schlimmste, was mir je passiert ist. Sehr lange konnte
ich nicht darüber sprechen, ohne zu weinen. Mein
Schmerz war so groß, dass ich selbst im Tagebuch kaum
Worte dafür fand. Und da es Dinge gibt, die auf alle Zeiten streng persönlich bleiben sollten, möchte ich mich
hier auf wenige Zeilen beschränken.

2. September 1990
Jetzt liegt meine Mama schon drei Tage da unten –
ERST drei Tage. Mir kommt es vor wie eine Ewigkeit.
Heute habe ich Fotoalben durchgeguckt. Wie blühend
und hübsch und lebhaft sie immer ausgesehen hat! Wie
in nur zwei Jahren das alles kaputt gemacht werden
kann! Unbegreiflich. WARUM gerade sie, gerade sie –
das werde ich nie verstehen.

*Ich muss oft weinen und ich habe keine innere Kraft. Es
ist, als wäre etwas zerbrochen in mir. Am liebsten
würde ich keinen sehen und mit keinem reden. Nichts
und niemand interessiert mich wirklich. Ich bin sehr
traurig und ziemlich ratlos und ziemlich daneben.*

Die verzweifelte Frage nach dem »Warum?« hat mich
noch lange danach gequält, nie war ich weiter von Gott
entfernt als in dieser Zeit. Mit einem Gott, der so etwas
schrecklich Ungerechtes zulässt, wollte ich nichts mehr
zu tun haben. Die sogenannte Theodizee, die Frage,
warum ein gütiger, allmächtiger Schöpfer das Leiden in
der Welt nicht verhindert, beschäftigt die Menschheit
schon seit Urzeiten. Ich habe mit dem göttlichen Wesen,
das nicht ins Weltgeschehen eingreifen will, auch wenn es
könnte, mittlerweile meinen Frieden geschlossen. Vielleicht werde ich das am Ende meines Lebens wieder
anders sehen.

Kurz nachdem meine Mutter gestorben war, beschloss
ich, Konsequenzen zu ziehen. Ich trennte mich von meinem selbst ernannten Therapeuten, stürzte mich in die
Arbeit und versuchte, irgendwie wieder in die Spur zu
kommen.

16. September 1990
*Scheiße alles!!! Keine Mami mehr, keinen Freund mehr.
Im Grunde ist man ja so allein auf dieser Welt. Wenn es
nicht die paar Menschen gäbe, die man liebt und von
denen man geliebt wird. Es muss furchtbar sein, ohne
Liebe zu leben. Und deshalb weiß ich auch, dass ich
irgendwann einen Mann finden muss, der meine Liebe
will, und der mir auch seine gibt. Den muss es doch
geben irgendwo. Und ohne ihn möchte ich nicht alt
werden.*

Warum bin ich nur in Bezug auf Männer so eine Versa-
gerin? Ich werde das nie verstehen – nicht, bevor ich
den Richtigen gefunden habe.

Eine gute Seite hatte die Katharsis, die ich durch den Verlust meiner Mutter durchmachen musste: Meine Vorstellung davon, wie der »Richtige« beschaffen sein sollte,
war plötzlich erstaunlich konkret. Ich habe sie sogar
schwarz auf weiß. Nicht, weil ich in meinem Tagebuch
meinen Traummann beschrieben habe, sondern weil eine
meiner damals besten Freundinnen ein Gespräch doku-
mentiert hat, das wir in einer champagnerseligen Nacht
miteinander führten.

»Komm«, sagte sie, als wir zu später Stunde, musika-
lisch begleitet von Annie Lennox, mal wieder darüber
philosophierten, warum wir beide immer Pech mit den
Männern hatten. »Wir nehmen unser Gequatsche jetzt
mal auf Kassette auf. Vielleicht freuen wir uns ja später
irgendwann mal über dieses Dokument der Zeitge-
schichte.« Wir lachten herzlich über die Vorstellung, eines
Tages unseren Enkelkindern die Männerfantasien ihrer
Omas vorzuspielen, gossen unsere Gläser voll und legten
los. Ich bin zwar nicht im Besitz dieser Kassette und habe
seit Jahren keinen Kontakt mehr zu besagter Freundin,
aber sie hat mir zur Hochzeit eine Abschrift unseres Dia-
logs geschenkt. Eine Idee, für die ich ihr bis heute dankbar bin. Denn nur deshalb weiß ich genau, was für eine
Art Mann mir damals vorschwebte. Hier ein kleiner Auszug aus der sehr detaillierten »Stellenbeschreibung«:

»Ich sage: Er muss lebensfroh sein, muss das Leben
lieben. Er muss einfühlsam und zärtlich sein, muss sich
in die Bedürfnisse des anderen hineinversetzen können.
Und dann muss er in der Lage sein, einem das Gefühl

zu geben, dass man eine tolle Frau ist, und zwar nicht mit platten Komplimenten. Er muss vor allem interessiert sein. Interessiert an vielen Dingen. Und er sollte natürlich auch was wissen. Er sollte in Bereichen etwas wissen, in denen ich nichts weiß. Und ich möchte gerne auch in Bereichen was wissen, wo er nichts weiß. Er muss schöne Augen und schöne Hände haben. Und dann sollte er einen ganz guten Körperbau haben. Groß und relativ kräftig. Also nicht zu dünn. Das Gesicht muss angenehm sein und schon den Charakter ausstrahlen. Auch das Lachen muss nett sein. Keinen Bart und keinen Schnäuzer bitte. Er muss gut küssen können. Das ist sehr wichtig, und gerne küssen auch. Innere Ruhe muss er haben. Und dann muss er gerne essen und gerne trinken und gut durchhalten. Nachtmensch sollte er sein. Durchhaltevermögen muss er haben. Nicht so eine Mimose, die beim ersten Windstoß umfällt. Sportlich sollte er sein. Er sollte zum Beispiel Ski fahren können, oder er sollte beim Spazierengehen locker über einen Zaun springen können, das finde ich gut. Er sollte mich hochheben können, damit hatte ich bisher Probleme, weil ich so schwer bin. Also er sollte mich im doppelten Sinne tragen können – in Wirklichkeit und im übertragenen Sinne. Er muss wissen, was er will, und auch eine klare Gedankenwelt haben. Er sollte nicht stromlinienförmig denken. Er sollte gerne reisen. Das würde mir Spaß machen. Er sollte zuverlässig sein. Er sollte gerne Kinder haben wollen. Aber das müssen sich beide teilen, sonst will ich keine Kinder. Man sollte gleichberechtigt sein. Es sind zwei Partner, die ein Kind wollen, die müssen sich zusammen überlegen, wie sie das hinkriegen. Der Idealmann muss mich lieben, mir Wärme und Geborgenheit geben, und er soll treu und ehrlich sein.«

Wer hätte gedacht, dass sich nur wenige Monate später der Himmel auftun und mir genau den Mann vor die Füße werfen würde, auf den all das Obengenannte passte?

»Ich will ihn nämlich heiraten«

»Besuch uns doch mit Vati in Südfrankreich«, sagte meine jüngere Schwester im Dezember. »Das bringt ihn mal auf andere Gedanken.« Ihr Mann und sie hatten für sich und ihre kleine Tochter über Silvester eine Wohnung an der Côte d'Azur gemietet. Sie wollten sich dort mit mehreren Freunden treffen, einige davon aus Hamburg. Ich war eine gefühlte Ewigkeit nicht mehr im Urlaub gewesen.

»Hast du Lust, mit meinem Vater und mir für eine Woche ans Mittelmeer zu fahren?«, fragte ich meine Freundin Sabine.

»Klar«, sagte sie. »Ich brauche dringend mal Erholung von Berlin.«

Wir kamen spätabends am 27. Dezember in dem malerischen Örtchen namens Bormes-les-Mimosas an. Als wir am nächsten Morgen bei meiner Schwester frühstückten, kamen zwei junge Männer zur Tür herein.

»Könnt ihr uns einen Kochtopf leihen?«, fragte der eine in unverkennbar norddeutschem Slang. Ich traute meinen Augen nicht. Groß, schlank, sportlich. Strubbelige blonde Haare, glasklare grüngraue Augen, leicht verlegenes jungenhaftes Lachen. Hoppla, wer bist du denn, dachte ich, willst du Kinder? Bist du treu, küsst gern und kannst über einen Zaun springen?

»Welcher von den beiden ist Single?«, fragte ich meine Schwester, als sie wieder weg waren. Sie zog die Augenbrauen hoch.

»Nicht der, in den du dich gerade verknallt hast«, sagte sie.

28. Dezember 1990
Udo kennengelernt. Mich in Udo verliebt. Mich noch mehr verliebt.

Obwohl der Märchenprinz vergeben war und seine Freundin sogar dabeihatte, merkte ich schnell, dass ich ihm auch nicht gleichgültig war. Ich schaffte es immerhin, ihm in einer unbeobachteten Minute einen Kuss abzuringen – am Abend, bevor er zurück nach Hamburg fuhr. Danach war ich völlig außer mir. An meinem 31. Geburtstag schrieb ich:

5. Januar 1991
Mit Sabine gewettet: eine Kiste Champagner für sie, wenn ich an meinem 32. Geburtstag NICHT mit ihm zusammen bin. Ich will ihn nämlich heiraten.

Überflüssig zu erwähnen, dass Sabine, meine Schwester und alle anderen, denen ich von meinem Vorhaben erzählte, mich für verrückt erklärten.

»Der pfeift dir was, der Udo«, sagte mein Vater, als wir auf dem Rückweg nach Deutschland waren.

»Ihr seid alle so was von unromantisch!«, rief ich wütend.

Zurück in Berlin, dachte ich noch mal in Ruhe über alles nach. Und zog folgende Bilanz:

8. Januar 1991

Das neue Jahr. Neu und unbefleckt. Keine Vorsätze.
Weil die ja doch keinen Sinn machen – werden niemals
eingehalten. Von mir jedenfalls nicht. Ich hasse Prinzi-
pien, weil ich weiß, dass ich immer und immer wieder
dagegen verstoße. Also: ich bleibe, wie ich bin – nicht,
weil ich unbedingt will, sondern weil's nun mal so ist.
Basta.
Heute erster Tag wieder in Berlin nach zweieinhalb
Wochen Abstinenz. Kommt mir wie eine Ewigkeit vor.
Wahrscheinlich, weil ich lange nicht mehr so weit weg
war. Südfrankreich war wunderschön. Aber wie immer,
wenn einem sich so viel geballte Schönheit aufdrängt,
fehlt etwas: nämlich DER, mit dem man das teilen
kann. Da passt nicht jeder, nein. Nicht die Freundin, der
Vater, die Schwester, der Schwager – NEIN. Es muss der
Mann sein, den man liebt. Dann – so jedenfalls häm-
mert das Hirn in solchen Momenten – dann wäre alles
noch mal so schön.
Aber macht nichts, ich habe mir ja einen gesucht. Nur
konnte oder wollte der leider nichts mit mir teilen, weil
da schon jemand anderes war. Pech eben.
Was heißt Pech? Wahrscheinlich hat mein Unterbewuss-
tes wieder zugeschlagen, und ich habe mir gezielt das
Unmögliche herausgegriffen.
Aber wenn mir doch nun mal dieser Mann ganz
unglaublich gut gefiel – und zwar auf den ersten Blick?
Er hätte ja auch klein, unattraktiv und langweilig sein
können. Warum beschert das Schicksal mir gerade den?
Und warum findet gerade der mich auch nett? Wie nett
er mich findet, weiß ich ja leider nicht, aber dass da was
war zwischen uns, das weiß ich genau. Mich jedenfalls
hat's schon lange nicht mehr so gepackt. Und der beste
Beweis ist: Ich kann nicht erklären, warum. Ich weiß

nicht, was mich an diesem Mann so fasziniert. Er ist
zurückhaltend, ruhig, eher trocken und – wie man so
sagt – bodenständig.
Aber er hat so WUNDERSCHÖNE Augen, so schöne
Augen habe ich lange bei keinem Mann mehr gese-
hen ... und das Lachen und seine Hände ...
Aber es ist alles Quatsch sowieso. Ich werde Udo natür-
lich nicht heiraten, und er ist auch nicht der richtige
Mann für mich.
Ich hatte eben einen einsamkeitsbedingten kurzfristigen
Aussetzer, oder vielleicht auch urlaubsbedingt oder so –
keine Ahnung. Jedenfalls passt er nicht zu mir, auch
wenn er mich anzieht.
Außerdem will er mich ja gar nicht. Schluss jetzt damit.
Morgen ist wieder Job angesagt, und dann wird die
Welt wohl bald wieder ihre Ordnung haben.
Schade eigentlich!

Auch wenn dies die letzten Worte sind, die ich je ins
Tagebuch geschrieben habe, endet die Geschichte hier
zum Glück noch nicht. Im September 1992 haben Udo
und ich geheiratet. Sabine hat auf unserer Hochzeit eine
kleine Rede gehalten und uns eine Kiste Champagner
überreicht. Mein Vater betonte in seiner Ansprache zu
Tränen gerührt, wie beruhigend es sei, dass Udo der
»Traumtänzerin« Bettina mit seiner Bodenständigkeit
Halt und Geborgenheit gebe. Wir haben die ganze Nacht
durchgefeiert, mein Mann hat mich im Morgengrauen
schwankend über die Türschwelle getragen und nur
wenige Stunden später sind wir zu unserer Hochzeitsreise
in die Karibik aufgebrochen.

Warum habe ich nur (von meinen Reiseerlebnissen mal
abgesehen) nie wieder das Bedürfnis verspürt, mich
einem Tagebuch anzuvertrauen? In den ersten Jahren

meiner Ehe war ich wahrscheinlich zu verliebt, zu beschäftigt und zu glücklich. Der Prinz, auf den ich 15 Jahre lang hingefiebert hatte, lag nun jeden Morgen beim Aufwachen neben mir. Dass ich ihn so spät getroffen habe, war kein Zufall, wie ich heute weiß. Denn erst wenn man sich selbst gefunden und verstanden hat, ist man bereit, sich finden zu lassen.

Und was ist mit den dunklen, nachdenklichen Stunden? Den Momenten, in denen ich mich nach dem Sinn des Ganzen frage und mich selbst nicht mehr verstehe? Das waren doch die Situationen, in denen ich mein Tagebuch früher so oft gebraucht habe, um seelischen Ballast loszuwerden. Die Antwort ist so einfach wie naheliegend. Es gibt jemanden, mit dem ich sie teilen kann – meinen Mann. Er ist nicht nur meine große Liebe, mein Glück, er ist auch mein Mensch gewordenes Tagebuch. Mit ihm lebe ich die vertraute Zweisamkeit, nach der ich mich lange gesehnt habe.

Das ist jetzt aber kein Grund, ein Taschentuch zu zücken und sich Tränen der Rührung abzutupfen. Im Gegensatz zu geduldigem Papier antwortet mein Mann mir nämlich – und widerspricht mir leider auch oft. Und je älter wir werden, desto häufiger ertappe ich ihn dabei, wie er dezent einen Blick auf sein Handy oder den Fernseher wirft, während ich auf ihn einrede. Vielleicht ändert sich das ja, nachdem er diese Liebeserklärung gelesen hat.

Oder er schenkt mir ein Tagebuch.

Der Soundtrack meiner Tagebücher

Them: It's All Over Now, Baby Blue
Hannes Wader: Heute hier, morgen dort
Jimmy Hendrix: Hey Joe
The Beatles: Rocky Racoon
The Rolling Stones: Angie
Leonard Cohen: Suzanne
Pink Floyd: Wish You Were Here
Simon and Garfunkel: The Boxer
Lynyrd Skynyrd: Sweet Home Alabama
Iggy Pop: The Passenger
Neil Young: Hey Hey, My My
Crosby Stills Nash and Young: Chicago
Santana: Samba Pa Ti
Deep Purple: Child In Time
Chicago: If You Leave Me Now
Steppenwolf: Born To Be Wild
Jethro Tull: Locomotive Breath
David Bowie: Space Oddity
Julien Clerc: Ce n'est rien
Patti Smith: Because the Night
Dire Straits: Sultans Of Swing
Shakin' Stevens: Marie, Marie
Fischer-Z: Remember Russia
Frank Zappa: Bobby Brown

Flash and the Pan: Lights In the Night
Culture Club: Do You Really Want To Hurt Me
Survivor: Eye Of the Tiger
Talking Heads: Burning Down the House
Spliff: Carbonara
Steve Forbert: It Isn`t Gonna Be That Way
J.J. Cale: Don`t Wait
Golden Earring: Twilight Zone
Michy Reincke: Taxi nach Paris
Leo Sayer: Have You Ever Been In Love
Billy Idol: White Wedding
Madonna: La Isla Bonita
Prefab Sproud: Bonny
Eurythmics: Love Is A Stranger

Hier geht es zur Playlist, einfach den QR-Code/Spotify-Code scannen oder diesem Link folgen: https://open.spotify.com/playlist/4MbfUmPsUBhozOWucR4bxx